Public Private Partnerships und deren Einordnung in das Europäische Wettbewerbsrecht

Europäische Hochschulschriften

Publications Universitaires Européennes
European University Studies

Reihe II
Rechtswissenschaft

Série II Series II
Droit
Law

Bd./Vol. 4619

PETER LANG
Frankfurt am Main · Berlin · Bern · Bruxelles · New York · Oxford · Wien

Miriam Pirnay

Public Private Partnerships und deren Einordnung in das Europäische Wettbewerbsrecht

PETER LANG
Internationaler Verlag der Wissenschaften

Bibliografische Information der Deutschen Nationalbibliothek
Die Deutsche Nationalbibliothek verzeichnet diese Publikation in der Deutschen Nationalbibliografie; detaillierte bibliografische Daten sind im Internet über <http://www.d-nb.de> abrufbar.

Zugl.: Bielefeld, Univ., Diss., 2006

D 361
ISSN 0531-7312
ISBN 978-3-631-56796-8

www.peterlang.de

Für meine Eltern Mahwasch und Gerd

Vorwort

Die vorliegende Arbeit wurde von der Rechtswissenschaftlichen Fakultät der Universität Bielefeld im Wintersemester 2006 als Dissertation angenommen.

Meinem Doktorvater, Herrn Prof. Dr. Armin Hatje, danke ich ganz herzlich dafür, dass er die Untersuchung des Themas anregte und die Entstehung der Dissertation durch sein Vertrauen in meine wissenschaftlichen Fähigkeiten überhaupt erst ermöglicht hat. Ebenfalls danke ich ihm für seine stetige fachlich engagierte und persönliche Betreuung, die meine Arbeit bereichert hat. Für die zügige Erstellung des Zweitgutachtens danke ich Herrn Prof. Dr. Johannes Hellermann.

Mein ganz besonderer Dank gilt Patrick Frowein, dessen liebevolle und geduldige Unterstützung mir unvergessen bleiben wird. Sein mehrfaches Korrekturlesen und die sich daraus ergebenen fachlich wertvollen Diskussionen haben diese Arbeit vorangetragen.

Weiterhin gebührt Dr. Ina Schütt ein herzlicher Dank für ihre inhaltlichen Anregungen und das hilfreiche Korrekturlesen.

Schliesslich gilt mein tiefster Dank meinen geliebten Eltern Mahwasch und Gerd Pirnay. Sie haben mich stets in jeglicher Hinsicht gefördert und unterstützt und meinen juristischen Werdegang mit grossem Interesse begleitet. Ohne ihre finanzielle Unterstützung, Geduld und unermüdliche Aufmunterung wäre eine solche wissenschaftliche Arbeit, verbunden mit einem Forschungsaufenthalt in London, nicht möglich gewesen.

Ihnen widme ich diese Arbeit von ganzem Herzen.

Frankfurt am Main, im Dezember 2007 Miriam Pirnay

Inhaltsverzeichnis

Abkürzungsverzeichnis

a.a.O.	am angeführten Ort
a.F.	alte Fassung
ABl	Amtsblatt der Europäischen Gemeinschaften
Abs.	Absatz
ADBHU	Association de Défense des Brûleurs d'huiles usagées
AfK	Archiv für Kommunalrecht
AG	Aktiengesellschaft
Art.	Artikel
BAI	Bretagne Angleterre Irlande
BBC	British Broadcasting Cooperation
BGBl.	Bundesgesetzblatt
BSE	Bovine Spongiforme Encephalopathie (Rinderwahn)
BT	British Telecom
bzw.	beziehungsweise
ca.	circa
CDA	Christlich Demokratische Arbeitnehmerschaft
CDU	Christlich Demokratische Union
CELF	Coopérative d'exportation du livre français
CMLR	Common Market Law Review
Co.	Company
d.h.	das heißt
ders.	derselbe
dies.	dieselbe/dieselben
DÖV	Die Öffentliche Verwaltung
DVBl.	Deutsches Verwaltungsblatt
EAG	Europäische Atomgemeinschaft
ecolex	Fachzeitschrift für Wirtschaftsrecht
ECU	European Currency Unit
EG	Europäische Gemeinschaften
EGKS	Europäische Gemeinschaft für Kohle und Stahl
EGKSV	Vertrag zur Gründung der Europäischen Gemeinschaft für Kohle und Stahl

EGV	Vertrag über die Europäische Gemeinschaft
ELR	European Law Review
endg.	engültig
et al.	et alteri
EU	Europäische Union
EuG	Europäisches Gericht
EuGH	Gerichtshof der Europäischen Gemeinschaften
EuR	Europarecht
EUV	Vertrag über die Europäische Union
EuZW	Europäische Zeitschrift für Wirtschaftsrecht
EWG	Europäische Wirtschaftsgemeinschaft
EWGV	Vertrag über die Europäische Wirtschaftsgemeinschaft
EWS	Europäisches Wirtschafts- und Steuerrecht
f.	folgende (Seite)
FAZ	Frankfurter Allgemeine Zeitung
ff.	folgende (Seiten)
FFSA	Fédération francaise de société d'assurances
FR	Frankfurter Rundschau
GA	Generalanwalt/ältin
gem.	gemäß
GG	Grundgesetz
GmbH	Gesellschaft mit beschränkter Haftung
h.M.	herrschende Meinung
Hrsg.	Herausgeber
i.S.d.	im Sinne des/r
i.S.v.	im Sinne von
i.V.m.	in Verbindung mit
insbes.	insbesondere
JVA	Justizvollzugsanstalt
km	Kilometer
KMU	Kleine und mittlere Unternehmen
KOM	Kommissionsdokument(e)
Lit.	Literatur
lit.	litera
LS	Leitsatz
m.w.N.	mit weiteren Nachweisen

Mio.	Million(en)
n.F.	neue Fassung
NGO	Non-governmental Organization(s)
NJW	Neue Juristische Wochenschrift
No.	Number
Nr.	Nummer
NRW	Nordrhein-Westfalen
NVwZ	Neue Zeitschrift für Verwaltungsrecht
NZBau	Neue Zeitschrift für Baurecht
o. A.	ohne Autor
ÖPNV	Öffentlicher Personennahverkehr
PIT	Private Investor Test
PPP	Public Private Partnership(s)
RabelsZ	Rabels Zeitschrift für ausländisches und internationales Privatrecht
RdE	Recht der Energiewirtschaft
RIW	Recht der Internationalen Wirtschaft
Rn.	Randnummer
Rs.	Rechtssache
S.	Seite, Seiten sowie Satz
SA	Schlußanträge
SIC	Sociedade Independante Communicação
Slg.	Sammlung (der Rechtsprechung des EuGH)
sog.	sogenannte(n)(r)
SZ	Süddeutsche Zeitung
taz	die Tageszeitung
u.	und
u.a.	unter andere(m)(n); und andere
USA	United States of America
v.	vom; von
verb.	verbunden
Verf.	Verfassung
VerfVO	Verfahrensverordnung
VerwArch.	Verwaltungsarchiv
vgl.	vergleiche
VO	Verordnung

Vol.	Volume
VR	Verwaltungsrundschau
VVDStRL	Veröffentlichung der Vereinigung Deutscher Staatsrechtslehrer
VWD	Vereinigter Wirtschaftsdienst
VwVfG	Verwaltungsverfahrensgesetz
WuW	Wirtschaft und Wettbewerb
z.B.	zum Beispiel
ZEus	Zeitschrift für europarechtliche Studien
ZGR	Zeitschrift für Unternehmens- und Gesellschaftsrecht
Ziff.	Ziffer
ZIP	Zeitschrift für Wirtschaftsrecht und Insolvenzpraxis
ZKF	Zeitschrift für Kommunalfinanzen
ZögU	Zeitschrift für öffentliche und gemeinwirtschaftliche Unternehmen

A. Einleitung

I. Einführung

Die vorliegende Arbeit beschäftigt sich mit der international immer mehr an Bedeutung gewinnenden Thematik der Public Private Partnerships („PPP“[1]) und erörtert die Anwendung des europäischen Wettbewerbsrechts auf diese Kooperationsform.

Bei einer Public Private Partnership handelt es sich um einen formalisierten, partnerschaftlichen Zusammenschluss zwischen öffentlicher und privater Hand, der auf Dauerhaftigkeit und gegenseitigem Austausch von Leistungen basiert. Die beiden Partner einer PPP verfolgen durch ihre definierten Rollen komplementäre Ziele und nutzen auf ihrem Weg dorthin die Synergieeffekte ihrer Zusammenarbeit.

Obwohl PPP in Europa bereits seit einigen Jahren als Reformkonzept für die öffentliche Aufgabenerfüllung Beachtung gefunden haben und schon auf eine etwa zwanzigjährige Tradition zurückblicken, ist die intensivere Auseinandersetzung mit grenzübergreifenden Aspekten von PPP noch relativ neu, und demzufolge befindet sich der praktische Erfahrungshintergrund erst am Anfang der Entwicklung. Public Private Partnerships können nahezu in allen Bereichen der Staatsaufgaben eingesetzt werden und schließen die Finanzierung, den Bau, die Renovierung oder die wirtschaftliche Nutzung einer Infrastruktureinrichtung oder die Erbringung einer Dienstleistung ein. PPP sind demnach in einer Vielzahl von (vormals) öffentlichen Sektoren wie Verkehr, öffentliches Gesundheitswesen, Bildung, Sicherheit, Abfallwirtschaft sowie Energie- und Wasserversorgung anzutreffen. Auf europäischer Ebene tragen Public Private Partnerships zur Durchführung der europäischen Wachstumsinitiative und zur Schaffung transeuropäischer Märkte und Netze bei.

Im Mittelpunkt der vorliegenden Arbeit stehen Public Private Partnerships, die Dienstleistungen von allgemeinem wirtschaftlichem Interesse erbringen. Die Zunahme von solchen PPP spiegelt die Entwicklung der Rolle des Staates in der Volkswirtschaft wider. Durch die Interaktion und Kooperation mit Privaten entwickelt sich die Rolle des Staates von einem

---

[1] Die Abkürzung PPP kann sowohl für den Singular als auch für den Plural stehen.

direkten Akteur in allen Staatsaufgaben zu einem Organisator, Regulator und Kontrolleur.
Da es auf europäischer Ebene keinen speziellen Rechtsrahmen für PPP gibt, ist zu prüfen, wie der EGV und aus ihm abgeleitetes Recht auf PPP und ihre besonderen Merkmale Anwendung findet. Jede Handlung, durch die eine öffentliche Stelle die Ausübung einer wirtschaftlichen Tätigkeit einem Dritten überträgt, muss vor dem Hintergrund der Regeln und Grundsätze des EGV untersucht werden.
Während die oben genannten Beweggründe vorwiegend wirtschaftlicher Natur sind, stellt sich bei der Gründung und dem Betreiben von PPP zusätzlich die Frage nach der Sicherstellung der Dienste. Dies gilt insbesondere im Bereich der Dienstleistungen von allgemeinem wirtschaftlichem Interesse, da hinreichender Leistungsumfang und Qualität bei der Leistungserbringung durch die PPP gewährleistet sein müssen. In diesem Zusammenhang besteht durch das Sozialstaatsprinzip (Art. 2 EGV; in Deutschland Art. 20 Abs. 1 GG) eine Gemeinwohlverantwortung, derer sich der Staat nicht entziehen darf. So obliegt es dem Staat im Bereich der Erbringung von Dienstleistungen von allgemeinem wirtschaftlichem Interesse, eine flächendeckende Versorgung aller Nachfrager zu einem für den Verbraucher darstellbaren Preis zu gewährleisten.
Die Erbringung von Dienstleistungen im allgemeinem wirtschaftlichem Interesse durch PPP hat somit eine starke sozialpolitische Komponente, in der die Frage nach sozialer Gerechtigkeit eine wesentliche Rolle spielt.[2]
Demgegenüber verfügt Art. 4 Abs. 1 EGV, dass die Wirtschaftspolitik der Gemeinschaft dem Grundsatz eines Binnenmarktes ohne Wettbewerbsverzerrungen verpflichtet ist. Daraus lässt sich schlussfolgern, dass bei der Umsetzung von PPP das Spannungsverhältnis des vom Wettbewerb geprägten Gemeinschaftsrechts zum Sozialstaatprinzip miteinbezogen

---

[2] Die sozialpolitische Komponente lässt sich beispielsweise gut anhand der Einführung einer Autobahnmaut im Rahmen einer PPP verdeutlichen. Hierbei stellt sich in bezug auf die Leistungswahrnehmung die Frage, warum der Bürger eine Nutzungsgebühr zahlen muss, um eine allgemeine Infrastruktureinrichtung in Anspruch zu nehmen, was vor einer PPP in diesem Segment nicht nötig war. Durch die Einführung einer Maut wird zudem eine absolute Nutzungssteuer erhoben, die weniger verdienende Haushalte dann überproportional belastet, wenn die Gebühr mit dem Modell des progressiven Steuersatzes verglichen wird. Dieses Steuersatzmodell hat nämlich vor der Einführung der Mautgebühr implizit zu einer niedrigeren Belastung der weniger verdienenden Haushalte bei der Nutzung von Autobahnen geführt, was die sozialpolitische Komponente der Maßnahme deutlich macht.

werden muss. Die dabei entstehenden Konflikte betreffen zum einen das Gleichgewicht zwischen der Sicherung des Allgemeinwohls und zum anderen die Fähigkeit, einem immer globaleren Wettbewerb standhalten zu können. Vor diesem Hintergrund sollten Public Private Partnerships, die zur effizienteren Erbringung von vormals staatlichen Leistungen beitragen und damit staatliche Ressourcen einsparen, nach Möglichkeit im Interesse aller Bürger eingesetzt werden und somit die Reduktion der Gesamtbelastung gerecht reflektieren.
Wie oben bereits dargelegt finden Staat und Private in PPP durch ihre komplementären Ziele bei deren Gründung und Betreiben eine attraktive Kooperationsform. Dabei stellt sich für die Partner sowohl bei der Gründung als auch über den gesamten Lebenszyklus der PPP die Frage, wie die PPP noch effizienter gestaltet werden kann, um durch weitere Kostensenkungen für den Staat oder Renditeverbesserungen für den Privaten noch attraktiver zu sein. Während dieses Streben nach höherer Effizienz für den öffentlichen und den privaten Sektor generell vorteilhaft und damit erstrebenswert ist, muss gleichzeitig sichergestellt werden, dass diese Effekte unter fairen Wettbewerbsbedingungen erzielt werden, da PPP versuchen könnten, ihre Vorteile auf Kosten des internationalen Wettbewerbs zu erlangen.
In diesem Kontext ist das europäische Wettbewerbsrecht gefordert, den internationalen Wettbewerb gegen die natürliche Tendenz von Staat und Unternehmen zur Umgehung von wettbewerbsrechtlichen Bestimmungen bei PPP zu schützen, indem es faire Marktbedingungen schafft und garantiert. Eine wettbewerbsrechtlich privilegierte Position der PPP in diesem Zusammenhang wäre eine offensichtliche Konstellation, die zwar für die betroffene PPP und ihre Beteiligten eine hohe Attraktivität hätte, allerdings zum Schutz des Marktes und eines fairen Wettbewerbs gemeinhin nicht wünschenswert erscheint. Gleichzeitig gilt es, die Reduktion der Kosten bei der Leistungserbringung zu gestatten und insbesondere bei der Erbringung von Dienstleistungen von allgemeinem wirtschaftlichem Interesse angemessenen Renditen nicht entgegenzustehen.
In der nachfolgenden Untersuchung ist vor diesem Hintergrund zu überprüfen, inwieweit PPP eine Herausforderung für das europäische Wettbewerbsrecht darstellen. Zu beantworten gilt, ob das europäische Wettbewerbsrecht in seiner bestehenden Form hinreichend geeignet ist, den

Binnenmarkt vor Verfälschungen durch Public Private Partnerships zu schützen.
Dies ist zum einen hinsichtlich der Ausnahmeregelung des Art. 86 Abs. 2 EGV zu prüfen. Diese Regelung statuiert nämlich eine Ausnahme von der Anwendung des europäischen Wettbewerbsrechts für PPP, die Dienstleistungen von allgemeinem wirtschaftlichem Interesse nur dann erbringen können, wenn das Wettbewerbsrecht der Erfüllung der Aufgabe nicht entgegensteht. Dabei ist insbesondere zu untersuchen, inwieweit die Ausnahmeregelung des Art. 86 Abs. 2 EGV zu gewissen Grauzonen führt, wodurch es unter Umständen zu Wettbewerbsverfälschungen kommen kann, so dass die Gefahr des missbräuchlichen Einsatzes von PPP besteht.
Zum anderen werfen Public Private Partnerships im Kontext mit dem europäischen Wettbewerbsrecht die Frage nach der Beurteilung von staatlichen sachlichen und/oder finanziellen Zuwendungen für die Erbringung von Dienstleistungen von allgemeinem wirtschaftlichem Interesse auf. Diesbezüglich gilt zu prüfen, inwieweit es sich bei derartigen staatlichen Zuwendungen lediglich um Ausgleichsleistungen oder aber um Begünstigungen und somit Beihilfen im Sinne von Art. 87 Abs. 1 EGV handelt.

II. Wirtschaftsverfassungsrechtliche Grundentscheidung des EGV

Der Begriff der Wirtschaftsverfassung wird juristisch weithin als Summe der verfassungsrechtlichen Gestaltungselemente der Ordnung der Wirtschaft definiert[3] und liegt damit im Schnittfeld von Ökonomie und Jurisprudenz[4]. Durch die Grundentscheidung des EGV für eine offene Marktwirtschaft und die gleichzeitige Diskussion zu Themen wie Daseinsvorsorge oder generelle Grenzen der Marktliberalisierung wird deutlich, dass sich die Wirtschaftsverfassung und damit die Wettbewerbsregelungen des EGV in einem Spannungsfeld zwischen wirtschafts- und sozialpolitischen Zielsetzungen befinden. Dieses Spannungsfeld wird zusätzlich durch die heterogenen nationalstaatlichen Ordnungen der EU ver-

---

[3] *Schmidt, Reiner*, Öffentliches Wirtschaftsrecht, Berlin 1990, S. 70.
[4] *Hatje, Armin*, Wirtschaftsverfassung, in: Bogdandy, Armin von (Hrsg.), Europäisches Verfassungsrecht – theoretische und dogmatische Grundzüge, Berlin u.a. 2003, S. 685.

stärkt und hat durch die EU-Osterweiterung mit Volkswirtschaften, die sich in der Transformation von Plan- zu Marktwirtschaften befinden, weiter an Aktualität gewinnen.[5]

In diesem Zusammenhang hat sich durch den europäischen Integrationsprozess der Schwerpunkt der Diskussion um die Wirtschaftsverfassung und den Gemeinsamen Markt mit unverfälschtem Wettbewerb im Gewicht verschoben und konzentriert sich heute auf die im EGV festgelegte rechtliche Grundordnung. Der Wettbewerb nimmt im gesamten EGV eine zentrale Stellung ein. In den Art. 3 Abs. 1 lit. g, 98, 105 Abs. 1 EGV normiert das EGV eine offene Marktwirtschaft mit freiem Wettbewerb als einen Grundsatz. Dabei schützt die marktwirtschaftliche Ausrichtung der europäischen Wirtschaftsverfassung auch die individuelle Freiheit, ohne die der Wettbewerb nicht existieren kann[6], und garantiert die Wettbewerbsfreiheit sowie die Chancengleichheit des Einzelnen[7]. In der Gemeinschaft ist der Wettbewerb neben seiner Funktion als Motor der Marktwirtschaft ein Instrument zur Integration der Märkte der Mitgliedstaaten. Die Gemeinschaft erhält durch das fundamentale Ziel des Gemeinsamen Marktes eine primär wirtschafts- und handelspolitische Ausrichtung. Dabei war es das Ziel der Gründungsstaaten, „Frieden und Freiheit zu wahren und zu festigen" (Präambel zum EGV). Diese Grundausrichtung des EGV hat sich im Laufe der Zeit von der zuerst im Vordergrund stehenden Errichtung des Gemeinsamen Marktes zur Sicherstellung des Funktionierens des Gemeinsamen Marktes entwickelt. Bei fortschreitender Marktintegration reicht es nicht mehr aus, die einmal geöffneten Märkte offen zu halten, vielmehr gilt es, bestimmte Normen als Standards für das Verhalten der Marktbeteiligten aufzustellen und durchzusetzen.[8] Insofern kann der europäischen Wirtschaftsverfassung nicht nur eine konservierende und kanalisierende Funktion, sondern ebenfalls ein dynamischer Charakter zugesprochen werden.[9]

---

[5] Vgl. *Hatje, Armin*, Wirtschaftsverfassung, in: Bogdandy, Armin von (Hrsg.), Europäisches Verfassungsrecht – theoretische und dogmatische Grundzüge, Berlin u.a. 2003, S. 683f.

[6] *Hatje, Armin*,Wirtschaftsverfassung, in: Bogdandy, Armin von (Hrsg.), Europäisches Verfassungsrecht – theoretische und dogmatische Grundzüge, Berlin u.a. 2003, S. 744.

[7] *Schubert, Thure*, Der Gemeinsame Markt als Rechtsbegriff: die allgemeine Wirtschaftsfreiheit des EG-Vertrages, München 1999, S.336.

[8] *Schubert, Thure*, Der Gemeinsame Markt als Rechtsbegriff: die allgemeine Wirtschaftsfreiheit des EG-Vertrages, München 1999, S.335.

[9] *Hatje, Armin*, Wirtschaftsverfassung, in: Bogdandy, Armin von (Hrsg.), Europäisches Verfassungsrecht – theoretische und dogmatische Grundzüge, Berlin u.a. 2003, S. 689.

Art. 3 Abs. 1 lit. g EGV sieht „die Errichtung eines Systems vor, das den Wettbewerb innerhalb des Binnenmarktes vor Verfälschungen schützt". Dabei handelt es sich um ein grundlegendes Vertragsziel, dem zwingende Geltung zukommt.[10] Der von Art. 3 Abs. 1 lit. g EGV geforderte „unverfälschte Wettbewerb" setzt zunächst einen wirksamen Wettbewerb auf dem Markt voraus. So fordert der EuGH, dass „soviel Wettbewerb vorhanden sein muss, dass die grundlegenden Forderungen des Vertrages erfüllt und seine Ziele, insbesondere die Bildung eines einzigen Marktes mit binnenmarktähnlichen Verhältnissen, erreicht werden".[11] Aus dem Verfassungsprinzip „Wettbewerb" heraus lässt sich daher die Beseitigung von Handelshemmnissen oder sonstigen wettbewerbsverfälschenden Maßnahmen der Mitgliedstaaten ableiten, welche schließlich zur Verwirklichung der Grundfreiheiten des EGV führen soll.
Die europäische Wirtschaftsverfassung bildet also die Klammer zwischen den rechtlichen Grundordnungen der Mitgliedstaaten und solchen individualstaatlichen Vorschriften, die ihrerseits als Gestaltungselemente der nationalen Wirtschaftsverfassung die Möglichkeiten und Grenzen der staatlichen Wirtschaftspolitik gleichsam von unten begrenzen.[12] Die Konfliktlinien zwischen den unterschiedlichen Konzeptionen der nationalen Wirtschaftspolitik und der Sicherung des Gemeinsamen Marktes werden in der aktuellen Diskussion über die Stellung der öffentlichen Daseinsvorsorge in einer wettbewerbsgesteuerten Marktwirtschaft der EU zusammengebracht.[13]
Während der EGV eine starke Präferenz für die Marktwirtschaft aufweist, erlaubt er gleichzeitig große Eingriffsmöglichkeiten in den freien Markt, um vor allem im Bereich der Dienstleistungen von allgemeinem wirtschaftlichem Interesse (Art. 86 Abs. 2 EGV) der jeweiligen nationalen Versorgung nicht im Wege zu stehen. Diese Verbindung von freier und sozialer Marktwirtschaft spiegelt die unterschiedlichen Ansätze der Mit-

---

[10] EuGH, Rs. 6/72 (Continental Can), Slg. 1973, 215, 245f.
[11] EuGH, Rs. 26/76 (Metro/Kommission), Slg. 1975, 1905ff.
[12] *Hatje, Armin,*Wirtschaftsverfassung, in: Bogdandy, Armin von (Hrsg.), Europäisches Verfassungsrecht – theoretische und dogmatische Grundzüge, Berlin u.a. 2003, S. 732f.
[13] *Hatje, Armin,*Wirtschaftsverfassung, in: Bogdandy, Armin von (Hrsg.), Europäisches Verfassungsrecht – theoretische und dogmatische Grundzüge, Berlin u.a. 2003, S. 736, Siehe Ausführungen zur Wettbewerbsverfassung bei *Drexl, Josef,* Wettbewerbsverfassung – Europäisches Wettbewerbsrecht als materielles Verfassungsrecht –, in: Bogdandy, Armin von (Hrsg.), Europäisches Verfassungsrecht –theoretische und dogmatische Grundzüge, Berlin u.a. 2003, S.747ff.

gliedstaaten wider und kann als Ausdruck der Entschlossenheit gesehen werden, wettbewerbsbezogene Eingriffe in den Gemeinsamen Markt unter bestimmten Umständen zuzulassen.
Diese Diskussion ist speziell für PPP von großer Bedeutung, da diese häufig im Bereich der Daseinsvorsorge anzutreffen sind und durch ihre Beschaffenheit als Kooperation zwischen Staat und Privaten einen natürlichen Konflikt zwischen nationalstaatlicher Leistungserbringung der Partner und dem Gemeinsamen Markt in sich tragen. In diesem Spannungsfeld von nationalen und EU-Interessen gilt es, den freien Wettbewerb soweit wie möglich zu sichern und gleichzeitig die nationale Erbringung von Dienstleistungen von allgemeinem wirtschaftlichem Interesse zu gewährleisten.

III. Gang der Untersuchung

Die vorliegende Arbeit beschäftigt sich mit Fragestellungen, die durch Public Private Partnerships im Zusammenhang mit dem europäischen Wettbewerbsrecht aufgeworfen werden. Die Untersuchung der Wirkung des europäischen Wettbewerbsrechts auf PPP ist in fünf Schwerpunktbereiche aufgeteilt.
Im ersten Teil wird in die generelle Thematik von Public Private Partnerships eingeführt, indem zunächst ihr Hintergrund erläutert wird und sie anhand ihrer Merkmale und verschiedener Definitionen weiter vorgestellt werden. Zur Verdeutlichung der Relevanz von PPP werden die verschiedenen Anwendungsbereiche für PPP untersucht. Die aus der Anwendung resultierenden PPP-Modelle werden dargestellt und eingeordnet und eine Abgrenzung von PPP zu anderen Kooperationsformen zwischen öffentlicher Hand und privatem Sektor vorgenommen.
Der zweite Teil der Arbeit gibt eine Einführung in das europäische Wettbewerbsrecht. Vor diesem Hintergrund gilt es, die Frage zu beantworten, inwiefern das europäische Wettbewerbsrecht auf PPP anwendbar ist. Dafür ist zu prüfen, ob und inwieweit PPP und Mitgliedstaaten Adressaten des europäischen Wettbewerbsrechts sind.
Im Zusammenhang mit der Anwendbarkeit des europäischen Wettbewerbsrechts auf PPP behandelt der dritte Teil die Bedeutung der Ausnahmeregelung des Art. 86 Abs. 2 EGV für solche PPP, die Dienstleis-

tungen von allgemeinem wirtschaftlichem Interesse erfüllen. Nach dieser Vorschrift sind die Regeln des europäischen Wettbewerbsrechts für Unternehmen, die Dienstleistungen von allgemeinem wirtschaftlichem Interesse erfüllen oder den Charakter eines Finanzmonopols haben, nicht anwendbar, soweit die Anwendung dieser Vorschriften die Erfüllung der ihnen übertragenen besonderen Aufgabe rechtlich oder tatsächlich verhindert. Art. 86 Abs. 2 EGV wird an dieser Stelle als Kompromiss zwischen dem Vertragsziel des unverfälschten Wettbewerbs (Art. 3 Abs. 1 lit. g EGV) einerseits und der wirtschaftspolitischen Gestaltungskompetenz der Mitgliedstaaten andererseits diskutiert. In diesem Kontext wird der Begriff der Dienstleistungen von allgemeinem wirtschaftlichem Interesse sowie dessen geschichtliche Entwicklung unter Berücksichtigung der Ursachen für den gegenwärtigen Strukturwandel hinsichtlich der Rolle des Staates untersucht. Daran anschließend wird die Bedeutung der Daseinsvorsorge[14] im Rahmen des EGV besprochen und dargelegt, dass den Mitgliedstaaten bei der Bestimmung von Gemeinwohlanliegen gemäss Art. 86 Abs. 2 EGV ein großer Gestaltungsspielraum zusteht, der den unterschiedlichen nationalen Wirtschaftssystemen gerecht wird.

Im vierten Teil werden die Ausschlussmöglichkeiten der Beihilfenregelungen der Art. 87ff. EGV für PPP erläutert. Im Mittelpunkt der Untersuchung steht das Tatbestandsmerkmal der Begünstigung des Art. 87 Abs. 1 EGV, welches eine komplexe und umstrittene Frage des europäischen Wettbewerbsrechts aufwirft. Dabei geht es darum, diejenigen staatlichen Unterstützungsleistungen dogmatisch einzuordnen, die die öffentliche Hand den PPP zur Erzielung von Investitionsbereitschaft in den privatwirtschaftlich sonst wenig attraktiven Bereich der Daseinsvorsorge anbieten muss. Zu prüfen ist, unter welchen Bedingungen es sich bei derartigen Unterstützungsleistungen tatsächlich um eine Kompensation für Belastungen handelt, die dem Unternehmen durch die Erfüllung der öffentlichen Aufgaben entstehen, und somit lediglich um Kompensationsleistungen und nicht um Beihilfen i.S.v. Art. 87 Abs. 1 EGV handelt. Aus

[14] Der in Deutschland und von der europäischen Kommission verwendete Begriff der Daseinsvorsorge wird in der Arbeit gleichbedeutend zu dem Rechtsbegriff der „Dienstleistungen von allgemeinem wirtschaftlichem Interesse" aus Art. 86 Abs. 2 EGV verwendet. Die Kommission versteht Daseinsvorsorge (= gemeinwohlorientierte Leistungen) wohl weiter, unter Einschluß auch nicht wirtschaftlich marktmäßig abredter Leistungen.

dieser Betrachtung ergeben sich weitere relevante Fragen, nämlich die nach der Auswirkung der möglichen Einordnung der Zuwendungen als Kompensationsleistungen auf die beihilfenrechtliche Notifikationspflicht und das Durchführungsverbot gem. Art. 88 Abs. 3 EGV und die nach dem Verhältnis des Art. 86 Abs. 2 EGV zu Art. 87 EGV.

Der fünfte und letzte Teil der Arbeit beschäftigt sich mit spezifischen beihilfenrechtlichen Fragestellungen, indem besonders relevante PPP-Modelle, wie das gemischwirtschaftliche Unternehmen und das Konzessionsmodell, beihilfenrechtlich genauer beleuchtet werden. Für diese Modelle werden insbesondere verschiedene mögliche Beihilfenformen und die Problematik von Quersubventionen diskutiert.

Die Arbeit schließt mit einer Zusammenfassung der wesentlichen Untersuchungsergebnisse und einem Ausblick.

B. Erster Teil: Public Private Partnerships

I. Hintergrund zu PPP in Deutschland

1. Erste Ansätze von PPP in den USA

Herkunftsland für Ansatz und Begriff von Public Private Partnerships sind die USA, die eine bis in die vierziger Jahre dieses Jahrhunderts zurückreichende Projekterfahrung besitzen.[15] Bereits in den vierziger Jahren entwickelte sich in Pittsburgh (USA) eine Kooperation zwischen Verwaltung, Politik, Hochschulen und Wirtschaft, die eine regionale Wirtschafts- und Stadtentwicklung zur Zielsetzung hatte. Diese Kooperation ist wohl das bekannteste und älteste Beispiel für eine PPP und verstand sich als „kooperatives, prozessorientiertes Planungs-, Koordinations- und Mobilisierungsinstrument" gegen den zunehmenden Verfall der ausschließlich von der Stahlindustrie dominierten Region. Dieses Modell blieb jedoch in den USA bis in den siebziger Jahren eine Insellösung. Danach setzte ein Boom von Partnerschaften ein, der durch die rezessive und inflationäre Wirtschaftsentwicklung ausgelöst wurde. Die öffentliche Verwaltung sah sich nicht mehr in der Lage, eine steigende Aufgabenlast bei gleichzeitig geringeren zur Verfügung stehenden Mitteln zu bewältigen und wurde unter einem einsetzenden Privatisierungsdruck zu neuen Arrangements und damit insbesondere zu PPP gezwungen.[16]

Der konkrete Begriff „Public Private Partnership" wurde in den USA während der Carter- Regierung zwischen 1976 und 1980 im Rahmen der damaligen New-Urban-Policy geprägt. Diese gestattete eine staatliche Förderung von Stadtentwicklungsprojekten nur, wenn die staatliche Förderung im Rahmen eines Multiplikatoreffektes mit einem Vielfachen an

---

[15] Vgl. *Heinz, Werner,* Public Private Partnership – ein neuer Weg zur Stadtentwicklung, in: Heinz, Werner (Hrsg.), Public Private Partnership – ein neuer Weg zur Stadtentwicklung?, Stuttgart u.a. 1993, S. 56.

[16] *Budäus, Dietrich/Grüning, Gernod,* Public Private Partnership – Konzeption und Probleme eines Instruments zur Verwaltungsreform aus Sicht der Public Choice-Theorie, in: Budäus, Dietrich/Eichhorn, Peter (Hrsg.), Public Private Partnership: Neue Formen öffentlicher Aufgabenerfüllung, Referate und Diskussionsberichte eines Symposiums des Wissenschaftlichen Beirats der Gesellschaft für öffentliche Wirtschaft und des Arbeitsbereichs Public Management an der Hochschule für Wirtschaft und Politik am 21./22. März 1996 im Amerika-Haus in Hamburg, Baden-Baden 1997, S. 42.

privaten Investitionen verbunden war.[17] Dabei bezog sich der Begriff inhaltlich auf Projekte in stark industriell geprägten Städten, „die auf Grund des wirtschaftlichen Strukturwandels in besonderem Maße von Massenentlassungen, Werkschließungen und infolgedessen von Bevölkerungsabwanderung und der Verödung großer staatlicher Areale betroffen waren"[18]. Eine Reihe von PPP dienten also der sozialen Integration durch Wohnumfeldverbesserungen, Infrastrukturmaßnahmen und Ähnlichem. Die Attraktivität von den PPP in den 80er Jahren beruhte vor allem darauf, dass die lokale Wirtschaftsförderung im Bewusstsein der meisten Kommunalpolitiker den höchsten Stellenwert genoss und deshalb Kooperationsformen mit Unternehmen suchte und entwickelte. In den USA sind PPP oft eng an die kommunale und regionale Wirtschaftsförderung gekoppelt. In sogenannten „Business Improvement Districts" werden PPP-Unternehmen in Entscheidungsverfahren eingebunden. Deswegen spricht man in den USA auch im Zusammenhang mit PPP häufig von einem „subnationalen Merkantilismus"[19].

2. PPP in Deutschland

Während sich in den USA öffentlich-private Konsortien bereits seit mehreren Jahrzehnten als organisatorische Instrumente für die Stadt- und Regionalentwicklung etabliert haben, stellt das Thema Public Private Partnerships für Unternehmen und öffentliche Aufgabenträger in Deutschland noch weitgehend Neuland dar. Obwohl der Begriff PPP erstmals bereits 1986 in die wissenschaftliche Diskussion eingeführt wurde, erregte er bis zur deutschen Wiedervereinigung keine größere Aufmerksamkeit. Mit Beginn der 90er Jahre änderte sich dies, und es sind neue (inter)nationale, regionale und kommunale PPP-Projekte entstanden. Die Entwicklung deutscher PPP setzte sich verstärkt in Bereichen der öffentlichen Ver- und Entsorgungswirtschaft durch. In dem dualen Ausbildungssystem in Deutschland besteht außerdem eine etablierte

[17] Vgl. *Kestermann, Rainer,* Public Private Partnership in den USA und der Bundesrepublik Deutschland, Deutscher Verband für Wohnungswesen, Städtebau und Raumordnung, Bonn-Bad Godesberg, 1992, S. 14.
[18] Siehe *Vogelsang, Klaus,* Kommunale Selbstverwaltung: Rechtsgrundlagen, Organisation, Aufgaben, neue Steuerungsmodelle, 3. Auflage, Berlin 2005, Rn. 62, 64.
[19] *Blanke, Bernhard* (Hrsg.), Handbuch zur Verwaltungsreform, 2. Auflage, Opladen 2001, S. 128.

Form von PPP im Bildungssektor. Darin unterhält der private Partner eine Lehrstelle, während die öffentliche Hand die begleitende Schulausbildung übernimmt, was als partnerschaftliche Kooperation i.S.v. PPP gewertet werden kann.
In der heutigen PPP Praxis in Deutschland streben insbesondere die Gemeinden und Städte Kooperationen mit privaten Minderheitsgesellschaftern an. Sie wollen das Know-how der Privaten für die Optimierung der öffentlich-rechtlichen Aufgabenerfüllung nutzen und zudem eine betriebs- und finanzwirtschaftliche Verbesserung erreichen, beispielsweise durch Kapitalbeschaffung.[20]

a) Einordnung der PPP in die historische Entwicklung

Public Private Partnerships können nicht ohne die Einordnung in die historische Entwicklung des Zusammenspiels von privater und öffentlicher Sphäre betrachtet werden.[21] Wie in vielen anderen Ländern Europas[22] dominierte in Deutschland Ende des 18. bis Mitte des 19. Jahrhunderts die Idee des liberalen Staates, der sich auf seine Ordnungsfunktion konzentriert und nicht direkt für das Wohlergehen der Bürger verantwortlich ist. Die politische und wirtschaftliche Entwicklung seit dem ausgehenden 19. Jahrhundert war dagegen lange Zeit durch einen Prozess der permanenten Ausweitung des Staatshandelns charakterisiert. Der Staat übernimmt dabei nicht nur eine Ordnungsfunktion, sondern zunehmend auch Leistungsaufgaben für seine Bürger. Dieses wohlfahrtsstaatliche Modell ist heute jedoch auf Grund systemimmanenter Probleme, der hohen Arbeitslosigkeit und der Globalisierung in eine nachhaltige Krise ge-

---

[20] *Schröder, Holger*, Vergaberechtliche Probleme bei der Public-Private-Partnership in Form der gemischtwirtschaftlichen Unternehmung, NJW 2002, S. 1831; *Bös, Dieter/Schneider, Friedrich*, Private-public partnership: Gemeinschaftsunternehmen zwischen Privaten und der öffentlichen Hand, ZGR 1996, S. 522; Siehe dazu auch detaillierte Ausführungen der Motive der öffentlichen Hand hinsichtlich eines Zusammenschlusses mit Privaten.

[21] *Meeder, Stephan*, Public Private Partnerships zur Finanzierung von Flughafenprojekten in Europa, Frankfurt am Main u.a. 1999, S. 4.

[22] Zu den Entwicklungen von PPP und Erfahrungen mit PPP in anderen europäischen Ländern siehe, *Lawless, Paul*, Öffentlich-private Partnerschaften in Großbritannien – Analyse und Kritik, in: Heinz, Werner (Hrsg.), Public Private Partnership – ein neuer Weg zur Stadtentwicklung?, Stuttgart u.a. 1993, S. 199ff.; *Ascher, Francois*, Öffentlich-private Partnerschaften bei der Stadterneuerung und Stadtentwicklung in Frankreich, in: Heinz, Werner (Hrsg.), Public Private Partnership – ein neuer Weg zur Stadtentwicklung?, Stuttgart u.a. 1993, S.277 ff; *Held, Gerhard*, Öffentlich-private Partnerschaften bei der Stadterneuerung und Stadtentwicklung in Spanien, in: Heinz, Werner (Hrsg.), Public Private Partnership – ein neuer Weg zur Stadtentwicklung?, Stuttgart u.a. 1993, S. 341ff.; *Kroes, Hans*, Partnerschaftliche Planung in den Niederlanden, in: Heinz, Werner (Hrsg.), Public Private Partnership – ein neuer Weg zur Stadtentwicklung?, Stuttgart u.a. 1993, S. 387ff.

raten. In den postindustriellen Gesellschaften vollzieht sich zurzeit ein grundlegender Wandel und eine Neudefinition des Funktions- und Rollenverständnisses der öffentlichen Hand.[23] Dies umfasst die Abkehr vom wohlfahrtsstaatlichen Modell sowie den Wandel vom hoheitlichen Steuerungsstaat hin zum kooperativen Interaktionsstaat.[24] Dabei überdenkt die öffentliche Hand, in welchen Politikfeldern noch bzw. neuerdings staatliches Handeln erforderlich ist. Damit stellt sie sich gleichzeitig die Frage, in welchen Politikfeldern keine öffentlichen Aufgaben mehr vorliegen und mit welcher Aufgabenstellung Private eingeschaltet werden sollen.[25] Somit umfasst die Aufgabenfindung für Private die Neudefinition der Qualität des staatlichen Handelns und nicht unbedingt ein Zurückdrängen des Staatshandelns.[26]

b) PPP als Beitrag zur Modernisierung des öffentlichen Sektors

Public Private Partnerships sollen im Zuge dieser Neudefinition der Qualität des staatlichen Handelns zur Modernisierung des öffentlichen Sektors beitragen.[27] Diese Modernisierung ist so zu verstehen, dass die Distanz zwischen Staat und Bürgern verringert wird. Für die Bürger soll eine Effizienzsteigerung und eine Verstärkung der Kundenorientierung des Dienstleisters (Staat) erkennbar sein.[28] Weitere Ziele sind die Rückfüh-

---

[23] Siehe *Meeder, Stephan*, Public Private Partnerships zur Finanzierung von Flughafenprojekten in Europa, Frankfurt am Main u.a. 1999, S. 5.

[24] *Kruzewicz, Michael*, Lokale Kooperationen in NRW – Public Private Partnership auf kommunaler Ebene, Institut für Landes- und Stadtentwicklung (ILS) des Landes NRW, Duisburg 1993, S. 11-13.

[25] *Meeder, Stephan*, Public Private Partnerships zur Finanzierung von Flughafenprojekten in Europa, Frankfurt am Main u.a. 1999, S. 5.

[26] *Mirow, Thomas A.*, Public Private Partnership – eine notwendige Strategie zur Entlastung des Staates, in: Budäus, Dietrich/Eichhorn, Peter (Hrsg.), Public Private Partnership: Neue Formen öffentlicher Aufgabenerfüllung, Referate und Diskussionsberichte eines Symposiums des Wissenschaftlichen Beirats der Gesellschaft für öffentliche Wirtschaft und des Arbeitsbereichs Public Management an der Hochschule für Wirtschaft und Politik am 21./22. März 1996 im Amerika-Haus in Hamburg, Baden-Baden 1997, S. 13f.

[27] Zum Folgenden vgl. *Meeder, Stephan*, Public Private Partnerships zur Finanzierung von Flughafenprojekten in Europa, Frankfurt am Main u.a. 1999, S. 5.

[28] *Mirow, Thomas A.*, Public Private Partnership – eine notwendige Strategie zur Entlastung des Staates, in: Budäus, Dietrich/Eichhorn, Peter (Hrsg.), Public Private Partnership: Neue Formen öffentlicher Aufgabenerfüllung, Referate und Diskussionsberichte eines Symposiums des Wissenschaftlichen Beirats der Gesellschaft für öffentliche Wirtschaft und des Arbeitsbereichs Public Management an der Hochschule für Wirtschaft und Politik am 21./22. März 1996 im Amerika-Haus in Hamburg, Baden-Baden 1997, S. 22f.; *Naschold, Frieder*, Public Private Partnership in den internationalen Modernisierungsstrategien des Staates, in: Budäus, Dietrich/Eichhorn, Peter (Hrsg.), Public Private Partnership: Neue Formen öffentlicher Aufgabenerfüllung, Referate und Diskussionsberichte eines Symposiums des Wissenschaftlichen Beirats der Gesellschaft für öffentliche Wirtschaft und des Arbeitsbereichs

rung des direkten staatlichen Einflusses und die Konzentration des Staates auf die Rolle des Koordinators und Moderators.[29] Der Staat soll sich auf seine Kernkompetenzen beschränken und alle Bereiche, die nicht hoheitlichen Charakter aufweisen, dem Markt bzw. privater oder gesellschaftlicher Selbstorganisation überlassen.[30]

Dabei wird gefordert, dass die originäre Staatsaufgabe der Erfüllung von Dienstleistungen von allgemeinem wirtschaftlichem Interesse allein aus finanz- und ordnungspolitischen Überlegungen nicht dem freien Spiel der Marktkräfte überlassen werden darf. Dies bedeutet, dass öffentliche Aufgaben öffentliche Aufgaben bleiben und dass durch die Einbeziehung des privaten Sektors lediglich die Aufgabenerfüllung privatisiert wird.[31] Die Erfüllung der öffentlichen Aufgabe muss stets gewährleistet werden, was wiederum impliziert, dass die öffentliche Hand weiterhin in definiertem Umfang Einwirkungsmöglichkeiten auf Entscheidungen haben soll. Dabei sind die Kontrollmöglichkeiten, die Festlegung von Verantwortlichkeiten, Maßnahmen und Standards zur dauerhaften Gewähr der Leistungserstellung sowie die Berücksichtigung von den Belangen des Personals der Betreibergesellschaft von Bedeutung.[32] In eben dieser Wahrnehmung von Aufgaben liegt eine der Attraktionen von PPP gegenüber ganzheitlichen Privatisierungen.

Die Finanzkrise der öffentlichen Haushalte verstärkt den Trend zur Einbeziehung von Privaten in die öffentliche Aufgabenerfüllung und führt dazu, dass die klassische, ordnungspolitisch begründete Dichotomie von Staat und Markt relativiert wird: Markt und Wettbewerb in bislang öffentlichen Bereichen gewinnen an Bedeutung, während gleichzeitig neue Organisations- und Kooperationsformen zwischen privaten Unternehmen

---

Public Management an der Hochschule für Wirtschaft und Politik, Hamburg, am 21./22. März 1996 im Amerika-Haus in Hamburg, Baden-Baden 1997, S. 86.

[29] *Sachße, Christoph*, Public-Private-Partnership: Überlegungen aus historischer Sicht, Die Sparkasse 1996, S. 350.

[30] *Hill, Hermann*, Dialoge über Grenzen: Kommunikation bei Public Private Partnership, in: Hill, Hermann (Hrsg.), Dialoge über Grenzen: Kommunikation bei Public Private Partnership, Köln u.a. 1996, S. 14.

[31] *Eichhorn, Peter*, Public Private Partnership und öffentlich privater Wettbewerb, in: Budäus, Dietrich/Eichhorn, Peter (Hrsg.), Public Private Partnership – Neue Formen öffentlicher Aufgabenerfüllung, Referate und Diskussionsberichte eines Symposiums des Wissenschaftlichen Beirats der Gesellschaft für öffentliche Wirtschaft und des Arbeitsbereichs Public Management an der Hochschule für Wirtschaft und Politik, Hamburg, am 21./22. März 1996 im Amerika-Haus in Hamburg, Baden-Baden 1997, S. 201.

[32] *Kirchhoff, Ulrich*, Öffentliche Wirtschaft, Sozialwirtschaft und Daseinsvorsorge im Wandel, Festschrift für Helmut Cox, Regensburg 2003, S. 3.

und öffentlichen Stellen für die von beiden Parteien gemeinsam verfolgten Problemlösungen entstehen.[33]

II. Definitionen und Merkmale des PPP-Begriffs

1. Abgrenzung des PPP-Begriffs

Der Versuch einer Definition des Inhalts einer Public Private Partnership ist deswegen problematisch, weil es sich weder um einen gesetzlich normierten noch um einen richterrechtlich entwickelten Rechtsbegriff handelt. Daher gibt es bislang für PPP weder in Deutschland noch im Ausland[34] eine verbindliche Definition.

Burgi[35] sieht den Begriff PPP als „für eine juristische Problembewältigung untauglich" an. Auch *Kämmerer*[36] betrachtet ihn skeptisch. Insgesamt sei „der Begriff Public Private Partnership von Unklarheit, ja Polyvalenz geprägt. Den Begriff Public Private Partnership terminologisch zu fassen, ist der Rechts- und rechtspolitischen Lehre bislang nicht gelungen und dürfte ihr auch künftig kaum gelingen." *Schoch*[37] umschreibt den Begriff PPP als „Modernität suggerierend, aber rechtlich Unverbindliches transportierend, als schillernden Sammelbegriff unterschiedlichster Erscheinungsformen der Kooperation zwischen Verwaltungsträgern und Privaten". Daher sei er für ihn unbrauchbar.

Der Begriff PPP wird heterogen verwendet, beispielsweise in Deutschland, indem neben gemischtwirtschaftlichen Unternehmen auch sogenannte Objektgesellschaften, Betreibermodelle, Konzessionsmodelle

---

[33] *Meeder, Stephan*, Public Private Partnerships zur Finanzierung von Flughafenprojekten in Europa, Frankfurt am Main u.a. 1999, S. 6.

[34] Vgl. *Squires, Gregory D.*, Public Private Partnership: Who gets What and Why, in: Squires, Gregory D. (Hrsg.), Unequal Partnership. The political Economy of Urban Redevelopment in Post-war America, New Brunswick 1989, S. 10ff.

[35] *Burgi, Martin*, Funktionale Privatisierung und Verwaltungshilfe, Tübingen 1999, S. 98f.

[36] *Kämmerer, Jörn A.*, Privatisierung, Typologie – Determinanten – Rechtspraxis – Folgen, Tübingen, 2001, S. 66.

[37] *Schoch, Friedrich*, Public Private Partnership, in: Erichsen, Hans-Uwe (Hrsg.), Kommunale Verwaltung im Wandel: Symposium aus Anlass des 60 jährigen Bestehens des Kommunalwissenschaftlichen Instituts der Westfälischen Wilhelmsuniversität zu Münster, Köln u.a. 1999, S. 101ff.

und Ähnliche unter dem Stichwort oder im Zusammenhang mit PPP diskutiert werden.[38]

Nach *Böhm*[39] kann der PPP-Begriff nicht mit einer bestimmten Organisationsform gleichgesetzt werden, vielmehr beschreibt er eine Vielzahl ganz unterschiedlicher rechtlicher Phänomene.

Kettl[40] versteht alle Formen von Outsourcing bzw. Contracting Out als PPP, während *Heinz*[41] PPP mit dem Begriff der Privatisierung und Deregulierung gleichsetzt.

Nach *Budäus/Grüning*[42] besteht die Gefahr, dass der PPP-Begriff bei beliebiger Verwendung zur Leerformel mutiert, indem er als „Synonym für jedwede neue Form der Zusammenarbeit zwischen Kommunen und anderen lokalen Akteuren"[43] steht bzw. für jedwede Aufweichung der traditionellen Dichotomie von Verwaltung und Privatwirtschaft herangezogen wird.

Lawless[44] ist der Ansicht, dass die PPP zu einem bedeutungslosen Konzept („meaningless concept") wird, wenn alle Gesichtspunkte kommunaler Politik in das Konzept einbezogen werden.

---

[38] Vgl. *Heinz, Werner*, Public Private Partnership – ein neuer Weg zur Stadtentwicklung, in: Heinz, Werner (Hrsg.), Public Private Partnership – ein neuer Weg zur Stadtentwicklung?, Stuttgart u.a. 1993, S. 47f.

[39] *Böhm, Bettina*, Öffentlich-private Partnerschaften in der kommunalen Stadtentwicklung: öffentlich-rechtliche Vorgaben und gesellschaftsrechtliche Gestaltungen, Frankfurt am Main 1999, S. 19.

[40] *Kettl, Donald*, The transformation of governance, Baltimore 2002, S. 4ff.

[41] Vgl. zu dieser Problematik z.B. *Heinz, Werner*, Partnerschaftsprojekte für die Stadtentwicklung – Lehren und Thesen, Der Städtetag 3/1992, S. 210.

[42] *Budäus, Dietrich/Grüning, Gernod*, Public Private Partnership – Konzeption und Probleme eines Instruments zur Verwaltungsreform aus Sicht der Public Choice-Theorie, in: Budäus, Dietrich/Eichhorn, Peter (Hrsg.), Public Private Partnership: Neue Formen öffentlicher Aufgabenerfüllung, Referate und Diskussionsberichte eines Symposiums des Wissenschaftlichen Beirats der Gesellschaft für öffentliche Wirtschaft und des Arbeitsbereichs Public Management an der Hochschule für Wirtschaft und Politik, Hamburg, am 21./22. März 1996 im Amerika-Haus in Hamburg, Baden-Baden 1997, S. 26.

[43] *Kruzewicz, Michael*, Lokale Kooperationen in NRW – Public Private Partnership auf kommunaler Ebene, Institut für Landes- und Stadtentwicklung (ILS) des Landes NRW, Duisburg 1993, S. 7f.

[44] Vgl. *Lawless, Paul*, Öffentlich-private Partnerschaften in Großbritannien – Analyse und Kritik, in: Heinz, Werner (Hrsg.), Public Private Partnership – ein neuer Weg zur Stadtentwicklung?, Stuttgart u.a. 1993, S. 210; siehe dazu auch *Budäus, Dietrich/Grüning, Gernod*, Public Private Partnership – Konzeption und Probleme eines Instruments zur Verwaltungsreform aus Sicht der Public Choice-Theorie, in: Budäus, Dietrich/Eichhorn, Peter (Hrsg.), Public Private Partnership: Neue Formen öffentlicher Aufgabenerfüllung, Referate und Diskussionsberichte eines Symposiums des Wissenschaftlichen Beirats der Gesellschaft für öffentliche Wirtschaft und des Arbeitsbereichs Public Management an der Hochschule für Wirtschaft und Politik, Hamburg, am 21./22. März 1996 im Amerika-Haus in Hamburg, Baden-Baden 1997, S. 53.

Für *Schuppert*[45] ist die PPP-Definition weniger problematisch, wenn man den PPP-Begriff nicht als rechtsdogmatischen Ausdruck verwendet, um aus ihm bestimmte rechtliche Folgerungen zu ziehen, sondern lediglich als abkürzende und praktische Chiffre für verschiedene Erscheinungsformen des kooperativen Handelns zwischen der öffentlichen Verwaltung und nicht-staatlichen Akteuren. Bei der Verwendung des PPP-Begriffs als Chiffre bedürfe es einer gewissen Grundvorstellung davon, welches die Hauptmerkmale eines solchen kooperativen Verwaltungshandelns sein könnten.
Im Folgenden wird eine genauere Beschreibung des PPP-Konzepts erarbeitet, das den später zu erörternden Themen zu Grunde gelegt wird. Dazu werden die verschiedenen Definitionen des PPP-Begriffs in der Literatur und seine einzelnen Wortelemente untersucht, um mit deren Hilfe die Definition von PPP für diese Arbeit zu entwickeln.

2. Definition des PPP-Begriffs

a) Definitionen des PPP-Begriffs in der Literatur

(1) Abgrenzung des PPP-Begriffs nach Handlungsfeldern

In der Literatur wird oftmals eine Abgrenzung nach Handlungsfeldern diskutiert. Zum Beispiel grenzen *Bennett* und *Krebs*[46] ihren PPP-Begriff anhand der Merkmale lokaler Verwaltung und Stadtentwicklung bzw. ökonomischer Wiederbelebung von Problemregionen ab. Ähnlich definiert *Mayer* PPP als „explizite Kooperationsprojekte zwischen öffentlicher Verwaltung und privater Wirtschaft, um Umstrukturierungs- oder Aufwertungsvorhaben durchzuführen“[47]. *Birnstiel*[48] spricht von PPP als freiwillige Zusammenarbeit von Städten oder Gemeinden mit anderen örtlich

---

[45] *Schuppert, Gunnar F.*, Grundzüge eines zu entwickelnden Verwaltungskooperationsrechts – Regelungsbedarf und Handlungsoptionen eines Rechtsrahmens für Public Private Partnership, Rechts- und verwaltungswissenschaftliches Gutachten erstellt im Auftrag des Bundesministeriums des Inneren, Juni 2001, S. 5.
[46] *Bennett, Robert/Krebs, Günther*, Local economic development: public private partnership initiatives in Britain and Germany, London 1991, S. 1.
[47] *Mayer, Margit*, Public-Private Partnership – eine neue Option und Chance für kommunale Wirtschaftspolitik?, in: Roth, Roland/Wollmann, Hellmut (Hrsg.), Kommunalpolitik, Köln 1994, S. 443.
[48] *Birnstiel, Detlev*, Strukturentwicklung durch Public Private Partnership, ZögU 1995, S. 334ff.

tätigen Akteuren bzw. Institutionen für Belange der Wirtschaftsförderung, wenn diese formalisiert und institutionalisiert sind.
Eine Katalogisierung von Handlungsfeldern wie Stadterneuerung, Stadtentwicklung und Wirtschaftsförderung als Definitionsbestandteil von PPP alleine ist zu restriktiv und daher abzulehnen. Dies ist damit zu begründen, dass zum einen im Wort Partnerschaft grundsätzlich keine Einschränkung auf bestimmte Handlungsfelder enthalten ist und zum anderen damit, dass die verschiedensten Handlungsfelder für die Stadterneuerung bzw. Stadtentwicklung mittelbar oder unmittelbar Bedeutung haben können.

(2) PPP als kommunale gemischtwirtschaftliche Unternehmen

Eine klare, eindeutige und auch operationale Definition des Begriffs PPP gibt *Habersack*.[49] Für ihn handelt es sich bei einer PPP um eine Unternehmung, die in einer Form des privaten Gesellschaftsrechts geführt wird und an der mindestens eine öffentliche Institution und ein privater Gesellschafter beteiligt sind. Diese beteiligten Akteure grenzt er auf privatrechtlich organisierte Unternehmungen und Kommunen ein. Nach seiner PPP-Interpretation handele es sich bei diesen um eine spezielle Ausprägung eines gemischtwirtschaftlichen Unternehmens, die hinsichtlich ihrer Aufgabenstellung auf die originäre Staatsaufgabe Daseinsvorsorge im kommunalen Bereich beschränkt seien, hier im Besonderen der Abfall- und Abwasserentsorgung sowie der Trinkwasser- und Stromversorgung,
Die Definition von *Habersack*, die PPP auf kommunale gemischtwirtschaftliche Unternehmungen beschränkt, ist eine zu enge Definition des PPP-Begriffs, da in ihr viele Kooperationen unberücksichtigt bleiben, die derzeit als PPP bezeichnet werden.

---

[49] Zum Folgenden vgl. *Habersack, Matthias*, Private Public partnership: Gemeinschaftsunternehmen zwischen Privaten und der öffentlichen Hand – Gesellschaftsrechtliche Analyse, ZGR 1996, S. 545.

(3) PPP als gesellschafts- oder schuldrechtliche Kooperationen

Tettinger[50] ist der Auffassung, dass der Begriff PPP eine „modellorientierte Chiffre" sei, die in juristischer Hinsicht für Kooperationen im weitesten Sinne stehe. Er versprühe den „Charme des rechtlich Unverbindlichen". Konkret bezeichnet er mit dem Begriff PPP „die unterschiedlichsten Formen des Zusammenwirkens von Hoheitsträgern mit privaten Wirtschaftssubjekten". Die Motivation des Verwaltungsträgers (Bund, Land, Kommune, Kammer, Universität, öffentliche Unternehmen, u.a.), die Privaten in die Erfüllung einer öffentlichen Aufgabe einzuschalten, beruhe durchweg auf deren Finanzstärke. Das Hauptziel dieser Zusammenarbeit aus Sicht des Verwaltungsträgers sieht *Tettinger* nach seiner ursprünglichen Definition in der Schaffung einer modernsten Anforderungen genügenden Infrastruktur. Dabei könne sich die Form des Zusammenwirkens auf sämtliche Phasen der öffentlichen Leistungserstellung wie Planung, Realisierung, Nutzung und Finanzierung beziehen oder auch nur auf jeweils einzelne ausgewählte Phasen. Rechtssystematisch interpretiert *Tettinger* PPP als Oberbegriff für eine Vielzahl unterschiedlichster Kooperationsmodelle zwischen formeller Organisations- und materieller Aufgabenprivatisierung. Als rechtliche Grundtypen erarbeitet er einerseits Verträge in Form gesellschaftsrechtlicher Vereinbarungen, andererseits kurz- oder langfristige Austauschbeziehungen. *Tettinger* betont jedoch, dass sich PPP mittlerweile auch in anderen gemeindlichen Aufgabensektoren finden ließen, die die Gemeindeordnungen dem nichtwirtschaftlichen Bereich zuordnen würden, namentlich der kulturellen und sozialen Betreuung der Einwohner, der Straßenreinigung, der Wirtschaftsförderung[51], der Fremdenverkehrsförderung oder der Wohnraumversorgung.

Durch die zusätzliche Betrachtung schuldrechtlicher Verträge dehnt *Tettinger* den PPP-Begriff gegenüber *Habersack* aus, da dieser sich nur auf gesellschaftsrechtliche Verträge im Bereich der kommunalen Daseinsvorsorge bezieht. Die Tatsache, ob eine vertraglich geregelte Zusammenarbeit durch schuldrechtliche Vereinbarungen oder aber durch ge-

---

[50] Zum Folgenden vgl. *Tettinger, Peter*, Die rechtliche Ausgestaltung von Public Private Partnership, DÖV 1996, S. 764.

[51] *Birnstiel, Detlev*, Public Private Partnership in der Wirtschaftsförderung, in: Ridinger, Rudolf/Steinröx, Manfred (Hrsg.), Regionale Wirtschaftsförderung in der Praxis, Köln 1995, S. 225ff.

sellschaftsrechtliche Vereinbarungen koordiniert wird, ist daher kein ausreichendes Kriterium, um eine bestimmte Form der Zusammenarbeit als PPP zu bezeichnen. Zudem erweitert *Tettinger* den Anwendungsbereich für PPP über die Schaffung moderner Infrastrukturen hinaus hin zu Betätigungen in kommunalen nichtwirtschaftlichen Aufgabensektoren.

(4) PPP als jede Form der Zusammenarbeit zwischen öffentlichem und privatem Sektor

Eine sehr weite Perspektive vertritt *Eichhorn.*[52] Für ihn besteht eine PPP in der „Zusammenarbeit zwischen öffentlicher Hand und privaten Unternehmen zur Verfolgung gemeinsamer Ziele". Die Akteure der PPP operationalisiert er durch konkrete Aufzählung einzelner Erscheinungsformen. Die öffentliche Hand stehe als Synonym für die Gebietskörperschaften Bund, Land, Gemeinden, Gemeindeverbände, andere öffentlich-rechtliche Körperschaften, Anstalten und Stiftungen, öffentliche Unternehmungen in öffentlich-rechtlicher und privatrechtlicher Rechtsform und für Beteiligungen dieser juristischen Personen an Unternehmen. Bei privaten Unternehmen handele es sich um Unternehmungen im Privateigentum, wobei das Privateigentum sowohl von einer Einzelperson begründet werden könne als auch von einer Vielzahl von Personen. Das konstitutive Merkmal der gemeinsamen Zielverfolgung deutet *Eichhorn* dahingehend, „dass sich die Partner von der Zusammenarbeit eine Förderung ihrer eigenen Ziele versprechen". Damit sei allerdings nicht gemeint, dass die Partner in der PPP unbedingt das gleiche Ziel verfolgen müssen. Vielmehr seien ganz unterschiedliche Zielrelationen der individuellen Ziele der beteiligten Akteure möglich, nämlich neben der Zielidentität und -indifferenz auch die Zielkomplementarität. Zielkonkurrenz scheide dagegen in diesem Kontext aus, da es nicht einsichtig sei, wie sich jeweils negativ beeinflussende Ziele durch eine partnerschaftliche Kooperationsform gegenseitig positiv fördern sollten. Hinsichtlich der Form der Zusammenarbeit greift Eichhorn auf die Vertragsperspektive zurück.

---

[52] Zum Folgendem vgl. *Eichhorn, Peter,* Public Private Partnership, Praxis, Probleme, Perspektiven, in: Neumann, Lothar F. (Hrsg.), Sozialpolitik und öffentliche Wirtschaft in memoriam Theo Thiemeyer, Berlin 1995, S. 174.

Auch *Bös* und *Schneider*[53] betrachten PPP allgemein als Gemeinschaftsunternehmung zwischen den Privaten und der öffentlichen Hand. Sie bezeichnen PPP als Unternehmungen, die in Formen des privaten Gesellschaftsrechts geführt werden und an der mindestens eine öffentliche Institution und ein privater Gesellschafter beteiligt sind.
Dieser Definitionsansatz ist sehr viel weiter gefasst als der von Habersack und Tettinger, denn er umfasst jegliche Formen der Zusammenarbeit zwischen öffentlicher Hand und privatem Sektor, die ein gemeinsames Ziel verfolgen.

(5) PPP als sektorenverschränkendes Arrangement öffentlicher Aufgabenerfüllung

Nach *Schuppert*[54] fungiert PPP als sektorenverschränkendes Arrangement öffentlicher Aufgabenerfüllung. Dabei bedeute PPP weder, die an der Kooperation beteiligten nicht-staatlichen Akteure zu etatisieren, noch, die staatlichen Akteure zu privatisieren. Sowohl staatliche als auch nichtstaatliche Akteure blieben mit ihrer spezifischen Funktionslogik ihrem Herkunftssektor verhaftet. Die Funktionslogik von PPP bestehe also in der erfolgreichen Parallelschaltung der öffentlichen und privaten Interessen der beteiligten Akteure. Diese Parallelschaltung der Interessen bedürfe in der Regel einer formalisierten Verständigung über Ziele und Modi der Kooperation, also einer vertraglichen Ausgestaltung.

(6) Anforderungskatalog an PPP

Kouwenhoven[55] spricht von einer PPP dann,
- wenn eine Interaktion zwischen öffentlicher Hand und Privaten besteht,
- wenn der Fokus auf das Erreichen konvergierender Ziele gerichtet ist,

[53] *Bös, Dieter/Schneider, Friedrich*, Private-public partnership: Gemeinschaftsunternehmen zwischen Privaten und der öffentlichen Hand, ZGR 1996, S. 518ff.
[54] *Schuppert, Gunnar F.*, Grundzüge eines zu entwickelnden Verwaltungskooperationsrechts – Regelungsbedarf und Handlungsoptionen eines Rechtsrahmens für Public Private Partnership, Rechts- und verwaltungswissenschaftliches Gutachten erstellt im Auftrag des Bundesministeriums des Inneren, Juni 2001, Berlin 2001, S. 8f.
[55] *Kouwenhoven, Vincent*, Public-Private Partnership: A model for the Management of Public-Private Cooperation, in: Kooiman, Jan (Hrsg.), Modern Governance – New Government-Society Interactions, London 1993, S. 119.

- wenn bei der Erreichung der Ziele Synergie-Effekte nutzbar gemacht werden können,
- wenn die Ziele sowohl sozialen als auch kommerziellen Charakter haben und
- die Identität und Verantwortung der Partner intakt bleibt.

Die Ziele der öffentlichen Hand und des privaten Partners müssen nicht identisch, dürfen jedoch auch nicht unvereinbar sein.[56]

Kouwenhoven bezeichnet formalisierte bzw. institutionalisierte PPP als „PPP im engeren Sinne" und informelle PPP als „PPP im weiteren Sinne". Der Grad der Formalisierung bzw. Institutionalisierung der Zusammenarbeit lege fest, ob eine formelle oder informelle Zusammenarbeit zwischen dem privaten Unternehmen und der öffentlichen Hand vorliege. Eine formelle Kooperation sei gegeben, wenn eine gemeinsame Gesellschaft[57] gegründet werde und/oder ein umfassendes Vertragswerk[58] bestehe. Hingegen liegt eine informelle Kooperation vor, wenn es sich lediglich um unregelmäßige Treffen zwischen privaten Unternehmen und öffentlichen Stellen zum Zweck des Informationsaustauschs oder der Beziehungspflege handele.

Festzuhalten ist, dass eine trennscharfe Einordnung in formalisiert oder informell in Grenzfällen schwierig werden kann. Man kann jedoch davon ausgehen, dass Verträge eine weniger enge Bindung indizieren als die Errichtung einer gemeinsamen Gesellschaft, die im Vergleich zu Verträgen eine wesentlich umfassendere Partnerschaft bedeutet.

---

[56] Ähnlich *Kirsch, Daniela*, Public Private Partnership – eine empirische Untersuchung der kooperativen Handlungsstrategien in Projekten der Finanzerschließung und Immobilienentwicklung, Köln 1997, S. 127-130; *Roggencamp, Sybille*, Public Private Partnership, Entstehung und Funktionsweise kooperativer Arrangements zwischen öffentlichem Sektor und Privatwirtschaft, Frankfurt am Main 1999, S. 89.

[57] Dies kann zum einen in der Form der Beteiligung der öffentlichen Hand und des Privaten an einem bestehenden privaten bzw. öffentlichen Unternehmen geschehen oder durch die gemeinsame Gründung eines gemischtwirtschaftlichen Unternehmens.

[58] Aus Sicht der öffentlichen Hand bieten sich für die Vertragsgestaltung insbesondere Kooperationsverträge und Regulierungsverträge an; siehe dazu *Schuppert, Gunnar F.*, Grundzüge eines zu entwickelnden Verwaltungskooperationsrechts – Regelungsbedarf und Handlungsoptionen eines Rechtsrahmens für Public Private Partnership, Rechts- und verwaltungswissenschaftliches Gutachten erstellt im Auftrag des Bundesministeriums des Inneren, Juni 2001, Berlin 2001, S. 19ff.

(7) Vier Dimensionen von PPP

Die Gruppe um *Budäus et al.*[59] hat sich der Festlegung einer engeren Definition der PPP gewidmet. Ausgehend von Kouwenhovens [60] PPP-Definition grenzen sie den PPP-Begriff ein, indem sie nicht alle Formen der Zusammenarbeit zwischen privaten und öffentlichen Akteuren, die auf gegenseitigen Austausch von Leistungen basieren, als PPP bezeichnet wissen wollen. Nach *Budäus/Grüning*[61] gibt es vier Merkmale (sog. „Dimensionen"), nach denen eine Zusammenarbeit zwischen öffentlicher und privater Hand als PPP charakterisiert werden kann:

- das Ziel der Zusammenarbeit,
- die Relation der Ziele der an der Kooperation beteiligten Akteure,
- der Grad der Formalisierung bzw. Institutionalisierung der Zusammenarbeit und
- die Anzahl der an der Zusammenarbeit beteiligten Akteure.

Bei der ersten Dimension handele es sich um das gemeinsam formulierte Ziel der Zusammenarbeit, das beide Partner einer PPP verfolgen. Aus der Sicht des öffentlichen Sektors kann zwischen einem Finanzierungsziel, einem Bereitstellungsziel bisher öffentlich wahrgenommener Aufgaben und bisher nicht oder zumindest nicht öffentlich wahrgenommener Aufgaben unterschieden werden. Der Private Sektor hingegen differenziere danach, ob die Zusammenarbeit einem ökonomischen Ziel (Bei-

---

[59] Zum Folgenden vgl. *Budäus, Dietrich/Grüning, Gernod,* Public Private Partnership – Konzeption und Probleme eines Instruments zur Verwaltungsreform aus Sicht der Public Choice-Theorie, in: Budäus, Dietrich/Eichhorn, Peter (Hrsg.), Public Private Partnership: Neue Formen öffentlicher Aufgabenerfüllung, Referate und Diskussionsberichte eines Symposiums des Wissenschaftlichen Beirats der Gesellschaft für öffentliche Wirtschaft und des Arbeitsbereichs Public Management an der Hochschule für Wirtschaft und Politik, Hamburg, am 21./22. März 1996 im Amerika-Haus in Hamburg, Baden-Baden 1997, S. 25 ff.; *Budäus, Dietrich/Grüning, Gernod/Steenbock, Andreas,* Public Private Partnership I – State of the Art, Public Management – Diskussionsbeitrag Nr. 32 Public Management, Hamburg 1997, S. 1ff.; *dies.*, Public Private Partnership II – Methodische Grundlagen und Elemente einer Theorie der Public Private Partnership, Diskussionsbeitrag Nr. 33 Public Management, Hamburg 1997, S. 1ff.; *dies.*, Public Private Partnership III – Theorie der Public Private Partnership, Diskussionsbeitrag Nr. 34 Public Management, Hamburg 1999, S. 1ff.

[60] *Kouwenhoven, Vincent*, Public-Private Partnership: A model for the Management of Public-Private Cooperation, in: Kooiman, Jan (Hrsg.), Modern Governance – New Government-Society Interactions, London 1993, S. 120.

[61] *Budäus, Dietrich/Grüning, Gernod,* Public Private Partnership – Konzeption und Probleme eines Instruments zur Verwaltungsreform aus Sicht der Public Choice – Theorie, in: Budäus, Dietrich/Eichhorn, Peter (Hrsg.), Public Private Partnership: Neue Formen öffentlicher Aufgabenerfüllung, Referate und Diskussionsberichte eines Symposiums des Wissenschaftlichen Beirats der Gesellschaft für öffentliche Wirtschaft und des Arbeitsbereichs Public Management an der Hochschule für Wirtschaft und Politik, Hamburg, am 21./22. März 1996 im Amerika-Haus in Hamburg, Baden-Baden 1997, S. 50.

spiel: Gewinnerzielung) diene oder ob es sich um ein Sachziel handele. Bei einem Sachziel müsse zwischen individuellen und kollektiven Sachzielen unterschieden werden.
Die zweite Dimension ist der Grad der Zielkomplementarität. Dieser liege vor, wenn durch die Kooperation ein gemeinsames Ziel erreicht werden könne. Zielkomplementarität sei auch dadurch gekennzeichnet, dass das private Unternehmen ein spezifisches Interesse an der Erbringung der Leistung als solche habe, die über das reine Ziel der Einnahmenerzielung hinausgehe. Dabei bedeute Zielkomplementarität allerdings nicht ein generell konfliktfreies Miteinanderumgehen der Parteien, da es auch bei PPP durchaus zu Interessenkonflikten kommen könne. Durch die Voraussetzung der Zielkomplementarität bestehe ein großer Anreiz dahingehend, die Konflikte konsensual beizulegen, um den gemeinsamen Nutzen realisieren zu können. Demgegenüber spreche man von einem Zielkonflikt, wenn das private Unternehmen nur an den mit der Projektrealisierung verbundenen Einnahmen interessiert sei oder der Interessenlage der öffentlichen Hand entgegenstehende Ziele verfolge. Die öffentlich-private Zusammenarbeit habe nämlich dann den Charakter eines Nullsummenspiels: Der Vorteil des einen werde automatisch zum Nachteil des anderen.[62] Damit wird auf alle Formen der Zusammenarbeit abgestellt, die durch schuldrechtliche Verträge festgeschrieben werden. Sie schließen Formen der Zusammenarbeit aus, die durch konfliktäre und nicht durch komplementäre Zielbeziehungen zwischen den einzelnen Akteuren charakterisiert seien.[63]
Die dritte Dimension behandelt den Grad der Formalisierung, welche die Zusammenarbeit hat. „PPP im engeren Sinne“ seien durch einen hohen Grad der Formalisierung der Zusammenarbeit und Komplementarität der von beiden Partnern verfolgten Ziele charakterisiert. Hingegen liege bei

[62] *Budäus, Dietrich/Grüning, Gernod/Steenbock, Andreas*, Public Private Partnership II – Methodische Grundlagen und Elemente einer Theorie der Public Private Partnership, Diskussionsbeitrag Nr. 33 Public Management, Hamburg 1997, S. 281; eine ähnliche Abgrenzung findet sich auch bei *Kestermann,* der das „Einkaufen von Dienstleistungen“ im Rahmen schuldrechtlicher Verträge generell nicht unter dem PPP-Begriff subsumiert wissen will (vgl. dazu *Kestermann, Rainer,* Public Private Partnership in den USA und der Bundesrepublik Deutschland, Deutscher Verband für Wohnungswesen (Hrsg.), Städtebau und Raumordnung, Bonn-Bad Godesberg, 1992, S. 207).
[63] *Budäus, Dietrich/Grüning, Gernod/Steenbock, Andreas*, Public Private Partnership II – Methodische Grundlagen und Elemente einer Theorie der Public Private Partnership, Diskussionsbeitrag Nr. 33 Public Management, Hamburg 1997, S. 280f.

den „PPP im weiteren Sinne" zwar ebenfalls Zielkomplementarität vor, jedoch finde die Zusammenarbeit auf informellem Wege statt.
Als vierte Dimension führen *Budäus/Grüning* die Anzahl der an der Zusammenarbeit beteiligten Akteure an.
Zusammenfassend haben *Budäus/Grüning* mit ihrer Betrachtung von Zielrelationen und deren vertraglicher Konkretisierung den Fokus der Betrachtung intensiver auf inhaltliche Merkmale einer PPP gelenkt. Die Abgrenzung von PPP zu anderen Organisationsformen anhand der inhaltlichen Ausprägung der Ziele der Zusammenarbeit in der oben dargestellten Form erscheint sinnvoll, jedoch nicht abschließend, da sowohl der private als auch der öffentliche Partner mit Zusammenschluss zu einer PPP darüber hinaus noch andere Ziele verfolgen können. Die aufgeführten Ziele können jedoch als sehr wichtige und initiativzündende Ziele für die PPP charakterisiert werden. Problematisch ist es, Zielkomplementarität und Zielkonflikt voneinander abzugrenzen. In diesem Zusammenhang stellt sich die Frage, welcher Natur die Art des Zusammenspiels von vorneherein ist, also ob sie den Charakter eines Nullsummenspiels hat oder ob durch die Zusammenarbeit ein gemeinsames Ziel erreicht werden kann. Eventuell kann es nämlich auf dem Wege der Zielerreichung zum Konflikt zwischen den Akteuren kommen. Die letzten beiden Dimensionen charakterisieren lediglich die Ausprägung einer PPP, können aber nicht zur Abgrenzung von anderen Organisationsformen herangezogen werden.

(8) Zusammenfassung der Literaturdefinitionen von PPP

Die oben dargestellten verschiedenen Definitionsansätze von Public Private Partnership sind nicht für sich alleine betrachtet ausreichend, um den PPP-Begriff umfassend zu definieren. Durchaus ist eine Abgrenzung nach Handlungsfeldern alleine – namentlich im Bereich der Stadterneuerung und Wirtschaftsförderung –nicht geeignet den Begriff PPP hinreichend zu beschrieben und dessen Weite zu erfassen. Trotzdem lässt sich nicht verneinen, dass gerade in diesen Handlungsfeldern in der Praxis oftmals PPP-Modelle eingesetzt werden. Alle Autoren versuchen meines Erachtens zu Recht, die PPP in den Bereich der originären Staatsaufgabe Daseinsvorsorge im kommunalen Bereich anzusiedeln.

Richtig ist, wie auch bei *Habersack*, ein Unternehmen als PPP anzusehen, an dem mindestens eine öffentliche Institution und ein privater Gesellschafter beteiligt sind. Weiter ist mit *Kouwenhoven* davon auszugehen, dass eine PPP sowohl in formalisierter als auch in nicht formalisierter Form existieren kann. Hinsichtlich einer formalisierten PPP macht es keinen Unterschied, ob es sich um einen gesellschaftsrechtlichen oder einen schuldrechtlichen Vertrag handelt, der die PPP regelt.

b) Wortelemente des PPP-Begriffs

Im Folgenden werden die einzelnen Wortelemente des Begriffs Public Private Partnership aufgeschlüsselt und untersucht, um eine genauere Definition des PPP-Begriffs über die Parameter hinaus für die vorliegende Arbeit zu entwickeln. Bei den Wortelementen handelt es sich um die drei Wörter public, private und partnership. Die Untersuchungsergebnisse der Bedeutung der Wortelemente von PPP sollen lediglich zu einer genaueren Definitionsfindung des Begriffs PPP für diese Arbeit beitragen, keineswegs aber den Anschein erwecken, als handele es sich um einen Rechtsbegriff.

(1) Beteiligte einer PPP

Das Begriffspaar „public-private“ charakterisiert die an der Partnerschaft Beteiligten. Dabei steht das Wort „public“ für den öffentlichen Sektor und „private“ für den Privatsektor.[64]

Für die Begriffsbestimmung von PPP ist diese Unterscheidung kaum erkenntnisträchtig: Es existiert nämlich ein intermediärer Bereich, ein gesellschaftlicher Zwischenraum inmitten der Sphären „Staat“ und „Privatwirtschaft“, der alle sozialen Erscheinungsformen einschließt, die sich weder dem öffentlichen noch dem privaten Sektor zuordnen lassen.[65] An der Vielfalt von Erscheinungsformen wird deutlich, dass jeder Abgrenzungsversuch willkürlich ist und nur mit Unschärfe vorgenommen werden kann. Der Übergang zwischen „public“ und „private“ ist als fließend ein-

---

[64] Vgl. *Kruzewicz, Michael*, Lokale Kooperationen in NRW – Public Private Partnership auf kommunaler Ebene, Institut für Landes- und Stadtentwicklung (ILS) des Landes NRW, Duisburg 1993, S. 7.

[65] Vgl. *Damkowski, Wulf/Precht, Claus*, Public Management: Neue Steuerungskonzepte für den öffentlichen Sektor, Stuttgart 1995, S. 32.

zuordnen.[66] Daher wurde bislang keine theoretisch befriedigende und empirisch verifizierbare Definition für den öffentlichen oder privaten Bereich gefunden.

Bei den Beteiligten einer PPP handelt es sich erstens um öffentliche Organisationen, zweitens um Akteure aus dem privatwirtschaftlichen Sektor, wobei nicht nur private Wirtschaftsunternehmen, sondern auch Banken und Kreditinstitute gemeint sind, sofern es sich nicht um öffentliche Kreditinstitute handelt.[67] In Deutschland treten als öffentliche Akteure hauptsächlich lokale Körperschaften auf[68], wie eine Untersuchung von 275 Kooperationsprojekten auf allen Anwendungsfeldern der PPP in Nordrhein-Westfalen ergeben hat.[69] Hinsichtlich beider Akteure lässt sich feststellen, dass die dominante Rolle von Städten und Gemeinden belegt ist. Danach folgen Unternehmen bzw. private Investoren und Industrie- und Handelskammern als Akteure. Bei noch ungefähr einem Drittel der Kooperationen in Nordrhein-Westfalen sind Universitäten und Fachhochschulen beteiligt. Weiterhin hat sich bei der Untersuchung gezeigt, dass bei der überwiegenden Anzahl der PPP-Projekte mehr als nur zwei Akteure beteiligt sind.

Für die Definition des PPP-Begriffs muss somit berücksichtigt werden, dass die übliche Beschränkung auf „Staat" und „Privatwirtschaft" als Charakterisierung der Akteure einer PPP im Hinblick auf die Schwierigkeit der Zuordnung zum „public" oder „private" und die Existenz von Mischformen zu undifferenziert ist. Das eigentliche Phänomen PPP wird damit unzureichend beschrieben. Die Dichotomie von „public" und „private" als Sektorenkonzept kann also kaum etwas zum Verständnis einer

[66] Vgl. *Kestermann, Rainer,* Public Private Partnership in den USA und der Bundesrepublik Deutschland, Deutscher Verband für Wohnungswesen (Hrsg.), Städtebau und Raumordnung, Bonn-Bad Godesberg 1992, S. 10; *Kruzewicz, Michael,* Lokale Kooperationen in NRW – Public Private Partnership auf kommunaler Ebene, Institut für Landes- und Stadtentwicklung (ILS) des Landes NRW, Duisburg 1993, S. 7.

[67] *Heinz, Werner,* Public Private Partnership – ein neuer Weg zur Stadtentwicklung?, Stuttgart u.a. 1993, S. 6: Nach Heinz gibt es auch noch einen „Dritten Sektor". Dabei handelt es sich um halböffentliche und Non-Profit-Organisationen.

[68] Der Grund liegt darin, dass die Kommunen in Deutschland auf Grund der kommunalen Selbstverwaltung eine starke Position haben.

[69] Zum Folgenden vgl. *Kruzewicz, Michael,* Lokale Kooperationen in NRW – Public Private Partnership auf kommunaler Ebene, Institut für Landes- und Stadtentwicklung (ILS) des Landes NRW, Duisburg 1993, S. 1ff.

PPP beitragen („It is time to be recognized how limited that dichotomy really is.").[70]

(2) Aspekte des Partnerschaftsbegriffs

Der Begriff der Partnerschaft ist zentraler Wortbestandteil des PPP-Begriffs und bezeichnet einen Zustand, in dem individuelle und/oder kooperative Akteure Partner sind. Oftmals werden Partnerschaften mit dem Begriff der Kooperation in Zusammenhang gebracht, da dessen Bedeutungsinhalt auch am ehesten dem einer Partnerschaft entspricht.[71] Im deutschen Recht wird der Begriff der „Partnerschaft" für eine Gesellschaftsform benutzt, in der sich Angehörige Freier Berufe zur Ausübung ihrer Berufe zusammenschließen. (vgl. §§ 1, 11 Partnerschaftsgesellschaftsgesetz). Des Weiteren findet er sich in Gesetzen des Aktienrechts oder GmbH-Rechts wieder.
Vor diesem Hintergrund scheinen Formalisierungen und auch Institutionalisierungen elementare Bestandteile von Partnerschaften zu sein. Originärer Bestandteil der Wortbedeutung sind sie allerdings nicht.[72]Ein allein auf Rechtsformen für Unternehmen rekurrierender Partnerschaftsbegriff ist für die vorliegende Thematik zu eng, da er mögliche andere partnerschaftliche Verbindungen ausblendet. Im Folgenden soll deshalb von einer breiteren und stärker sozialwissenschaftlich orientierten Vorstellung von dem Begriff Partnerschaft ausgegangen werden.

(a) Gleichberechtigung der Partner

Ausgehend von der etymologischen Bedeutung des Begriffs „partnership" wird einerseits impliziert, dass zwei oder mehrere Partner an einer Partnerschaft beteiligt sein können, und andererseits, dass diese Partner alle Chancen und Risiken in der Partnerschaft teilen.

---

[70] Vgl. *Mintzberg, Henry,* Governing Management, Harvard Business Review, May-June 1996, S. 75f.
[71] *Roentgen, Frederik,* Public-Private- Partnership – eine effizienzorientierte Analyse kommunaler Vergabeerfüllung unter Einbeziehung erwerbswirtschaftlicher Unternehmungen, Aachen 2001, S. 70.
[72] *Budäus, Dietrich/Grüning, Gernod/Steenbock, Andreas,* Public Private Partnership II – Methodische Grundlagen und Elemente einer Theorie der Public Private Partnership, Diskussionsbeitrag Nr. 33 Public Management, Hamburg 1997, S 281.

Mit *Heinz*[73] gilt, dass der Partnerschaftsbegriff nur dann einschlägig ist, wenn die an einer Partnerschaft beteiligte Akteure „gleichberechtigt und mit gleichen Chancen ausgestattet sind". Nur so seien sie in der Lage, „ihre jeweiligen Vorstellungen und Ziele zu formulieren und durchzusetzen. Als unangebracht wird der Partnerschaftsbegriff (...) in jenen Fällen erachtet, in denen einzelne private Akteure übermächtig und daher in der Lage sind, öffentlichen Mitspielern einseitig ihre Bedingungen zu diktieren". Unter Chancen versteht er insbesondere pekuniäre Vorteile wie Dividenden oder Gewinne[74], aber auch das Freisetzen von Innovationspotenzial.

Anderer Auffassung als *Heinz* sind *Bennett* und *Krebs*[75]. Nach ihnen handelt es sich bei einer Partnerschaft um eine Verantwortungs- und Handlungsgemeinschaft, in der jeder Beteiligte die Verantwortung für diejenige Rolle trägt, die ihm in dieser Partnerschaft zugeteilt ist. Dabei ist letztlich nicht entscheidend, ob die Rollen gleichwertig sind. Beide Partner sind in ihrer jeweiligen Rolle gleichberechtigt.

Nach *Batt*[76] bricht das traditionelle Rollenverständnis zwischen öffentlicher Hand und Privaten bei PPP insofern auf, als der Staat nicht mehr die alleinige Kontrolle über die Steuerung der ihr übertragenen Aufgaben hat. Der gleichen Meinung ist auch *Davis*[77], nach dem Verhandlungen zwischen den Partnern im Rahmen der PPP eben notwendig werden, weil sich die Rollen zwischen öffentlicher Hand und Privaten durch die Art der partnerschaftlichen Zusammenarbeit grundlegend geändert haben.

Danach setzt eine Partnerschaft also voraus, dass nicht die Beteiligten unbedingt innerhalb der PPP gleichberechtigt sein müssen, sondern dass es ausreicht, wenn sie klar definierte Aufgaben haben und in ihren Rollen gleichberechtigt sind.

---

[73] So auch *Heinz, Werner,* Partnerschaftsprojekte für die Stadtentwicklung – Lehren und Thesen, Der Städtetag 3/1992, S. 210.

[74] Sog. „profit sharing" ist vor allem in den USA ein wichtiges Element von PPP, siehe dazu *Heinz, Werner,* Partnerschaftsprojekte für die Stadtentwicklung – Lehren und Thesen, Der Städtetag 3/1992, S. 212.

[75] *Bennett, Robert/Krebs, Günther,* Local economic development: public private partnership initiatives in Britain and Germany, London 1991, S. 83.

[76] *Batt, Helge-Lothar,* Regionale und lokale Entwicklungsgesellschaften als Public-Private Partnership: Kooperative Regime subnationaler Politiksteuerung, in: Bullmann, Udo/Heinze, Rolf G. (Hrsg.), Regionale Modernisierungspolitik: Nationale und internationale Perspektiven, Opladen 1997, S. 165.

[77] *Davis, Philip,* Public-Private Partnership: Improving Urban Life, New York 1986, S. 2.

(b) Aspekt des Vertrauens

Der Aspekt des gegenseitigen Vertrauens der Akteure ineinander ist im Rahmen einer echten Partnerschaft wesentliches Kennzeichen der Zusammenarbeit. Eine genaue Charakterisierung dessen, was im Rahmen einer Partnerschaft als Vertrauen bezeichnet werden kann, und welche ökonomische Relevanz dem Vertrauen in Partnerschaften zukommt, bleibt dabei oftmals unklar bzw. es wird darauf verzichtet.[78] Dies liegt nicht zuletzt daran, dass der Begriff „Vertrauen" zwar allgemein geläufig ist, aber gleichzeitig mehrdeutig und unscharf verwendet wird.[79] Es stellt sich als schwierig heraus, festzulegen, welche Bedingungen in einer Partnerschaft erfüllt sein müssen, damit sich Vertrauen bildet und daran anschließend auch Bestand hat. Dies liegt daran, dass Vertrauen nur indirekt über die entsprechenden Rahmenbedingungen gefördert werden kann und sich einer direkten Beeinflussung entzieht.[80]

Festzuhalten ist, dass Vertrauen ein wesentlicher Aspekt für den Begriff Partnerschaft ist. Ob Vertrauen in der in Frage stehende Partnerschaft gegeben ist und inwieweit man den Begriff definieren kann, muss dann anhand des vorliegenden Einzelfalles entschieden werden.

(c) Bündelung von Ressourcen

Ein weiteres Kriterium für Partnerschaften ist, dass die Partner zur Wahrnehmung einer gemeinsamen Aufgabe ihre Ressourcen bündeln.[81] In den gemeinsamen Leistungserstellungsprozess können die ganzen

---

[78] *Budäus, Dietrich/Grüning, Gernod,* Public Private Partnership – Konzeption und Probleme eines Instruments zur Verwaltungsreform aus Sicht der Public Choice-Theorie, in: Budäus, Dietrich/Eichhorn, Peter (Hrsg.), Public Private Partnership: Neue Formen öffentlicher Aufgabenerfüllung, Referate und Diskussionsberichte eines Symposiums des Wissenschaftlichen Beirats der Gesellschaft für öffentliche Wirtschaft und des Arbeitsbereichs Public Management an der Hochschule für Wirtschaft und Politik, Hamburg, am 21./22. März 1996 im Amerika-Haus in Hamburg, Baden-Baden 1997, S. 65; *Kouwenhoven, Vincent,* Public-Private Partnership: A model for the Management of Public-Private Cooperation, in: Kooiman, Jan (Hrsg.), Modern Governance – New Government-Society Interactions, London 1993, S. 125.

[79] *Krystek, Ulrich,* Internationalisierung, eine Herausforderung für die Unternehmensführung, 2. Auflage, Berlin 1997, S. 267.

[80] *Bierhoff, Hans-Werner,* Vertrauen und soziale Interaktion, Marburg 1983, Sp. 2154.

[81] *Kestermann, Rainer,* Public Private Partnership in den USA und der Bundesrepublik Deutschland, Deutscher Verband für Wohnungswesen (Hrsg.), Städtebau und Raumordnung, Bonn-Bad Godesberg 1992, S. 21 (sog. „Ressourceninterpendenz"); *Budäus, Dietrich/Grüning, Gernod/Steenbock, Andreas,* Public Private Partnership III – Theorie der Public Private Partnership, Diskussionsbeitrag Nr. 34 Public Management, Hamburg 1999, S. 16ff. (sprechen im Zusammenhang mit PPP von einem Modell der „Ressourcenzusammenlegung").

zur Verfügung stehenden Ressourcen eingehen, wie Boden und Infrastruktur, menschliche Arbeitskraft, Kapital sowie privatwirtschaftliches und öffentliches Know-how in Form von Verwaltungskompetenz und politischer Steuerung.[82] Während also auf der Output-Seite Chancen und Risiken geteilt werden, kommt es auf der Input-Seite einer Partnerschaft zu einem Mix der von den jeweiligen Partnern eingebrachten Ressourcen.[83]

(d) Langfristigkeit

Ein weiteres wichtiges Element des Partnerschaftsbegriffs ist die beabsichtigte Langfristigkeit einer Partnerschaft.[84] Dabei ist nicht ausgeschlossen, dass eine Partnerschaft irgendwann beendet wird; der Endzeitpunkt der Partnerschaft sollte aber möglichst nicht schon bei ihrem Beginn festliegen. Eine Befristung kann sich allenfalls aus der Zielerreichung ergeben, wie beispielsweise bei projektbezogenen PPP. Partner, die eine PPP eingehen, müssen deshalb den Willen haben, langfristig zusammenzuarbeiten, weil das Kriterium der Langfristigkeit oftmals maßgeblich für den Erfolg einer PPP ist.[85] Häufig ergibt sich bei PPP-Projekten, wie zum Beispiel im Bereich der Erfüllung von Dienstleistungen von allgemeinem wirtschaftlichem Interesse, das Erwirtschaften einer Rendite erst langfristig, da die Anfangsinvestitionen sehr hoch sind.

---

[82] *Pittermann, Peter,* Erfolgspotentialerfassung: Betriebswirtschaftliche Bewertung ganzheitlicher Veränderungsprozesse, Aachen 1998, S. 16; *Bennett, Robert/Krebs, Günther,* Local economic development: public private partnership initiatives in Britain and Germany, London 1991, S. 83.

[83] *Roentgen, Frederik,* Public-Private-Partnership – eine effizienzorientierte Analyse kommunaler Vergabeerfüllung unter Einbeziehung erwerbswirtschaftlicher Unternehmungen, Aachen 2001, S. 70.

[84] Vgl. *Carley, Michael,* Business in Urban Regeneration Partnerships: A case study in Birmingham, Local Economy, Vol. 6, No. 2, August 1991, S. 101; *Mayrzedt, Hans,* Privatwirtschaftliche Tätigkeit im Dienst von Kommunen – Infrastrukturinvestitionen und Dienstleistungen, Wiesbaden u.a. 1996, S. 17; *Gottschalk, Wolf,* Kommunale Unternehmen zwischen Auftrag und Wettbewerb, in: Bräuning, Dietmar/Greiling, Dorothea (Hrsg.), Stand und Perspektiven der öffentlichen Betriebswirtschaftslehre, Festschrift für Prof. Dr. Peter Eichhorn zur Vollendung des 60. Lebensjahres, Berlin 1999, S. 125.

[85] *Carley, Michael,* Business in Urban Regeneration Partnerships: A case study in Birmingham, Local Economy, Vol. 6, No. 2, 1991, S. 101; *Lyall, Katherine C.,* Public Private Partnership in the Carte Years, in: Davis, Philip (Hrsg.), Public-Private Partnership: Improving Urban Life, New York, 1986, S. 8.

(e) Freiwilligkeit

Bei den Partnerschaften im Rahmen von PPP darf es sich nur um Zusammenschlüsse freiwilliger Natur handeln[86], so dass grundsätzlich kein potenzieller Akteur gezwungen werden kann, an einer PPP teilzunehmen.
Auf das Kriterium der Freiwilligkeit kann bei PPP keineswegs verzichtet werden, da nur so gewährleistet wird, dass die Partner ihre Aufgaben innerhalb der Partnerschaft wahrnehmen und auf die definierten Ziele hinarbeiten. Zumal das ganze PPP-Konzept auf diesem freiwilligen Zusammenarbeitsentschluss aufgebaut ist.

(f) Zwischenergebnis

Es ist festzuhalten, dass die „relative Gleichheit" im oben diskutierten Zusammenhang wegen der „sinnstiftenden" Relevanz für den Partnerschaftsbegriff als konstitutiv angesehen wird.[87] Hierbei handelt es sich um normative Elemente, die noch keine Aussage darüber machen, ob eine ex-ante als Partnerschaft gestartete Zusammenarbeit zwischen verschiedenen Akteuren auch ex-post noch als Partnerschaft bezeichnet werden kann. Als Partner können insbesondere vor einem ökonomischen Hintergrund alle Akteure bezeichnet werden, die gemeinsam Eigentumsrechte an einer Unternehmung ausüben und dadurch die aus dieser Ausübung erwachsenden Gewinne und Verluste gemeinsam teilen.
Eine Partnerschaft verlangt eine Verbindung von Entscheidungsgemeinschaft durch das Aushandeln und Entscheiden über Ziele, Handlungsfelder, Projekte und Verantwortungsgemeinschaft in der gemeinsamen Projektrealisation.[88]
Öffentliche und private Hand können sich in einer Partnerschaft im Rahmen einer PPP gegenseitig ergänzen. Während die öffentliche Hand beispielsweise zusätzliche Finanzmittel auf Grund ihrer angespannten

[86] Vgl. *Birnstiel, Detlev,* Strukturentwicklung durch Public Private Partnership, ZögU 1995, S. 334.
[87] *Krystek, Ulrich,* Internationalisierung, eine Herausforderung für die Unternehmensführung, 2. Auflage, Berlin 1997, S. 268.
[88] *Kestermann, Rainer,* Public Private Partnership in den USA und der Bundesrepublik Deutschland, Deutscher Verband für Wohnungswesen (Hrsg.), Städtebau und Raumordnung, Bonn-Bad Godesberg 1992, S. 9.

Haushaltssituation akquirieren will, ist der private Sektor bestrebt, sein Kapital eine sichere Rendite erwirtschaftend anzulegen und entsprechend zu investieren.
Insofern lässt sich die (Entscheidungs-)Situation für die potenziellen Partner vor dem Eingehen einer Partnerschaft als ein Zusammentun komplementärer Interessen bzw. partieller Interessenüberlappung kennzeichnen.
Eine echte Partnerschaft ist zudem auch nur dann anzunehmen, wenn beide Partner gleichberechtigt sind infolge ihrer klar definierten Rollen und wenn gegenseitiges Vertrauen gegeben ist. Relevant ist zudem das Element der Langfristigkeit, denn gerade dieses ermöglicht die Bereitschaft zu Investitionsvorhaben und langfristig zufrieden stellende Lösungsmodellen. Ebenso verhält es sich mit dem Kriterium der Freiwilligkeit, weil dies die Basis der PPP ausmacht. PPP wären eben keine PPP, wenn die freiwillige Motivation eines Partners für den Zusammenschluss einer PPP fehlt, da gerade diese die PPP zu einem erfolgsversprechenden Modell für die Zukunft macht. Eine Partnerschaft zeichnet sich genau durch die oben aufgeführten Kriterien aus. Partnerschaft in diesem Sinne ist als soziales Prinzip vertrauensvoller Zusammenarbeit zwischen Individuen oder Organisationen zu verstehen. Die Individuen können ihre individuellen Ziele nur gemeinsam unter gegenseitiger Kompromissbereitschaft erreichen, während bei Organisationen in der Regel entsprechende institutionalisierte Konflikt- und Kompromissregelungen notwendig sind.

c) Definition des PPP-Begriffs

Public Private Partnership als Sammelbegriff für alle denkbaren Kooperationsmodelle zwischen öffentlichen und privaten Akteuren zu nutzen, ist zu unscharf, um den Charakter und die Besonderheit der PPP darzustellen. Basierend auf den dargestellten Meinungen hinsichtlich der Definitionsversuche des PPP-Begriffs in der Literatur und der Analyse der einzelnen Wortelemente von PPP erscheint folgender Definitionsvorschlag zweckmäßig, der dieser Arbeit zu Grunde gelegt wird.
Danach werden Public Private Partnerships als auf Dauer angelegte Formen der Zusammenarbeit zwischen öffentlicher und privater Hand

verstanden, die auf gegenseitigem Austausch von Leistungen basieren. Dabei verfolgen die durch ihre definierten Rollen gleichberechtigten Partner komplementäre Ziele und nutzen auf ihrem Weg dorthin die Synergieeffekte ihrer Zusammenarbeit. Die handelnden Akteure sollen jeweils im Vertrauen auf die Dauerhaftigkeit der Zusammenarbeit beziehungsspezifische Investitionen hinsichtlich ihrer Aufgabenerfüllung tätigen. Die Zusammenarbeit soll freiwillig zu Stande kommen, wobei die Identität und Verantwortung der Partner intakt bleiben soll, und sowohl formeller als auch informeller Natur sein kann.
In dieser Arbeit sollen insbesondere PPP untersucht werden, die als Zielsetzung die Erfüllung von Dienstleistungen im allgemeinem wirtschaftlichem Interesse haben. Der Grund für die starke Beachtung dieser PPP im Rahmen dieser Bearbeitung liegt darin, dass diese einige besondere Frage- und Problemstellungen innerhalb des europäischen Wettbewerbs- und Beihilfenrechts aufwerfen.

III. Exogene und endogene Gründe für PPP

1. Einleitung

Die Diskussion um PPP wird häufig als eine Folge staatlicher Insuffizienz und der Nicht-Funktionsfähigkeit des Marktes geführt. Die fundamentalen auslösenden Faktoren sind in diesen Situationen meist keine länderspezifischen Besonderheiten, sondern gelten für alle westlichen Industrienationen im gleichen Maße. Die quantitative und qualitative Zunahme von Partnerschaftsvorhaben zwischen öffentlichen und privaten Akteuren ist das Ergebnis eines vielschichtigen, für die meisten Länder in ähnlicher Weise geltenden Bündels von Ursachen, die Ausdruck eines globalen Umstrukturierungs- und Erneuerungsprozesses sind.[89] Die Globalisierung der Märkte und die Intensivierung des interkommunalen wie auch interregionalen Wettbewerbs geht mit der Wahl neuer Produktions- und Arbeitsorganisationsformen einher. Die technologischen Entwicklungen im Informations- und Kommunikationsbereich ermöglichen ein flexibleres und effektives Reagieren auf die veränderten Marktbedingungen

[89] Vgl. *Heinz, Werner*, Public Private Partnership – ein neuer Weg zur Stadtentwicklung?, Stuttgart u.a. 1993, S. 8.

und sind daher als maßgeblich für diesen Prozess der Erneuerung einzuordnen.[90]

Es gibt nach *Cox* exogene und endogene Gründe für einen unternehmensstrukturellen Paradigmenwechsel.[91] Unter exogenen Gründen versteht man Gründe, die durch politische bzw. gesetzliche Vorgaben bedingt sind, während es sich bei den endogenen Gründen um marktwirtschaftliche Anpassungsprozesse handelt.[92]

2. Binnenmarktkonzeption der EU als exogener Grund

Als ein exogener Faktor für diese Entwicklung ist die Binnenmarktkonzeption der Europäischen Union anzuführen, die das Ziel der konsequenten Deregulierung und Entmonopolisierung bisheriger Wettbewerbsausnahmebereiche verfolgt, wozu auch viele öffentliche Dienstleistungssektoren gehören. Die Wettbewerbskonzeption der EU, mit ihren bisher noch nicht immer wahrgenommenen Konsequenzen für die Finanzsituation, kann vor allem auf kommunaler Ebene als Grund für die Umorientierung der öffentlichen Hand herangezogen werden. Die daraus resultierende zunehmende Wettbewerbsöffnung hat zur Folge, dass die öffentlichen Unternehmen in ehemaligen Wettbewerbsausnahmebereichen einem verstärkten Wettbewerb ausgesetzt sind, was eine Neu- oder Umorientierung der bestehenden Unternehmenspolitik erfordert. Das klassische Unternehmensmodell, das keinem wesentlichen Parallelwettbewerb ausgesetzt war und Verluste in bestimmten Bereichen durch andere Bereiche intern ausgeglichen hat (interner Finanzausgleich bzw. interne Quersubventionierung), ist überholt. Durch die verstärkte Marktorientierung werden Kostensenkungs- und Gewinnerzielungspolitik Voraussetzung für die künftige Wettbewerbsfähigkeit.[93]

---

[90] *Roggencamp, Sybille*, Public Private Partnership, Entstehung und Funktionsweise kooperativer Arrangements zwischen öffentlichem Sektor und Privatwirtschaft, Frankfurt am Main 1999, S. 71.

[91] Von *Cox* geprägter Begriff, siehe *Cox, Helmut*, Öffentliche Unternehmen und Europäischer Binnenmarkt – Kommt es zu einem Paradigmenwechsel in der öffentlichen Wirtschaft?, in: Bräunig, Dietmar/Greiling, Dorothea (Hrsg.), Stand und Perspektiven der öffentlichen Betriebswirtschaftslehre, Festschrift für Prof. Dr. Peter Eichhorn zur Vollendung des 60. Lebensjahres, Berlin 1999, S. 268ff.

[92] *Brede, Helmut*, Wettbewerb in Europa, in: Cox, Helmut (Hrsg.), Öffentliche Dienstleistungen in der Europäischen Union. Zum Spannungsfeld zwischen Service Public und Wettbewerbsprinzip, Baden-Baden 1996, S. 66ff.

[93] *Brede, Helmut*, Wettbewerb in Europa, in: Cox, Helmut (Hrsg.), Öffentliche Dienstleistungen in der Europäischen Union. Zum Spannungsfeld zwischen Service Public und Wettbewerbsprinzip, Baden-Baden 1996, S. 66ff.

Es besteht also auch für die öffentliche Hand eine Notwendigkeit, privatwirtschaftliches Managementwissen und Know-how für eine wirtschaftliche Aufgabenerfüllung nicht nur unter Wirtschaftlichkeitsgesichtspunkten zu nutzen, sondern vor allem zur strategischen Ausrichtung vor dem Hintergrund des wachsenden regionalen Wettbewerbs. Die Unternehmensziele des öffentlichen Sektors sind allein durch die Tatsache, dass der private Kapitalgeber eine Mindestrendite erwirtschaften will, im Vergleich zur öffentlichen Produktion neu definiert.[94]

3. Ökonomische Situation in den Mitgliedstaaten der EU als endogener Grund

Primär erklärt sich die wachsende Bedeutung von Public Private Partnerships aus deren ökonomischer Wirkung. Auf Grund der angespannten Haushaltslage haben viele öffentliche Unternehmen limitierte Investitionsressourcen. Damit das Unternehmen wettbewerbsfähig bleibt oder wird, müsste der öffentliche Träger es mit dem notwendigen Eigenkapital ausstatten, wozu der Staat infolge der leeren Haushaltskassen oftmals nicht in der Lage ist.

Somit führt die ökonomische Situation der öffentlichen Gebietskörperschaften, insbesondere ihr hoher Kapitalbedarf und die Verschuldungssituation, vermehrt zur Einbindung privaten Kapitals für die Finanzierung öffentlicher Aufgaben.[95]

Des Weiteren sind dem „klassischen" öffentlichen Unternehmen natürliche Wachstumsgrenzen gesetzt. Der produzierende Staat (Leistungsstaat) wandelt sich immer mehr zum Gewährleistungsstaat.[96] Gemäß der neoliberalen Theorie „weniger Staat, mehr Privat" wird erwartet, dass sich bei den PPP Service und Effizienz erhöhen und gleichzeitig die Kosten gesenkt werden. Für eine Zusammenarbeit zwischen Privaten und

---

[94] *Budäus, Dietrich*, Neue Kooperationsformen zur Erfüllung öffentlicher Aufgaben. Charakterisierung, Funktionsweise und Systematisierung von Public Private Partnership, in: Harms, Jens/Reichard, Christoph (Hrsg.), Die Ökonomisierung des öffentlichen Sektors. Instrumente und Trends, Baden-Baden 2003, S. 215.

[95] *Budäus, Dietrich*, Neue Kooperationsformen zur Erfüllung öffentlicher Aufgaben. Charakterisierung, Funktionsweise und Systematisierung von Public Private Partnership, in: Harms, Jens/Reichard, Christoph (Hrsg.), Die Ökonomisierung des öffentlichen Sektors. Instrumente und Trends, Baden-Baden 2003, S. 214.

[96] *Roentgen, Frederik*, Public-Private-Partnership – eine effizienzorientierte Analyse kommunaler Vergabeerfüllung unter Einbeziehung erwerbswirtschaftlicher Unternehmungen, Aachen 2001, S. 133ff.

der öffentlichen Hand trägt die Erkenntnis bei, dass auf Grund der Komplexität und Interdependenzen eine Reihe von Problemfeldern nur bzw. besser durch eine derartige Kooperation gelöst werden können.
In gewissen Problembereichen würde weder der öffentliche noch der private Sektor als alleiniger Akteur zu einer sinnvollen Problemlösung kommen. Des Weiteren bringt die Erfahrung, dass für die notwendige Koordination zwischen privaten und öffentlichen Aktivitäten bei nichtkooperativen Lösungen institutionenökonomisch vergleichsweise hohe Transaktionskosten für beide Akteure anfallen, einen weiteren Anreiz für die Zusammenarbeit mit sich.[97] Durch die Einbeziehung privaten Kapitals und privatwirtschaftlicher Managementkonzepte werden daher ökonomische Entscheidungskriterien bewusst in den Vordergrund gerückt. Die in einer Vielzahl europäischer Länder durchgeführten Teil- oder Vollprivatisierungen sind das Ergebnis solcher marktendogener Anpassungsprozesse und resultieren mehr aus finanzpolitischen als aus ordnungspolitischen Motiven.[98]
Hinsichtlich der für die Aufgabenerfüllung zu wählenden Organisationsform sind in Zeiten öffentlicher Finanzkrisen immer schon ökonomische Kriterien ausschlaggebend gewesen.

4. Ergebnis

PPP stehen nicht nur für ein sich im Wandel befindendes Funktions- und Rollenverständnis von Staat und Verwaltungen, sondern sind selber ein Instrument der Verwaltungsreform. Mit Hilfe von PPP werden sowohl Elemente der Binnenmodernisierung als auch der externen Strukturreform in die bisherige öffentliche Aufgabenwahrnehmung implementiert. PPP stehen im Rahmen der exogenen Strukturreform unmittelbar im Zusammenhang mit der von der EU auch für weite Bereiche der Erbringung von Dienstleistungen von allgemeinem wirtschaftlichem Interesse vorgegebener Wettbewerbskonzeption und einer nutzerorientierten Finanzierung

---

[97] *Budäus, Dietrich*, Neue Kooperationsformen zur Erfüllung öffentlicher Aufgaben. Charakterisierung, Funktionsweise und Systematisierung von Public Private Partnership, in: Harms, Jens/Reichard, Christoph (Hrsg.), Die Ökonomisierung des öffentlichen Sektors. Instrumente und Trends, Baden-Baden 2003, S. 215.
[98] *Brede, Helmut*, Wettbewerb in Europa, in: Cox, Helmut (Hrsg.), Öffentliche Dienstleistungen in der Europäischen Union. Zum Spannungsfeld zwischen Service Public und Wettbewerbsprinzip, Baden-Baden 1996, S. 66ff.

des Leistungsprogramms. Bezogen auf die Binnenmodernisierung können PPP in weiten Bereichen als ein Mittel angesehen werden, Managementinstrumente auf den öffentlichen Sektor zu übertragen. Zudem verstärken PPP die Tendenz zur Dezentralisierung von Organisationsstrukturen.[99]

IV. Anwendungsbereiche von PPP

1. Gegenstandsbereich von PPP

Public Private Partnerships können in den unterschiedlichsten kommunalen Aufgaben- und Politikfeldern eingesetzt werden. *Kouwenhoven*[100] beispielsweise spricht von einer sogenannten Policy-PPP, die die Bereiche der Programmentwicklung und -planung umfassen, und von administrativen PPP, die im Bereich der Implementierung und Finanzierung zu finden sind. *Kruzewicz*[101] unterteilt in informations- bzw. kommunikations- und handlungsorientierte PPP. Die handlungsorientierten PPP differenziert er weiter in Koordinations-, Organ- und Strategiekooperationen sowie in Projektorganisationen. Abgesehen davon, dass die Gefahr besteht, dass redundante Kategorien eingeführt werden, bringen derartige Einteilungen nur wenig Erkenntnisgewinn hinsichtlich einer genaueren Beschreibung des Gegenstandsbereichs von PPP. Potenziell können PPP in allen öffentlichen kommunalen Aufgabenbereichen vorkommen, soweit dem keine gesetzlichen Hinderungsgründe entgegenstehen. Für die in NRW ermittelten 286 PPP-Initiativen lässt sich die folgende Verteilung nach Kooperationsbereichen feststellen: Fasst man alle Kooperationen aus den Bereichen Wirtschaftsförderung mit wirtschaftsförderungsnahen Kooperationsbereichen wie Technologieförderung, Fremdenverkehr, Beschäftigungs- und Qualifizierungsmaßnahmen und den erwähn-

---

[99] *Budäus, Dietrich*, Neue Kooperationsformen zur Erfüllung öffentlicher Aufgaben. Charakterisierung, Funktionsweise und Systematisierung von Public Private Partnership, in: Harms, Jens/Reichard, Christoph (Hrsg.), Die Ökonomisierung des öffentlichen Sektors. Instrumente und Trends, Baden-Baden 2003, S. 217.

[100] *Kouwenhoven, Vincent*, Public-Private Partnership: A model for the Management of Public-Private Cooperation, in: Kooiman, Jan (Hrsg.), Modern Governance – New Government-Society Interactions, London 1993, S. 120.

[101] Vgl. *Kruzewicz, Michael*, Lokale Kooperationen in NRW – Public Private Partnership auf kommunaler Ebene, Institut für Landes- und Stadtentwicklung (ILS) des Landes NRW, Duisburg 1993, S. 35.

ten Schnittstellenbereichen zusammen, so machen diese einen Anteil von fast 65 Prozent der Gesamtzahl der PPP-Aktivitäten aus.[102] Die Dominanz liegt also eindeutig bei den primär wirtschaftsfördernden Aktivitäten.

PPP-Projekte finden entweder auf nationaler oder EU-Ebene insbesondere in den folgenden spezifischen Kooperationsbereichen statt:[103]

- *Wirtschaftsförderung*[104]: Darunter fallen Verbesserung der Wirtschaftsförderung, Standortmarketing und die Zusammenarbeit zwischen lokalen Akteuren. Im Rahmen der Wirtschaftsförderung liegen die Schwerpunkte bei der Bestandspflege bestehender Unternehmen und bei der Förderung der Ansiedlung neuer Unternehmen, wodurch sowohl Arbeitsplätze geschaffen und erhalten werden als auch die Steuerbasis ausgeweitet bzw. gesichert wird.
- *Infrastrukturentwicklung*[105]: Dieser Bereich umfasst die Erstellung, die Finanzierung und den Betrieb komplexer Maßnahmen der Verkehrsinfrastruktur zur Verbesserung der Verkehrssituation. Hauptziel dabei ist zumeist die Schaffung einer modernsten Anforderungen genügenden Infrastruktur. In diesem Rahmen können PPP einzelne oder auch alle Schritte zu deren Bereitstellung erbringen, so etwa die Phasen

[102] Die Verteilungsergebnisse ergeben sich aus der von Kruzewicz für NRW durchgeführten Untersuchung, vgl. *Kruzewicz, Michael*, Lokale Kooperationen in NRW – Public Private Partnership auf kommunaler Ebene, Institut für Landes- und Stadtentwicklung (ILS) des Landes NRW, Duisburg 1993, S. 41.

[103] *Budäus, Dietrich/Grüning, Gernod*, Public Private Partnership. Konzeption und Probleme eines Instruments zur Verwaltungsreform aus der Sicht der Public Choice – Theorie, in: Budäus, Dietrich/Grüning, Gernod/Steenbock, Andreas (Hrsg.), Public Management – Diskussionsbeiträge, Nr. 26, Hamburg 1996, S. 21; *Heinz, Werner*, Wesentliche Merkmale von Partnerschaftsansätzen bei der Stadtentwicklung und Stadterneuerung, in: Heinz, Werner (Hrsg.), Public Private Partnership – ein neuer Weg zur Stadtentwicklung?, Stuttgart u.a. 1993, S. 498f.; *Budäus, Dietrich*, Public Private Partnership als innovative Organisationsform, in: Scheer, August-Wilhelm (Hrsg.), Neue Märkte, neue Medien, neue Methoden – roadmap zur agilen Organisation, 19. Saarbrücker Arbeitstagung 1998 für Industrie, Dienstleistung und Verwaltung, Heidelberg 1998, S. 52; *Kruzewicz, Michael*, Lokale Kooperationen in NRW – Public Private Partnership auf kommunaler Ebene, Institut für Landes- und Stadtentwicklung (ILS) des Landes NRW, Duisburg 1993, S. 42f.

[104] Aktuelle PPP-Projekte im Bereich der Wirtschaftsförderung in Hamburg: Flügelbauten der Universität, Neugestaltung des Jungfernstiegs, neue blaue Polizeiuniformen, Restauration des Stuhlmannsbrunnen im Bezirk Altona, das Wandsbeker Rathaus und das Sachsentor in Bergerdorf, *Hamburger Abendblatt*, o. A., „Spenden macht schön“, 20.7.2004.

[105] Aktuelle Beispiele: Ausschreibung für den Bau und Betrieb des Rötelheimbads als Freizeit-, Erlebnis-, Erholungs- und Sportbad im Rahmen einer PPP, *Erlanger Nachrichten*, „Europäischer Wettbewerb für das neue Erlebnisbad“, o. A., 3.5.2004; Neu erbaute Großmarkthalle Kalbach als PPP-Projekt, *FR*, „Nüchterne Kühle im neuen Frischezentrum ist verflogen“, o. A., 2.8.2004; PPP-Projekt in Höhe von 360 Mio. Euro für den Bau einer Mautautobahn in Kroatien, *FAZ*, „Nachrichten in Kürze“, o. A., 22.7.2004.

der Planung, Finanzierung, Realisierung und späteren Nutzung.[106] Die Kooperationen in diesem Bereich umfassen Projekte auf den Gebieten Verkehr (Personennah- und Luftverkehr) sowie Freizeit-, Sport- und Veranstaltungsstätten.

- *Städtebau und Entwicklung*[107]*:* So erfassen beispielsweise PPP-Initiativen im Bereich Städtebau und Stadtentwicklung neben Stadtgestaltung und Denkmalschutz vor allem den Wohnungsbau.
- *Forschung und Entwicklung, Technologietransfer*[108]: Dieser Bereich umfasst die Förderung von Forschungs- und Entwicklungseinrichtungen.
- *Umweltschutz*[109]: Im Anwendungsfeld Umweltschutz können Ver- und Entsorgung Objekte von öffentlich-privater Zusammenarbeit sein sowie Projekte aus den Bereichen Naturschutz und Altlastensanierung. Zudem werden die Verbesserung von Ver- und Entsorgungsstrukturen und der Kontakt zwischen lokalen Akteuren darunter subsumiert.
- *Kulturangebot*[110]: Im Rahmen der Kulturangebote sollen PPP eine Verbesserung des Standortimages, die Optimierung des kommunalen Dienstleistungsangebots sowie die Verbesserung der Kontakte zwischen lokalen Akteuren bewirken.
- *Bildungsbereich*[111]: Im Bildungsbereich sind Beschäftigungs- und Qualifizierungsinitiativen der Schwerpunkt, die erstens die betriebliche

---

[106] *Tettinger, Peter*, Die rechtliche Ausgestaltung von Public Private Partnership, in: Budäus, Dietrich/Eichhorn, Peter (Hrsg.), Public Private Partnership – Neue Formen öffentlicher Aufgabenerfüllung, Baden-Baden 1997, S. 125ff.

[107] In Nordrhein-Westfalen wird als eines der ersten Pilotprojekte von PPP der Neubau und Betrieb einer Justizvollzugsanstalt (JVA) realisiert mit einem Investitionsvolumen von ca. 80 Mio. Euro. Insgesamt sind augenblicklich sieben PPP-Projekte über 300 Mio. Euro in NRW in Arbeit, siehe für genaue Details, unter *www.ppp.nrw.de.*

[108] PPP als Rezept für neue Wege in der Pharmaindustrie hinsichtlich Tropenkrankheiten, *Aargauer Zeitung*, „Armselige Medizin für arme Menschen?", o. A., 29.4.2004.

[109] Stadt Tarnowskie Gory in Polen plant PPP-Projekt von ca. 20 Mio. Euro zum Ausbau ihres Kanalisationssystem und Errichtung einer Kläranlage, *Dow Jones-VWD: Business Newsletters*, "Polen will EU-Mittel in Wasserbranche investieren", o. A., 3.9.2004.

[110] Gründung eines Schifffahrtsmuseum in Hamburg als PPP, *Die Welt*, „Peter Tamm: „Für mich erfüllt sich ein Kindheitstraum", o. A., 25.6.2004; Umbau der Hamburger Oper als Muster einer PPP, *FAZ*, „Dezenz war gestern/Glamourkurs: Hamburgs Opernhaus macht Staat", o. A. 12.7.2004.

[111] PPP-Schulprojekt Frechen mit Investitionsvolumen von ca. 15 Mio. Euro, *SZ*, „Wie Schwächen zu Stärken werden", o. A. 26.3.2004; Erweiterung der Berufsschule Erding als PPP-Projekt, *Passauer Neue Presse*, „Bayern fördert erstmals privat finanzierte Schulbau", o. A., 20.4.2004; Schulprojekt im Kreis Offenbach als PPP, *FR*, „SKE saniert die Schulen", o. A., 28.4.2004 und *FR*, „Landrat Peter Walter und seine Berater wissen auf jede Frage eine Antwort.", o. A., 30.4.2004; Branchenkenner schätzen, dass jede fünfte der insgesamt 40.000 Schulen in Deutschland künftig per PPP-Modell bewirtschaftet werden könnte, *FR*, „Firma managt Schulen", o. A., 19.5.2004; PPP-Schulprojekt in Monheim in Höhe von 21 Mio. Euro, *FAZ*, „Eine Chance für die Bauwirtschaft/Das Finanzministerium setzt

Weiterbildung umfassen, sich zweitens an bestimmte Problemgruppen wie Jugend- und Langzeitarbeitslose wenden und drittens zukunftsorientierte Fähigkeiten wie den Umgang mit dem Internet fördern.

- *Sozialpolitik/-planung*[112]: Dieser Bereich schließt die Verbesserung des kommunalen Dienstleistungsangebots ein, wie z.B. das Angebot diverser Pflegedienste, Projekte aus den Bereichen Aussiedler- und Asylantenbetreuung sowie psychosoziale Hilfe und Gesundheitsvorsorge.

Diese Liste ist keineswegs vollständig, zudem kann der Projektumfang einzelner PPP stark variieren.[113] Alle Akteure einer PPP teilen das gemeinsame strategische Ziel der Realisierung eines konkreten Projektvorhabens auf dem entsprechenden Handlungsfeld.[114] Angesichts dieser thematisch sehr weit gefächerten Initiativen verbergen sich hinter dem Begriff PPP somit ganz unterschiedliche Kooperationsmodelle.[115]

2. PPP-Modelle zur Erbringung öffentlicher Leistungen

Die häufigste Form von Public Private Partnerships sind Kooperationsansätze, bei denen die Zusammenarbeit der öffentlichen und privaten Akteure durch Verträge geregelt ist. In diesen Verträgen werden die Rollen und Zuständigkeiten der Beteiligten, ihre jeweiligen Aufgaben- und Handlungsschwerpunkte, ihr personeller, finanzieller und sachlicher Einsatz sowie die Verteilung möglicher Risiken geregelt. Bei der Vertragsgestaltung spielen zum einen das konkrete Vorhaben und die damit verbundenen Ziele und Aufgabenschritte eine maßgebliche Rolle, zum anderen aber auch Kompetenz, Professionalität und Verhandlungsgeschick

---

auf privates Kapital und Know-how/Das Monheim-Projekt", o. A., 14.5.2004 und *FR*, „Privatfirmen übernehmen Schulen", o. A., 15.6.2004; Turnhallenneubau in Hamburg in Form von PPP, *Focus*, „Viele kleine Kennedys", o. A., 7.6.2004; PPP-Schulprojekt in Witten, *taz*, „Wittens Schulen werden privat", o. A., 30.7.2004 und *Welt am Sonntag*, „In NRW straucheln wichtige Branchen", o. A., 1.8.2004.

112 PPP-Projekt in Form des Baus eines neuen Pflege- und Altenheims in Nieder-Florstadt mit Investitionsvolumen von ca. 5,2 Mio. Euro, *FR*, „Florstadt will Altenheim bauen", o. A., 28.5.2004; Sanierung und Betrieb des Unnaer Kreishauses als PPP, *taz* „Teures Sparen in Unna", o. A., 13.7.2004.

113 *Budäus, Dietrich/Grüning, Gernod/Steenbock, Andreas*, Public Private Partnership I – State of the Art, Public Management – Diskussionsbeitrag Nr. 32 Public Management, Hamburg 1997, S. 24, *Hatje, Armin*, Public-Private-Partnership und europäisches Wettbewerbsrecht, in: Holoubek, Michael/Potacs, Michael (Hrsg.), Public Private Partnership, Wien 2003, S. 118.

114 Vgl. *Heinz, Werner/Scholz, Carola*, Public Private Partnership im Städtebau: Erfahrungen aus der kommunalen Praxis, acht Fallbeispiele aus nordrhein-westfälischen Städten, Berlin 1996, S. 1ff.

115 Näheres zu den verschiedenen Kooperationsmodellen im Rahmen einer PPP in Kapitel B, V., 3.).

der beteiligten Akteure. PPP bei größeren Vorhaben im Bereich des Städtebaus basieren häufig auf mehreren, sich gegenseitig ergänzenden Vertragswerken.[116] Die Zahl der Modellansätze ist inzwischen groß und variiert je nach Autor und Aufgabengebiet.[117]
Bei den nachfolgend aufgeführten PPP-Modellen handelt es sich um eine Segmentierung verschiedener Strukturtypen, die in der Praxis häufig miteinander kombiniert werden.

a) Modelle zur Betreibung öffentlicher Leistungen

Die PPP-Modelle zur Betreibung öffentlicher Leistungen, insbesondere das gemischtwirtschaftliche Unternehmen und das Konzessionsmodell, stehen im Mittelpunkt dieser Arbeit, da vorrangig diese Modelle eingesetzt werden, um Dienstleistungen im allgemeinem wirtschaftlichem Interesse zu erfüllen. Diese PPP-Modelle sind Grundlage für die nachfolgenden Erörterungen im Rahmen des europäischen Wettbewerbsrechts.

(1) Betreibermodell

Kennzeichnend für dieses PPP-Modell ist, dass ein Privatunternehmen den Betrieb, die Infrastruktureinrichtung oder sonstige Anlagen der öffentlichen Hand betreibt. Der Betrieb umfasst den Einsatz von Erhaltungs-, Wiedererrichtungs- oder Verbesserungsaufwendungen, die im einvernehmlichen Zusammenwirken mit der Kommune durchgeführt werden.[118] Charakteristisch für das Betreibermodell ist, dass der Private

---

[116] *Heinz, Werner*, Public Private Partnership, AfK 11/98, S. 222ff.
[117] Definiert man den PPP-Begriff mit Budäus et al., fallen eben nicht alle nachfolgend aufgezählten Modelle unter den PPP Begriff: „Insbesondere dort, wo schon andere hinreichend bekannte Begriffe wie Outsourcing, Leasing, Franchising oder auch Objektsgesellschaft, Betreibermodell oder ähnliches vorhanden sind, bringt die Anfügung des Begriffs PPP keinen weiteren Erkenntnisgewinn, siehe *Budäus, Dietrich/Grüning, Gernod*, Public Private Partnership – Konzeption und Probleme eines Instruments zur Verwaltungsreform aus Sicht der Public Choice-Theorie, in: Budäus, Dietrich/Eichhorn, Peter (Hrsg.), Public Private Partnership: Neue Formen öffentlicher Aufgabenerfüllung, Referate und Diskussionsberichte eines Symposiums des Wissenschaftlichen Beirats der Gesellschaft für öffentliche Wirtschaft und des Arbeitsbereichs Public Management an der Hochschule für Wirtschaft und Politik, Hamburg, am 21./22. März 1996 im Amerika-Haus in Hamburg, Baden-Baden 1997, S. 54.
[118] Zum Folgenden vgl. *Tettinger, Peter*, Die rechtliche Ausgestaltung von Public Private Partnership, in: Budäus, Dietrich/Eichhorn, Peter (Hrsg.), Public Private Partnership: Neue Formen öffentlicher Aufgabenerfüllung, Referate und Diskussionsberichte eines Symposiums des Wissenschaftlichen Beirats der Gesellschaft für öffentliche Wirtschaft und des Arbeitsbereichs Public Management an der Hochschule für Wirtschaft und Politik, Hamburg, am 21./22. März 1996 im Amerika-Haus in Hamburg, Baden-Baden 1997, S. 127.

vertraglich zur Verwertung der Anlage oder Einrichtung ermächtigt wird, d.h. im eigenen Namen und auf eigene Rechnung die Produkte oder Dienstleistungen dieser Einrichtung veräußern bzw. Dritten die Nutzung der Einrichtung gestatten kann. Dieser Dritte ist Kunde des Betreibers und entweder die öffentliche Hand selber, etwa als Eigentümer und Verpächter der Einrichtung, oder aber, wie beispielsweise bei Daseinsvorsorgeeinrichtungen, der private Nutzer.
Betreibermodelle werden in der Regel dann angestrebt, wenn Aufgaben nicht privatisierbar sind. Daher bleiben die öffentlich-rechtliche Zuständigkeit und die Pflichten der Gemeinde erhalten. Rechtliche Basis ist der eigentliche Betreibervertrag in Kombination mit diversen Nebenverträgen. Die Rechtsbeziehungen zwischen Betreiber, Kommune und Nutzern gestalten sich grundsätzlich auf Entgeltbasis. Die an den Betreiber zu zahlenden Entgelte gehen als Entgelte für Fremdleistungen in die Berechnung kommunaler Gebühren ein. Das Betreibermodell spielt interessanterweise vor allem in den neuen Bundesländern im Bereich der Abwasserentsorgung eine besondere Rolle.

(2) Gemischtwirtschaftliche Unternehmen

(a) Gemischtwirtschaftliche Unternehmen

Die Institutionalisierung von PPP in Form gemischtwirtschaftlicher, d.h. von öffentlichen und privaten Akteuren gemeinsam organisierten privatrechtlicher Unternehmen, ist in Deutschland vor allem in der Versorgungswirtschaft anzutreffen. Eine deutliche Zunahme haben gemischtwirtschaftliche Unternehmen unter dem Begriff PPP ab den späten 80er Jahre vor allem im Bereich der Stadtentwicklung und des Städtebaus, aber auch in anderen kommunalen Aufgabenfeldern erfahren, wie beispielsweise in der Erbringung von Dienstleistungen von allgemeinem wirtschaftlichem Interesse.
Kennzeichnend für gemischtwirtschaftliche Unternehmen ist, dass sich der öffentliche und der private Partner am Stammkapital einer GmbH bzw. am Grundkapital einer AG beteiligen, wobei weder der eine noch der andere Anteilseigner einen allein herrschenden Einfluss ausüben

darf.[119] Dieser Einfluss wird dadurch erreicht, dass der Minderheitspartner über eine wesentliche Beteiligung von mindestens 25 Prozent der stimmberechtigten Kapitalanteile verfügt oder ihm bei geringerer Kapitalbeteiligung eine Sperrminorität im Gesellschaftsvertrag oder in der Satzung zugesichert wird. Ist eine Sperrminorität bei qualifizierten Kapitalmehrheits- oder Stimmenmehrheitsbeschlüssen nicht vorhanden, liegt entweder ein öffentliches oder ein privates Unternehmen vor. Das gemischtwirtschaftliche Unternehmen bildet für den Mehrheitspartner eine sog. Tochtergesellschaft bzw. Mehrheitsbeteiligung und für den Minderheitspartner eine sogenannte Schachtelbeteiligung.

(b) Kooperationsmodell

Das Kooperationsmodell sieht die Gründung einer gemischtwirtschaftlichen Beteiligungsgesellschaft zwischen Kommune und privatem Betreiber vor und sichert der Kommune damit einen stärkeren Einfluss als beim Betreibermodell. Eine PPP in Form des Kooperationsmodells ist dadurch gekennzeichnet, dass die öffentliche Hand und der Private ihre Kooperationsvorhaben mit dem Instrument eines gemeinsamen Unternehmens realisieren. Ein solches Unternehmen kann durch gemeinsame Neugründung oder durch den Verkauf von Anteilen an einem (zuvor ausgegliederten, d.h. organisationsprivatisierten) öffentlichen Unternehmen an den privaten Partner implementiert werden. Der Unternehmenszweck kann dabei durchaus unterschiedlich sein und wird in den meisten Fällen dem Betreibermodell oder dem Konzessionsmodell zugeordnet werden können, welche wiederum nach der inhaltlichen Ausrichtung der Partnerschaft zu differenzieren sind.[120]

(3) Konzessionsmodell

Charakteristisch für eine PPP in Form des Konzessionsmodells ist, dass eine Staatsaufgabe, die in der Bereitstellung von Gütern oder Leistungen besteht, einem Privatunternehmen übertragen wird und dieses das

[119] *Eichhorn, Peter*, Public Private Partnership, Praxis, Probleme, Perspektiven, in: Neumann, Lothar F. (Hrsg.), Sozialpolitik und öffentliche Wirtschaft in memoriam Theo Thiemeyer, Berlin 1995, S. 177.
[120] *Eilmansberger, Thomas*, Beihilfenrechtliche Fragen von Public Private Partnerships, in: Holoubek, Michael/Potacs, Michael (Hrsg.), Public Private Partnership, Wien 2003, S. 87ff.

Recht erhält, sich zum Ganzen oder zumindest teilweise auch durch das Entgelt der Nutzer zu refinanzieren.[121] Üblicherweise geht es dabei um Leistungen der Daseinsvorsorge mit einem Universaldienstelement. Der Konzessionsnehmer, der wiederum selbst ein gemischtwirtschaftliches Unternehmen sein kann, hat Beschränkungen und Auflagen insbesondere hinsichtlich der Preisgestaltung und der Verfügbarkeit des Angebots zu beachten.

(4) Betriebsführungsmodell

Der wesentliche Unterschied zum Betreibermodell besteht bei dem Betriebsführungsmodell darin, dass die Gemeinde Eigentümerin der jeweiligen Einrichtung bleibt. Der von ihr beauftragte Private hat „den Betrieb nach ihren Weisungen, in ihrem Namen und für ihre Rechnung zu führen"[122] und erbringt auch hier im Außenverhältnis Leistungen des Aufgabenträgers. Anders als beim Betreibermodell, bei dem der „Betreiber als Eigentümer der Anlage eine jahrzehntelange Monopolstellung innehat"[123], kann die Gemeinde beim Betriebsführungsansatz als Eigentümerin der Anlage den Betriebsführer wechseln[124].

(5) Betreuungsmodell

Das Betreuungsmodell, auch als Projektmodell bezeichnet, entlastet insbesondere die technischen Bereiche der öffentlichen Hand. Diese Entlastung vollzieht sich durch die Übertragung der öffentlichen Aufgabe an einen privaten Beauftragten, der die Maßnahme vorbereitet und sie im eigenen Namen ausführt, aber auf Rechnung des öffentlichen Auftraggebers.

---

[121] Zum Folgenden vgl. *Eichhorn, Peter*, Public Private Partnership, Praxis, Probleme, Perspektiven, in: Neumann, Lothar F. (Hrsg.), Sozialpolitik und öffentliche Wirtschaft in memoriam Theo Thiemeyer, Berlin 1995, S. 176.

[122] *Cronauge, Ulrich*, Kommunale Unternehmen, Eigenbetriebe – Kapitalgesellschaften – Zweckverbände, Berlin 1995, S. 221.

[123] *Cronauge, Ulrich*, Kommunale Unternehmen, Eigenbetriebe – Kapitalgesellschaften – Zweckverbände, Berlin 1995, S. 222.

[124] *Heinz, Werner*, Public Private Partnership, AfK 11/98, S. 223.

(6) Strategische Allianzen

PPP können auch in den Formen strategischer Allianzen erfolgen, die beispielsweise durch langfristige Bezugsverträge geschlossen werden. Die öffentliche Hand sucht selbstständige private Partner, die wahlweise öffentlichen Aufgaben der Beschaffung, des Transports, der Lagerung, der Forschung und Entwicklung, der Finanzierung, der Verwertung und Entsorgung laufend und langfristig miterledigen, d.h. neben ihren kommerziellen Aktivitäten einen Teil der Geschäfte dem öffentlichen Bereich widmen. Dadurch unterscheiden sich diese strategischen Partner von privaten Betreibern, die sich häufig ausschließlich einem einmal gestellten Auftrag widmen.[125]

(7) Facility-Management

Kern dieses aus der Privatwirtschaft übernommenen Ansatzes des Facility-Managements besteht in der Übertragung des Managements und der Bewirtschaftung von Gebäuden und Einrichtungen („facilities“) an private Dritte. Grundsätzlich besteht privatwirtschaftliches Facility-Management aus verschiedenen Modulen, die entsprechend dem Bedürfnis der Kommune oder des sonstigen Vertragspartners ganz oder teilweise eingesetzt werden können.

b) Ergebnis

Die Vielzahl der PPP-Modelle zur Betreibung von öffentlichen Leistungen verdeutlicht die breite Anwendungsmöglichkeit von PPP als Kooperationsform. Während die Regelungen des EGV auf gleicher Weise für alle wirtschaftlich tätig werdenden PPP-Modelle zur Anwendung kommen, ergeben sich durch die strukturellen Unterschiede bei jedem Modell spezifische Schwerpunkte bei der Untersuchung der wettbewerbsrechtlichen Konformität. Gegenwärtig kommen in der Praxis insbesondere das gemischtwirtschaftliche Unternehmen und das Konzessionsmodell häufig zur Anwendung. Diese beiden PPP-Modelle werden deshalb im fünften

---

[125] *Eichhorn, Peter*, Public Private Partnership, Praxis, Probleme, Perspektiven, in: Neumann, Lothar F. (Hrsg.), Sozialpolitik und öffentliche Wirtschaft in memoriam Theo Thiemeyer, Berlin 1995, S. 177.

Teil der Arbeit hinsichtlich ihrer praktischen Umsetzung näher beleuchtet.

V. Abgrenzung von PPP zu anderen Kooperationsformen zwischen öffentlicher Hand und Privaten

Public Private Partnership wird in dieser Arbeit – wie bereits dargestellt – also als Bezeichnung für Kooperationen verwendet, die für eine relativ neuartige Organisationsform der Zusammenarbeit zur Wahrnehmung öffentlicher Aufgaben über die traditionelle privatöffentliche Grenze hinweg stehen. Die Art und Weise der Zusammenarbeit bei PPP lässt sich hinsichtlich des Grades der Institutionalisierung der Kooperation differenzieren[126] und zu anderen Organisationsformen abgrenzen. Im Folgenden soll eine Abgrenzung zu anderen Kooperationsformen zwischen öffentlicher Hand und Privaten erfolgen.

1. Privatisierung

Ebenso wie der Begriff PPP wird auch der Begriff der Privatisierung – weder in der Praxis noch in der Theorie – nicht in einer eindeutigen Definition verwendet. Der Begriff orientiert sich nicht mehr nur am Eigentum, sondern zielt mittlerweile im Wesentlichen auf die Übertragung von Dienstleistungen auf Private ab. Insofern bezeichnet Privatisierung als Oberbegriff eine Vielzahl von Konzepten der vollständigen oder teilweisen Übertragung bzw. Verlagerung von bisher öffentlich erbrachten Aufgaben oder deren Erfüllung durch die öffentliche Hand auf private Träger.[127] Unter Privatisierung wird also im weitesten Sinne der Aufgabentransfer von öffentlicher Hand in den Raum privatwirtschaftlicher Betätigung verstanden. Diese vielfältige Bandbreite der Privatisierungsformen

---

[126] Vgl. *Heinz, Werner*, Public Private Partnership – ein neuer Weg zur Stadtentwicklung?, Stuttgart u.a. 1993, S. 6, 10; *Kestermann, Rainer*, Public Private Partnership in den USA und der Bundesrepublik Deutschland, Deutscher Verband für Wohnungswesen (Hrsg.), Städtebau und Raumordnung, Bonn-Bad Godesberg 1992, S. 16; *Birnstiel, Detlev*, Public Private Partnership in der Wirtschaftsförderung, in: Ridinger, Rudolf/Steinröx, Manfred (Hrsg.), Regionale Wirtschaftsförderung in der Praxis, Köln 1995, S. 227.

[127] *Höftmann, Björn*, Public Private Partnership als Instrument der kooperativen und sektorübergreifenden Leistungsbereitstellung, Hamburg 2001, S. 33.

wird üblicherweise in zwei Kategorien eingeteilt, nämlich in die der materiellen und der formalen Privatisierung.[128]

a) Materielle Privatisierung

Bei der materiellen Privatisierung werden bisher öffentlich wahrgenommene Aufgabe vollständig oder teilweise aus der öffentlichen Trägerschaft und Verantwortung entlassen. Sie werden auf Private übertragen, wobei der Staat sich tatsächlich zurückzieht und Private zumindest Teile der Aufgaben bzw. der Aufgabendurchführung übernehmen, so dass eine echte Verlagerung von Erfüllungsverantwortung auf Private stattfindet. Man unterscheidet weiter zwischen der Vollprivatisierung und der Teilprivatisierung. Bei der Vollprivatisierung[129] überträgt die öffentliche Hand das öffentliche Eigentum bzw. die gesamte Verantwortung einer Aufgabe vollständig auf den Privaten. Lediglich die öffentliche Kontrolle verbleibt bei ihr. Die Vollprivatisierung ist dagegen die umfassendste Form der Privatisierung.

In den meisten Fällen jedoch sind materielle Privatisierungen als Teilprivatisierungen ausgestaltet, zumal eine Entstaatlichung bei Pflichtaufgaben wegen gesetzlicher Restriktionen nicht möglich ist. Bei der Teilprivatisierung (Auftragsvergabe, Drittbeauftragung, unechte Aufgaben- und Dienstleistungsprivatisierung) werden Private als Erfüllungsgehilfen in bestimmten Teilbereichen eingeschaltet, namentlich bei der Finanzierung, Erstellung, und/oder Durchführung in die öffentliche Aufgabenerfüllung. Dabei verbleibt neben der begrenzten privaten Teilverantwortung die Zuständigkeit bei der öffentlichen Hand, so dass eine Entlastung des Staates nur in engen Teilbereichen erfolgt.

b) Formale Privatisierung

Von der materiellen Privatisierung abzugrenzen ist die formale Privatisierung[130], bei der für die Erfüllung einer weiterhin durch die öffentliche Hand selbst wahrgenommenen öffentlichen Aufgabe lediglich eine priva-

---

[128] Vgl. *Mayrzedt, Hans*, Privatwirtschaftliche Tätigkeit im Dienst von Kommunen – Infrastrukturinvestitionen und Dienstleistungen, Wiesbaden u.a. 1996, S. 19.
[129] Oftmals auch als Entstaatlichung bezeichnet.
[130] Auch Organisationsprivatisierung genannt.

te Rechtsform gewählt wird. Dies geschieht, indem die Aufgabe auf eine rechtlich verselbständigte Gesellschaft des Privatrechts übertragen wird, welche vollständig in öffentlicher Hand (Eigengesellschaft) ist.[131] Auf Grund des fehlenden Herrschaftswechsels bzw. der fehlenden Verminderung des öffentlichen Einflusses spricht man auch oft von einer sogenannten Scheinprivatisierung.

c) Abgrenzung von Privatisierungen gegenüber PPP

Legt man die oben beschriebenen Privatisierungsbegriffe für die Abgrenzung von PPP gegenüber Privatisierungen zu Grunde, so geht daraus hervor, dass PPP einerseits nur einen Teilbereich des Privatisierungsbegriffs abdecken und andererseits über diesen hinausgehen.
Die Privatisierung geht weiter als das PPP-Konzept, da letzteres weder die rein formale Privatisierung und noch die materielle Vollprivatisierung umfasst.[132] Für die materielle Vollprivatisierung ergibt sich die Abweichung zum PPP-Begriff eindeutig aus dem für PPP zwingend erforderlichen Fortbestehen der öffentlichen Trägerschaft und Verantwortung für die Leistungsbereitstellung. Im Rahmen einer PPP wird eben keine vollständige Übertragung der Zuständigkeiten für die Produktionsentscheidung auf den Markt bzw. auf private Anbieter vorgenommen. Es kann dabei durchaus auch Fälle geben, in denen die Implementierung einer PPP nur ein Durchgangsstadium zur vollständig materiellen Privatisierung darstellt. So kann beispielsweise die Beteiligung eines privaten Konzerns an der kommunalen Versorgungswirtschaft tendenziell darauf angelegt sein, sich auf Dauer nicht mit einer Minderheitsbeteiligung zufrieden zu geben, sondern langfristig eine Mehrheitsbeteiligung erzielen zu wollen.[133]

---

[131] Vgl. *Deutscher Städtetag*, Chancen und Grenzen der Privatisierung, ZKF 1995, S. 224.
[132] *Stober, Rolf*, Public-Private Partnerships und Sicherheitspartnerschaften, Köln u.a. 2000, S. 28f.; *Kirsch, Daniela*, Public Private Partnership – eine empirische Untersuchung der kooperativen Handlungsstrategien in Projekten der Finanzerschließung und Immobilienentwicklung, Köln 1997, S. 33; *Heinz, Werner*, Public Private Partnership – ein neuer Weg zur Stadtentwicklung, in: Heinz, Werner (Hrsg.), Public Private Partnership – ein neuer Weg zur Stadtentwicklung?, Stuttgart u.a. 1993, S. 38.
[133] *Budäus, Dietrich*, Neue Kooperationsformen zur Erfüllung öffentlicher Aufgaben. Charakterisierung, Funktionsweise und Systematisierung von Public Private Partnership, in: Harms, Jens/Reichard, Christoph (Hrsg.), Die Ökonomisierung des öffentlichen Sektors. Instrumente und Trends, Baden-Baden 2003, S. 216.

Für die formale Privatisierung ergibt sich ebenfalls eine klare Abgrenzung gegenüber PPP, da bei der reinen Neugestaltung der Rechtsform in eine Eigengesellschaft eine sektorübergreifende Partnerschaft eindeutig nicht gegeben ist.

Demgegenüber gehen PPP aber auch über den Privatisierungsbegriff hinaus. Das ist damit zu begründen, dass bestimmte kooperative Arrangements, wie insbesondere die kommunikativen Aspekte, unter dem PPP-, nicht jedoch unter dem Privatisierungsbegriff subsumiert werden können. PPP enthalten im Gegensatz zur Privatisierung auch Verstaatlichungstendenzen, da gerade in der Ausprägung als Kooperationsmodell nicht ausschließlich Private zum Zuge kommen, sondern ebenso die öffentliche Hand ihren Einfluss behält.[134] Diesen Einfluss kann die öffentliche Hand sogar theoretisch durch die Gründung von PPP erweitern, denn es ist denkbar, dass mit Hilfe von PPP bisher rein privatwirtschaftliche Bereiche, zumindest teilweise, einer stärkeren öffentlichen Zuständigkeit unterworfen werden.

Aus dem Umstand, dass PPP einerseits im Vergleich zur Privatisierung das engere Konzept darstellt, andererseits aber darüber hinausgeht, folgt, dass beide Begriffe eine gemeinsame Schnittmenge haben. Als Beispiel kann die Variante der Teilprivatisierung genannt werden, bei der es um die Beauftragung privater Dritter zur Erfüllung von öffentlichen Teilaufgaben geht.[135] Hierbei verbleibt die Gewährleistungsverantwortung nämlich beim öffentlichen Sektor.[136] Tatsächlich beleuchtet das Konzept der Teilprivatisierung und der PPP grundsätzlich denselben Sachverhalt, nämlich die Einbeziehung von Privaten in die Erfüllung öffentlicher Aufgaben. Allerdings beschreiben beide Begriffe denselben Sachverhalt aus einer unterschiedlichen Perspektive: Während bei der Teilprivatisierung die Dichotomie der Sektoren im Vordergrund steht, heben PPP durch die Betonung des partnerschaftlichen Miteinanders und der Verflechtung der Partner die Überwindung dieser Dichotomie her-

---

[134] *Kirsch, Daniela,* Public Private Partnership – eine empirische Untersuchung der kooperativen Handlungsstrategien in Projekten der Finanzerschließung und Immobilienentwicklung, Köln 1997, S. 33.

[135] Vgl. hierzu *Tettinger, Peter,* Die rechtliche Ausgestaltung von Public Private Partnership, DÖV 1996, S. 764ff.

[136] *Reichard, Christoph,* Institutionelle Wahlmöglichkeiten, in: Reichard, Christoph (Hrsg.), Leistungstiefe im öffentlichen Sektor: Erfahrungen, Konzepte, Methoden, Berlin 1996, S. 118.

vor.[137] Das maßgebliche Abgrenzungskriterium zwischen PPP und Teilprivatisierung ist somit die zentrale und bewusstere Betonung des kooperativen Elements. Das soll jedoch nicht bedeuten, dass eine Teilprivatisierung, soweit sie erfolgreich sein soll, ohne das kollektive Miteinander beider Systeme auskommen kann. Der Unterschied liegt jedoch darin, dass bei der Teilprivatisierung die Übertragung im Sinne von Auslagerung bzw. Abbau staatlichen Einflusses stärker betont wird, während es bei PPP weniger um die Verlagerung als um Kooperation geht. Bei PPP müssen beide Partner für die Sicherstellung einer zielgerechten Leistungserbringung verantwortlich sorgen.

Im Verhältnis zu den Privatisierungsformen lassen sich PPP daher als Mischform charakterisieren[138], d.h. PPP können „in unterschiedlicher Nuancierung ausgestaltete Grundmuster"[139] der Material- und der Formalprivatisierung sein. Es besteht eine Nähe von PPP als „Mischprivatisierung" zur Teilprivatisierung.[140]

Festzuhalten bleibt, dass die Privatisierung als solche im PPP-Ansatz zwar eine instrumentale Rolle spielen kann, jedoch selbst keine Form von PPP ist. Der Vorteil der Gründung von PPP liegt darin, dass die öffentliche Hand ihre Einflussnahme auf die Partnerschaft und damit die Erfüllung der öffentlichen Aufgabe nicht vollständig aus der Hand geben muss.

2. Dekonzentration

Der Begriff „Dekonzentration" beschreibt die Verteilung von Verwaltungsaufgaben auf mehrere Behörden desselben Verwaltungsträgers.[141] Bei vertikaler Dekonzentration erfolgt die Übertragung auf nachgeordnete Behörden. Demgegenüber erfolgt sie bei horizontaler Dekonzentration

[137] *Kirsch, Daniela*, Public Private Partnership – eine empirische Untersuchung der kooperativen Handlungsstrategien in Projekten der Finanzerschließung und Immobilienentwicklung, Köln 1997, S. 34.

[138] So auch *Postlep, Rolf-Dieter*, Privatisierung im kommunalen Entscheidungsprozeß, in: Mayrzedt, Hans (Hrsg.), Privatwirtschaftliche Tätigkeit im Dienst von Kommunen – Infrastrukturinvestitionen und Dienstleistungen, Wiesbaden u.a. 1996, S. 85ff.

[139] *Tettinger, Peter*, Die rechtliche Ausgestaltung von Public Private Partnership, DÖV 1996, S. 764.

[140] *Höftmann, Björn*, Public Private Partnership als Instrument der kooperativen und sektorübergreifenden Leistungsbereitstellung, Hamburg 2001, S. 34.

[141] *Ehlers, Dirk/Erichsen, Hans-Uwe*, Allgemeines Verwaltungsrecht, 12. Auflage, Berlin 2002, § 52 Rn. 49.

auf gleichgeordnete Behörden, indem auf gleicher Verwaltungsebene Behörden für Sonderfragen eingerichtet werden.[142] Zusammenhänge zwischen Dekonzentration und PPP bestehen nicht, denn Dekonzentration beschreibt dem Grundsatz nach eine Verteilung von Aufgaben im Bereich des Verwaltungsträgers und gerade nicht eine Übertragung von Funktionen auf Private.

3. Deregulierung

Der Begriff PPP wird oftmals mit dem Begriff der Deregulierung gleichgesetzt. Rechtswissenschaftlich kann unter Deregulierung die Einschränkung der Gesetzes- und Normenflut verstanden werden. Ökonomisch betrachtet versteht sich Deregulierung als eine Beseitigung staatlicher Regulierung von Märkten und die Stärkung von Marktkräften im Sinne einer Ausrichtung bislang regulierter Märkte auf mehr Wettbewerb.[143]

Der Begriff „Deregulierung" wird als Instrument einer Deregulierungspolitik begriffen und unter den Schlagworten „Entstaatlichung" und „mehr Markt und weniger Staat" lebhaft diskutiert.[144] Bei dieser Diskussion lassen sich die Autoren von einem Deregulierungsbegriff leiten, der Maßnahmen enthält, die auf den Abbau der „Gesamtheit des wirtschaftsrechtlichen Instrumentariums zur Steuerung des Verhaltens private Wirtschaftssubjekte durch Handlungsverbote und Tätigkeitsverbote abzielt"[145]. *Thiemeyer*[146] spricht im Zusammenhang mit dem Begriff Deregulierung von einer „Vielfalt von Verwendungsweisen" und stellt eine Übersicht über die Ziele von der Deregulierung zusammen, deren auf-

---

[142] *Zippelius, Reinhold,* Allgemeine Staatslehre, 14. Auflage, München 2003, S. 98.

[143] Vgl. *Benz, Angelika,* Regulierung, Deregulierung und Reregulierung – Staatsentlastung?, in: Beck, Joachim (Hrsg.), Arbeitender Staat: Studien zur Regierung und Verwaltung, Festschrift Klaus König zum 60. Geburtstag, Baden-Baden 1995, S. 52.

[144] *Heinz, Werner/Scholz, Carola,* Public Private Partnership im Städtebau: Erfahrungen aus der kommunalen Praxis, acht Fallbeispiele aus nordrhein-westfälischen Städten, Berlin 1996, S. 22; *Kletzander, Andreas,* Urbane Regeneration in Nordengland, Augsburg 1995, S. 119; *Krautzberger, Michael,* Städtebaurecht in den neuen Ländern, 2. Auflage, München 1992, S. 42.

[145] *Peine, Franz-Josef,* Allgemeines Verwaltungsrecht, 7. Auflage, Heidelberg 2004, S. 355.

[146] *Thiemeyer, Theo,* Öffentliche Bindung, Deregulierung, Privatisierung, in: Thiemeyer, Theo (Hrsg.), Öffentliche Unternehmen und ökonomische Theorie: Referate und Diskussionsbeiträge eines Kolloquiums des Wissenschaftlichen Beirats für Öffentliche Wirtschaft und Gemeinwirtschaft am 2. und 3. Oktober 1986 in der Universität Mannheim, Baden-Baden 1987, S. 95.

zählenden Charakter die Schwierigkeit einer abschließenden Begriffsdefinition verdeutlicht.
Wenn PPP in diesem Sinne mit dem Begriff der Deregulierung in Verbindung gebracht wird, dann steht im Mittelpunkt der Diskussion der Abbau von rechtlichen sowie faktischen Hemmnissen. Dabei handelt es sich um Hemmnisse, die bisher private Wirtschaftssubjekte, insbesondere erwerbswirtschaftliche Unternehmungen, daran hinderte, sich an einer bestimmten kommunalen Aufgabenerfüllung bzw. Leistungserstellung zu beteiligen.
Die Frage ist, ob PPP Deregulierungselemente enthalten und sich gegebenenfalls mit ihnen eine stärkere Deregulierung von „öffentlichen Leistungen" und deren Erstellung erreichen lässt. Die Beantwortung hängt im Wesentlichen davon ab, ob sich mit der Organisationsform von PPP bestimmte marktspezifische Anreiz- und Kontrollmechanismen auf den Leistungserstellungsprozess übertragen lassen und diese staatliche Kontrollmechanismen ersetzen.[147] Darüber hinaus müsste bei dem Verständnis von PPP als mögliche Deregulierung darauf geachtet werden, dass die Diskussion nicht auf die aus meiner Sicht überholte Auffassung einer dichotomischen Struktur der Ökonomie abstellt. Es geht eben nicht darum, über Deregulierung ein „Weniger" an Bürokratie bzw. Hierarchie durch ein „Mehr" am Markt zu ersetzen, wie der Begriff zu suggerieren scheint. Vielmehr geht es um eine hybride Organisationsform, die über die Entwicklung eigener Mechanismen das Weniger an Regulierung in einem allgemeinen Verständnis als Option für die Beteiligten eröffnet.
Das Abstellen auf deregulierende Elemente einer PPP lenkt vom Kern dessen ab, was eine PPP im Sinne dieser Arbeit ausmacht. Bei der PPP-Definition in der vorliegenden Arbeit steht das zusammenwirkende Handeln der beteiligten Akteure im Vordergrund. Dieses drückt sich ökonomisch in beziehungsspezifischen Investitionen aus, die im Vertrauen auf den Fortbestand der Zusammenarbeit getätigt werden.[148] Somit ist festzuhalten, dass zwar im Einzelfall ein Zusammenhang zwischen PPP

---

[147] *Heinz, Werner*, Public Private Partnership – ein neuer Weg zur Stadtentwicklung?, Stuttgart u.a. 1993, S. 15; *Roggencamp, Sybille*, Public Private Partnership, Entstehung und Funktionsweise kooperativer Arrangements zwischen öffentlichem Sektor und Privatwirtschaft, Frankfurt am Main 1999, S. 55.
[148] *Roentgen, Frederik*, Public-Private-Partnership – eine effizienzorientierte Analyse kommunaler Vergabeerfüllung unter Einbeziehung erwerbswirtschaftlicher Unternehmungen, Aachen 2001, S. 108.

und Deregulierung bestehen kann, es sich jedoch bei PPP um ein eigenständiges Konzept handelt, das nicht mit dem der Deregulierung gleichzusetzen ist.

4. Contracting Out

Oftmals werden PPP auch mit dem Contracting Out gleichgesetzt. Contracting Out im öffentlichen Sektor liegt dann vor, wenn private und öffentliche Organisationen miteinander kooperieren, wobei der private Contractor die Leistungen für die öffentliche Organisation erbringt. Dabei ist entscheidend, dass der private Contractor nicht an der Leistungserbringung selbst interessiert ist, sondern nur an den damit verbundenen Einnahmen.[149]

Ein Beispiel für ein Contracting Out betrifft eine Zusammenarbeit zwischen Verwaltung und Privaten bei der Abwasserentsorgung. Die Abwasserbeseitigung ist laut gesetzlicher Regelungen kommunale Aufgabe. Die Bürger müssen also die Abwasserentsorgung den Gemeinden überlassen, die sich diese wiederum durch Gebührenzahlung der Bürger finanzieren lassen. Die Stadt Bremen beispielsweise hat durch Vertrag eine zuvor fast vollständig privatisierte Gesellschaft mit Betrieb, Planung, Bau und Unterhaltung aller Abwasserentsorgungsanlagen der Stadt beauftragt und zahlt dafür an diese ein Entgelt. Gegenüber dem Bürger bleibt jedoch die Stadt Bremen für die Abwasserentsorgung verantwortlich und finanziert sie weiterhin durch Gebühren.[150] Damit folgt Bremen dem Beispiel vieler Gemeinden[151], die sich ihre Abwasserentsorgung durch verschiedene vertragliche Modelle weitgehend von Privaten durchführen lassen.

---

[149] *Budäus,Dietrich/Grüning, Gernod,* Public Private Partnership – Konzeption und Probleme eines Instruments zur Verwaltungsreform aus Sicht der Public Choice-Theorie, in: Budäus, Dietrich/Eichhorn, Peter (Hrsg.), Public Private Partnership: Neue Formen öffentlicher Aufgabenerfüllung, Referate und Diskussionsberichte eines Symposiums des Wissenschaftlichen Beirats der Gesellschaft für öffentliche Wirtschaft und des Arbeitsbereichs Public Management an der Hochschule für Wirtschaft und Politik, Hamburg, am 21./22. März 1996 im Amerika-Haus in Hamburg, Baden-Baden 1997, S. 52.

[150] *Ziekow, Jan,* Wirtschaft und Verwaltung vor den Herausforderungen der Zukunft, Vorträge im Rahmen der Speyer Gespräche zum öffentlichen Wirtschaftsrecht vom 29. September bis 1. Oktober an der Deutschen Hochschule für Verwaltungswissenschaften in Speyer, Berlin 2000, S.108.

[151] So auch beispielsweise die Stadtentwässerung Goslar GmbH, näher dazu *Frank, Dorothee,* Die Stadtenwässerung Goslar GmbH, in: Proll, Uwe/Drey, Franz, Die 20 Besten: PPP-Beispiele aus Deutschland, Köln 2006, S.105ff.

Der private Partner ist im Rahmen einer PPP eben gerade selbst daran interessiert die Leistung zu erbringen. In den meisten Fällen geht damit sein Interesse an den erzielten Einnahmen einher, die mit der Leistung verbunden sind. Mangels eigenen Interesses des Contractor an der Leistungserbringung an sich kann eine PPP nicht mit dem Kooperationsmodell des Contracting Out gleichgesetzt werden.

5. Ergebnis

Aus der begrifflichen Abgrenzung und Gegenüberstellung von Public Private Partnerships zu anderen oben erläuterten Formen öffentlich-privater Zusammenarbeit ist festzuhalten, dass PPP trotz gewisser Überschneidungen mit diesen Kooperationskonzepten nicht deckungsgleich und daher von diesen abzugrenzen sind. Die Auseinandersetzung mit diesen Denkansätzen hat aber dazu beigetragen, dass PPP in der öffentlichen Aufgabenwahrnehmung deutlich an Bedeutung gewonnen haben.[152] Unstreitig dürfte auch sein, dass PPP einen neuen und wichtigen, ergänzenden Baustein im Instrumentenkasten der Modernisierungskonzepte für die öffentliche Hand darstellen. Die Besonderheit der Modernisierungsstrategie durch PPP gegenüber den oben beschriebenen Kooperationsformen besteht darin, dass sowohl die internen Organisationsstrukturen als auch die Außenbeziehungen öffentlicher Verwaltungen neuartigen Anforderungen ausgesetzt sind. Neu an dieser Entwicklung ist auch, dass öffentlich-private Gemeinschaftsaktivitäten nicht mehr nur auf Absprachen und punktuellen Veranstaltungen beruhen, sondern durch Projektgesellschaften einen formalisierten Rahmen erhalten.[153] Zudem ist das Merkmal der Interessenkonvergenz der Partner bei PPP als innovativ zu bewerten. Unter Nutzung dadurch entstehender Synergieeffekte führen PPP sowohl auf öffentlicher als auch auf privater Seite zu wirkungsvollen Handlungserweiterungen, ohne dass die jeweiligen Interessen hierbei in den Hintergrund treten müssten. Diese aufgezeigten PPP-

[152] So auch, *Höftmann, Björn*, Public Private Partnership als Instrument der kooperativen und sektorübergreifenden Leistungsbereitstellung, Hamburg 2001, S. 36.
[153] *Gerstlberger, Wolfgang*, Public Private Partnerships – Innovative Wege zur Erledigung öffentlicher Aufgaben?, in: Killian, Werner/Kneissler, Thomas (Hrsg.), Demokratische und partizipative Verwaltung, Festschrift für Hans Brinckmann und Klaus Grimmer zum 65. Geburtstag, Baden-Baden 1999, S. 333.

Merkmale machen die PPP zu einem neuen selbstständigen Konzept, das in dieser Form bislang nur ansatzweise in anderen Reformkonzepten öffentlich-privater Kooperationen zu finden ist.

C. Zweiter Teil: Anwendbarkeit des europäischen Wettbewerbsrechts auf PPP

I. Einführung

Auf der EU-Ebene wird Public Private Partnerships eine zunehmend bedeutende Rolle zugesprochen. In Anbetracht des Globalisierungstrends und der anhaltenden Budgetdiskussionen der letzten Jahrzehnte ist das in Europa vorherrschende wohlfahrtsstaatliche Modell in die Kritik und unter Handlungsdruck geraten. Es herrscht Einigkeit darüber, dass das europäische Sozialstaatsmodell in seinen Grundzügen erhalten bleiben soll, institutionelle Reformen aber zunehmend unerlässlich werden. PPP erscheinen häufig als das geeignete Instrument, institutionelle Reformen umzusetzen. Durch PPP soll gewährleistet werden, dass Wettbewerbspolitik und Kohäsionspolitik miteinander vereinbar bleiben. Durch diese Rolle haben PPP bei der Reform der EU und deren Osterweiterung eine große Bedeutung und werden in der Literatur sogar als „weitergehende Entwicklungsstufe im europäischen Einigungsprozess“[154] angesehen.
Zu den grundlegenden Elementen der europäischen Wirtschaftsverfassung gehören die Grundfreiheiten, welche den Binnenmarkt als Wirtschaftsraum ohne Grenzen konstituieren.[155] Durch die Beteiligung länderspezifischer staatlicher Institutionen an PPP können Verzerrungen im grenzüberschreitenden Leistungsaustausch und damit im Wettbewerb entstehen, die im Kontext der europäischen Wirtschaftsverfassung rechtlich auszulegen sind. Der EG-Vertrag hält ein System von Rechtsnormen bereit, welche den Wettbewerb im Binnenmarkt vor Verfälschungen schützen sollen. Public Private Partnerships können aus verschiedenen Gründen den unverfälschten Wettbewerb im Binnenmarkt gefährden. Dies kann sich zum einen daraus ergeben, dass die PPP zur Erfüllung

[154] *Naschold, Frieder,* Public Private Partnership in den internationalen Modernisierungsstrategien des Staates, in: Budäus, Dietrich/Eichhorn, Peter (Hrsg.), Public Private Partnership: Neue Formen öffentlicher Aufgabenerfüllung, Referate und Diskussionsberichte eines Symposiums des Wissenschaftlichen Beirats der Gesellschaft für öffentliche Wirtschaft und des Arbeitsbereichs Public Management an der Hochschule für Wirtschaft und Politik, Hamburg, am 21./22. März 1996 im Amerika-Haus in Hamburg, Baden-Baden 1997, S. 85.
[155] *Hatje, Armin,* Wirtschaftsverfassung, in: Bogdandy, Armin von (Hrsg.), Europäisches Verfassungsrecht – theoretische und dogmatische Grundzüge, Berlin u.a. 2003, S. 698ff.

ihres öffentlichen Auftrages mit Sonderrechten ausgestattet werden, oder zum anderen dadurch, dass sie möglicherweise Förderungen, insbesondere finanzieller Natur, erhalten, um die Nachteile ihrer öffentlichen Pflichtenbindung bei der Erbringung von Daseinsvorsorgeleistungen auszugleichen.
In diesem Teil der Arbeit wird geprüft, inwieweit das europäische Wettbewerbsrecht überhaupt auf PPP anwendbar ist und welche Probleme bei der Anwendbarkeit von Art. 81 und Art. 82 EGV auf PPP auftauchen können.

II. Überblick über das europäische Wettbewerbsrecht

Das europäische Wettbewerbsrecht besteht aus dem Kartellrecht (Art. 81 EGV), der Regelung zum Missbrauch marktbeherrschender Stellungen (Art. 82 EGV), dem Wettbewerbsrecht der öffentlichen Unternehmen (Art. 86 EGV), den Vorschriften über staatliche Beihilfen (Art. 87ff. EGV), der Fusionskontrolle[156] und dem Vergaberecht[157], soweit es europäischen Ursprungs ist.
Weiterhin existiert zur Wettbewerbspolitik der EU ein breites sekundäres Gemeinschaftsrecht, das sowohl allgemeine Regelungen wie auch eine Vielzahl von Einzelentscheidungen der Kommission betreffende Unternehmen umfasst. Durch den Einsatz von Verordnungen wird versucht, ein Höchstmaß an Gleichheit im Wettbewerbsrecht zu erreichen. Die Basis dieses Wettbewerbs, der vor Verfälschungen geschützt werden soll, bildet die Selbstständigkeit unternehmerischer Entscheidungen und die freie Wahlmöglichkeit der Verbraucher zwischen Erzeugnissen und Dienstleistungen.[158]

III. Anwendbarkeit des europäischen Wettbewerbsrechts auf PPP

Public Private Partnerships werden – wie bereits oben ausführlich dargestellt – von einem privaten und einem staatlichen Partner gebildet. Zunächst wird untersucht, auf wen bzw. ob das europäische Wettbewerbs-

[156] EG-Fusionskontrollverordnung, Verordnung (EWG) Nr.1310/97 des Rates, ABl. Nr. L 180.
[157] Diese Arbeit geht nicht näher auf die Fusionskontrolle und das Vergaberecht ein.
[158] So Schlussantrag des GA *Mayras*, EuGH, Rs. 48/69 (ICI/Kommission), Slg.1972, 667, 671.

recht anzuwenden ist und welchen wettbewerbsrechtlichen Pflichten die Beteiligten unterliegen.

1. Unternehmen als Adressaten des europäischen Wettbewerbsrechts

Das Kartellverbot des Art. 81 Abs. 1 EGV und das Missbrauchsverbot hinsichtlich einer marktbeherrschenden Stellung nach Art. 82 EGV richten sich ebenso wie Art. 87 Abs. 1 EGV an Unternehmen. Der Art. 86 Abs. 2 EGV richtet sich an die Mitgliedstaaten, betrifft aber den Wettbewerb zwischen Unternehmen, die mit Dienstleistungen von allgemeinem wirtschaftlichem Interesse betraut sind oder den Charakter eines Finanzmonopols haben.

a) Privater Sektor als Anteilseigner von PPP

Zunächst wird untersucht, ob der private Sektor als Anteilseigner einer PPP als Unternehmen im Sinne des EGV anzusehen ist, obwohl er eine Sonderverbindung mit dem Staat eingegangen und dadurch in seinen Aufgabenkreis einbezogen ist.[159]

(1) Begriff des Unternehmens im EGV

Der Begriff „Unternehmen" taucht zwar in vielen Regelungen des mittlerweile außer Kraft getretenen EGKSV und EGV auf, wird aber im Vertragstext nicht näher definiert. Für die Bestimmung des Unternehmensbegriffs im EGV ist daher das Sekundärrecht heranzuziehen.
Die Rechtsprechung des EuGH[160], des EuG[161] und die herrschende Meinung in der Literatur[162] bedienen sich des funktionalen Unternehmens-

---

[159] Siehe *Hatje, Armin*, Public-Private-Partnership und europäisches Wettbewerbsrecht, in: Holoubek, Michael/Potacs, Michael (Hrsg.), Public Private Partnership, Wien 2003, S. 120.
[160] EuGH, Rs. 48/69 (ICI/Kommission), Slg. 1972, 619, 665; EuGH, Rs. 155/73 (Sacchi), Slg. 1974, 409ff.; EuGH, Rs. 36/74 (Walrave und Koch), Slg. 1974, 1405ff.; EuGH, verb. Rs. 209-215/78 (van Landewyck/Kommission), Slg. 1980, 3125, Rn. 88; EuGH, Rs. C-41/90 (Höfner-Elsner/Macrotron GmbH), Slg. 1991, I-1979, Rn. 21; EuGH, verb. Rs. C-159/91 und C-169/91 (Poucet/Pistre), Slg.1993, I-637, Rn. 18ff.; EuGH, Rs. C -364/92 (Eurocontrol), Slg. 1994, I-43, Rn. 22ff.; EuGH, Rs. C-244/94 (CCMSA), Slg. 1995, 4013, Rn. 21.
[161] EuG, Rs. T-11/89 (Shell/Kommission), Slg. 1992, II-757, 884; EuG, Rs. T-61/89 (Dansk Pelsdyravlerforening), Slg. 1992, II-1931, 1952.

begriffes und orientieren sich damit an dem Sinn und Zweck der Wettbewerbsregeln, nämlich der Sicherung eines Systems unverfälschten Wettbewerbs im Gemeinsamen Markt (vgl. Art. 3 Abs. 1 lit. g EGV).[163] Danach umfasst der Begriff des Unternehmens „unabhängig von der Rechtsform und der Art der Finanzierung jede eine wirtschaftliche Tätigkeit ausübende Einheit“[164]. Diese muss personelle, materielle und immaterielle Faktoren in einer einheitlichen Organisation enthalten und eine bestimmte, auf Dauer angelegte wirtschaftliche Zielsetzung vorweisen.[165] Das Merkmal der „wirtschaftlichen Tätigkeit“ wird weit ausgelegt.[166] Die Ausübung der wirtschaftlichen Tätigkeit muss über die Deckung des persönlichen Bedarfs hinausgehen und sich auf die Erzeugung oder den Austausch von Waren und Dienstleistungen richten. Für den Gerichtshof sind sowohl die Gewinnerzielungsabsicht als auch die Betriebsgröße nicht relevant, um die Unternehmenseigenschaft zu bejahen.[167] Nach dem EuGH sind mehrere, rechtlich selbstständige Gesellschaften dann ein Unternehmen, wenn sie eine wirtschaftliche Einheit bilden.[168] In der Rechtssache „Hydrotherm“[169] führte der EuGH zu der Frage des Unternehmensbegriffs aus, dass „unter dem Begriff des Unternehmens eine im Hinblick auf den jeweiligen Vertragsgegenstand bestehende wirtschaftliche Einheit zu verstehen ist, selbst wenn diese wirtschaftliche Einheit rechtlich aus mehreren natürlichen oder juristischen Personen gebildet wird. Aus dem Unternehmensbegriff fallen solche Einheiten her-

---

[162] *Brinker, Ingo,* Kommentierung, in Schwarze, Jürgen (Hrsg.), EU-Kommentar, Baden-Baden 2000, Art. 81 Rn. 23; *Burgi, Martin,*Die öffentlichen Unternehmen im Gefüge des primären Gemeinschaftsrechts, EuR 1997, S. 265.

[163] Siehe oben Kapitel C., II., 1.

[164] Seit EuGH, Rs. C-41/90 (Höfner-Elsner/Macrotron GmbH), Slg. 1991, I-1979, Rn. 21; EuGH, verb. Rs. C-159/91 und C-169/91 (Poucet/Pistre), Slg.1993, 637, Rn. 18ff.; EuGH, Rs. C-244/94 (CCMSA), Slg. 1995, I-4013, Rn. 21.

[165] EuGH, Rs. 36/74 (Walrave und Koch), Slg. 1974, 1405; EuGH, verb. Rs. 209-215/78 (van Landewyck/Kommission), Slg. 1980, 3125, Rn. 88; EuGH, Rs. 170/83, (Hydrotherm/Compact), Slg. 1984, 2999, 3016; EuGH, Rs. C-244/94 (CCMSA), Slg. 1995, 4013, Rn. 21; EuG, Rs. T-11/89 (Shell/Kommission), Slg. 1992, II-757, 884ff.

[166] EuGH, Rs. C-364/92 (Eurocontrol), Slg. 1994, I-43, Rn. 22ff.

[167] So fallen unter den Unternehmensbegriff nach dem EuGH auch Fernsehanstalten (EuGH, Rs. 155/73 (Sacchi), Slg. 1974, 409, Genossenschaften und Handelsvertreter (EuG, Rs. T-61/89 (Dansk Pelsdyravlerforening), Slg. 1992, II-1931, 1952 sowie die Angehörigen freier Berufe vgl. Kommission, ABl. 1993 Nr. L 203/27 (CNSD).

[168] So EuGH, Rs. 48/69 (ICI/Kommission), Slg. 1972, 619, 665.

[169] Vgl. EuGH, Rs. 170/83, (Hydrotherm/Compact), Slg. 1984, 2999, 3016.

aus, deren Verhalten durch staatliche Rechtsvorschriften weitgehend determiniert wird"[170].

Von diesem funktionalen Unternehmensbegriff sind nach EuGH-Rechtsprechung die sogenannten nichtwirtschaftlichen Einheiten abzugrenzen, die durch ein hoheitliches Tätigwerden gekennzeichnet sind.[171] Der Austausch von Dienstleistungen und eventueller finanzieller Gegenleistung stellt dabei nicht einmal den Nebenzweck dar, er ist lediglich eine „Äußerlichkeit"[172]. Einigkeit besteht darüber, dass der Strafvollzugsdienst, die Gewährleistung der inneren Sicherheit durch die Polizei und der äußeren Sicherheit durch das Militär wie auch die schulische Primärausbildung keine unternehmerischen, sondern hoheitliche Tätigkeiten darstellen. Das gilt insbesondere auch für Einrichtungen der sozialen Sicherheit, die auf dem Solidaritätsprinzip beruhen, und deren Leistungen gesetzlich vorgeschrieben sind, also nicht von der Höhe der eingezahlten Beiträge abhängen.[173]

In der Rechtssache „Poucet und Pistre"[174] hat der EuGH eine wirtschaftliche Tätigkeit verneint. Eine wirtschaftliche Tätigkeit liege dann nicht vor, wenn sie ausschließlich von staatlichen Einrichtungen oder in deren Auftrag ausgeführt werden kann. Auch im Fall „Eurocontrol"[175] verneinte der EuGH die Unternehmenseigenschaft von Eurocontrol mangels wirtschaftlichen Handelns. Er ging dabei davon aus, dass die Einziehungstätigkeit von Eurocontrol nicht von dessen hoheitlichen Befugnissen bei der Kontrolle und Überwachung des Luftraums getrennt werden könne.[176] Zu diesem Zweck verfüge Eurocontrol nämlich im Fluginformationsgebiet der Benelux-Länder und des nördlichen Teils Deutschlands über Zwangsbefugnisse gegenüber den Luftfahrzeugführern.[177] Im Fall der Anwendung von Zwangsbefugnissen liegt eine Ausübung von Hoheitsgewalt vor.

---

[170]Siehe auch, EuGH, verb.Rs. C-395/95 P u. C-379/95 P (Kommission u. Frankreich/Ladbroke Racing), Slg.1997, I-6265, Rn. 33.

[171] Vgl. EuGH, Rs. C-364/92 (Eurocontrol), Slg. 1994, I-43, Rn. 22ff.

[172] *Burgi, Martin,* Die öffentlichen Unternehmen im Gefüge des primären Gemeinschaftsrechts, EuR 1997,S. 265.

[173].*Brinker, Ingo,* Kommentierung, in: Schwarze, Jürgen (Hrsg.), EU-Kommentar, Baden-Baden 2000, Art. 81 Rn. 25.

[174] EuGH, verb. Rs. C-159/91 und C-169/91 (Poucet/Pistre), Slg.1993, I-637, Rn. 18f.

[175] EuGH, Rs. C-364/92 (Eurocontrol), Slg. 1994, I-43, Rn. 18ff.

[176] EuGH, Rs. C-364/92 (Eurocontrol), Slg. 1994, I-43, Rn. 28 u. 30.

[177] EuGH, Rs. C-364/92 (Eurocontrol), Slg.1994, I-43, Rn. 24.

(2) Ergebnis

Die Unternehmenseigenschaft des privaten an einer PPP beteiligten Sektors und damit seine Eigenschaft als Adressat des europäischen Wettbewerbsrechts, insbesondere der Art. 81, 82 EGV[178], kann also dann bejaht werden, wenn ein eigenveranlasstes und wirtschaftliches Auftreten des privaten Unternehmens auf dem Markt ersichtlich wird. Ein privates Unternehmen qualifiziert sich also nicht als Unternehmen bei der Wahrnehmung von in erster Linie hoheitlichen Aufgaben, wie zum Beispiel als Betreibergesellschaft von Flughäfen, Autobahnen oder Häfen.[179] In diesem Zusammenhang ist festzuhalten, dass bestimmte PPP-Modelle, wie das Betreiber-, das Betriebsführungs- oder das Konzessionsmodell, bevorzugte Anwendung bei der Erfüllung von hoheitlichen Aufgaben finden.

b) Öffentliche und privilegierte Unternehmen als PPP

Public Private Partnerships können auch in der Form eines öffentlichen oder eines rechtlich privilegierten Unternehmens gegründet und betrieben werden. Nach Art. 86 Abs. 1 EGV sind öffentliche und private Unternehmen gleichgestellt, ebenso Unternehmen, welche über besondere oder ausschließliche Rechte verfügen.[180] Art. 86 Abs. 1 EGV bindet die Mitgliedstaaten im Hinblick auf die dort genannten öffentlichen und privilegierten Unternehmen an die Vertragsvorschriften, insbesondere an das Diskriminierungsverbot sowie die Wettbewerbsregeln. Grund hierfür ist der Einfluss, den die Mitgliedstaaten auf öffentliche Unternehmen und Unternehmen mit besonderen oder ausschließlichen Rechten ausüben können. Die Mitgliedstaaten sollen diese Einflussmöglichkeit nicht dazu missbrauchen, gegen Vertragsvorschriften zu verstoßen.[181] Adressat von Art. 86 Abs. 1 EGV sind die Mitgliedstaaten als Träger der öffentlichen

---

[178] Die Art. 81, 82 EGV sind unmittelbar anwendbar, berechtigen und verpflichten Unternehmen also direkt; EUGH, Rs. 13/61 (De Gens/Bosch), Slg. 1962, 97.

[179] Vgl. *Hatje, Armin*, Public-Private-Partnership und europäisches Wettbewerbsrecht, in: Holoubek, Michael/Potacs, Michael (Hrsg.), Public Private Partnership, Wien 2003, S. 121.

[180] Der Unternehmensbegriff stimmt mit dem der Art. 81 und 82 EGV überein, vgl. *Burchard, Friedrich von* Kommentierung, in: Schwarze, Jürgen (Hrsg.), EU-Kommentar, Baden-Baden 2000, Art. 86 Rn. 13.

[181] Siehe *Burchard, Friedrich von,* Kommentierung, in: Schwarze, Jürgen (Hrsg.), EU-Kommentar, Baden-Baden 2000, Art. 86 Rn. 8.

Gewalt, jedoch lässt sich der Vorschrift entnehmen, dass öffentliche und privilegierte Unternehmen selbst an das Wettbewerbsrecht gebunden sind.[182]

(1) Öffentliche Unternehmen

Der Begriff des öffentlichen Unternehmens wird in Art. 86 Abs. 1 EGV nicht definiert und ist daher nach dem Vertragszweck zu bestimmen. Art. 86 Abs. 1 EGV hat die Beeinflussung öffentlicher Unternehmen durch die Mitgliedstaaten im Blick. Bei der Begriffsbestimmung des öffentlichen Unternehmens müssen im Interesse einer einheitlichen Geltung und Anwendung der Wettbewerbsvorschriften mitgliedstaatliche Vorstellungen und Traditionen unberücksichtigt bleiben.[183]
Art. 2 der sogenannten Transparenzrichtlinie[184] enthält ebenso wie Art. 86 Abs. 1 EGV den Begriff des öffentlichen Unternehmens. Sie gibt keine allgemein gültige Definition des Begriffs des öffentlichen Unternehmens, kann aber durchaus als Orientierungshilfe herangezogen werden.[185] Die Transparenzrichtlinie regelt die Rechnungsauslegung von Unternehmen, die öffentliche Aufgaben erfüllen und dafür Sonderrechte oder öffentliche Zuwendungen erhalten. Im Kern schreibt die Transparenzrichtlinie vor, dass Unternehmen, die Aufgaben im Interesse des Allgemeinwohls nach Art. 86 Abs. 2 EGV wahrnehmen, zur getrennten Buchführung verpflichtet sind, sofern das betreffende Unternehmen in verschiedenen Geschäftsbereichen tätig ist. Nach Art. 2 der Transparenzrichtlinie ist jedes Unternehmen als öffentliches Unternehmen anzusehen, auf das die öffentliche Hand unmittelbar oder mittelbar einen beherrschenden Einfluss ausüben kann.[186] Gemäß Art. 2 Abs. 2 der Richt-

---

[182] *Hatje, Armin*, Public-Private-Partnership und europäisches Wettbewerbsrecht, in: Holoubek, Michael/Potacs, Michael (Hrsg.), Public Private Partnership, Wien 2003, S. 121.
[183] *Schwarze, Jürgen*, Der Staat als Adressat des europäischen Wettbewerbsrechts, in: ders. (Hrsg.), Europäisches Wettbewerbsrecht im Wandel, Baden-Baden 2001, S. 70.
[184] Richtlinie 2000/52/EG der Kommission zur Änderung der Richtlinie 80/723/EWG über die Transparenz der finanziellen Beziehungen zwischen den Mitgliedstaaten und den öffentlichen Unternehmen, ABl. Nr. L 193/75 (sog. Transparenzrichtlinie).
[185] Vgl. *Burchard, Friedrich von*, Kommentierung, in: Schwarze, Jürgen (Hrsg.), EU-Kommentar, Baden-Baden 2000, Art. 86 Rn. 17; *Burgi, Martin*, Verwalten durch öffentliche Unternehmen im europäischen Institutionenwettbewerb,VVDStRL 2001, S. 256ff.
[186] *Jungbluth*, Armin, Kommentierung, in: Bunte, Hermann-Josef/Langen, Eugen (Hrsg.), Kommentar zum deutschen und europäischen Kartellrecht, Band 1, 9. Auflage, Neuwied 2001, Art. 86 Rn. 15; *von Burchard, Friedrich*, Kommentierung, in: Schwarze, Jürgen (Hrsg.), EU-Kommentar, Baden-Baden

linie wird ein solcher Einfluss vermutet, wenn die öffentliche Hand unmittelbar oder mittelbar die Mehrheit des Kapitals besitzt, über die Mehrheit der Stimmrechte verfügt oder mehr als die Hälfte der Mitglieder des Verwaltungs-, Leitungs- oder Aufsichtsorgans des betreffenden Unternehmens bestellen kann.[187] Diese Definition findet sich ebenfalls in Art. 1 Ziff. 2 der sogenannten Sektorenrichtlinie[188] wieder, in der der Anwendungsbereich der europäischen Vergabevorschriften für öffentliche Unternehmen im Bereich der Wasser-, Energie- und Verkehrsversorgung sowie im Telekommunikationssektor beschrieben wird. Die Einflussnahme muss nicht tatsächlich ausgeübt werden, sondern es reicht vielmehr aus, wenn die öffentliche Hand eine Stellung im Unternehmen innehat, aus der heraus sie bestimmenden Einfluss ausüben könnte.[189] Durch das Merkmal des mittelbaren Einflusses werden auch sog. „öffentliche Unternehmen zweiten Grades", das heißt Tochtergesellschaften von öffentlichen Unternehmen erfasst, soweit ein beherrschender Einfluss vorliegt bzw. vorliegen könnte.[190] Die Kontrolle kann dabei auch von mehreren juristischen Personen der öffentlichen Hand ausgeübt werden,[191] zu der in diesem Zusammenhang der Staat und die Gebietskörperschaften zählen.[192]

Festzuhalten ist, dass das entscheidende Merkmal öffentlicher Unternehmen in Abgrenzung zu privaten Unternehmen darin besteht, dass der Staat bei ihnen die Möglichkeit hat, unmittelbar oder mittelbar auf die

---

2000, Art. 86 Rn. 16; *Jung, Christian*, Kommentierung, in: Calliess, Christian/Ruffert, Matthias (Hrsg.), Kommentar des Vertrages über die Europäische Union und des Vertrages zur Gründung der Europäischen Gemeinschaft, 2. Auflage, Neuwied 2002, Art. 86 Rn. 13; *Mestmäcker, Ernst-Joachim*, in: Immenga, Ulrich/Mestmäcker, Ernst-Joachim (Hrsg.), Kommentar zum EG-Wettbewerbsrecht, Band 2, München 1997, Art. 37, 90, C (Art. 31, 86 n. F.) Rn.13.

[187] EuGH, verb. Rs. 188-190/80 (Transparenzrichtlinie), Slg. 1982, 2545, Rn. 25.

[188] Sog. Sektorenrichtlinie, Kommission, ABl. 1993 Nr. L 199/87.

[189] *Hochbaum, Ingfried F./Klotz, Robert*, Kommentierung, in: Groeben, Hans von der/Schwarze, Jürgen (Hrsg.), Kommentar zum Vertrag über die Europäische Union und zur Gründung der Europäischen Gemeinschaft, Band 2, 6. Auflage, Baden-Baden 2003, Art. 86 Rn. 9.

[190] Art.II der Richtlinie 2000/52/EG der Kommission zur Änderung der Richtlinie 80/723/EWG über die Transparenz der finanziellen Beziehungen zwischen den Mitgliedstaaten und den öffentlichen Unternehmen, ABl. 2000 Nr. L 193/75 (Transparenzrichtlinie); vgl. *Pernice, Ingolf/Wernicke, Stephan*, Kommentierung, in: Grabitz, Eberhard/Hilf, Meinhard (Hrsg.), Das Recht der Europäischen Union, Kommentar zur Europäischen Union, Band 1, Loseblattsammlung, München 2005, Art. 86 Rn. 19.

[191] *Mestmäcker, Ernst-Joachim*, Kommentierung, in: Immenga, Ulrich/Mestmäcker, Ernst-Joachim (Hrsg.), Kommentar zum EG-Wettbewerbsrecht, Band 2, München 1997, Art. 90 a.F. (Art. 86 n.F.) Rn. 21.

[192] EuGH, Rs. 30/87 (Bodson), Slg. 1988, 2479, Rn. 33; *Hochbaum, Ingfried F./Klotz, Robert*, Kommentierung, in: Groeben, Hans von der/Schwarze, Jürgen (Hrsg.), Kommentar zum Vertrag über die Europäische Union und zur Gründung der Europäischen Gemeinschaft, Band 2, 6. Auflage, Baden-Baden 2003, Art. 86 Rn. 12.

Geschäftsführung des Unternehmens einzuwirken, ohne auf hoheitliche Maßnahmen zurückgreifen zu müssen.[193] Nicht ausreichend für die Eigenschaft eines öffentlichen Unternehmens sind insoweit Maßnahmen allgemeinen Charakters, denen alle Unternehmen gleichermaßen unterworfen sind.[194] Dabei ist allein die Möglichkeit der Einwirkung entscheidend und die Rechtsform des Unternehmens irrelevant, zumal weder eine eigene Rechtspersönlichkeit noch eine rechtliche Trennung vom Staat für die Eigenschaft eines öffentlichen Unternehmens erforderlich ist.[195] Ein Unternehmen kann vielmehr auch dann ein öffentliches Unternehmen sein, wenn die Tätigkeit unmittelbar von einer in die staatliche Verwaltung eingegliederten Stelle ausgeführt wird.[196]

(2) Privilegierte Unternehmen

Gemäß dem Wortlaut des Art. 86 Abs. 1 EGV sind die Mitgliedstaaten sowohl in Bezug auf öffentliche als auch auf privilegierte Unternehmen in gleicher Weise gebunden, keine dem EG- Vertrag widersprechenden Maßnahmen zu treffen oder beizubehalten. Privilegierte Unternehmen sind öffentlichen Unternehmen gleichgestellt, da die Gewährung besonderer oder ausschließlicher Rechte die begünstigten Unternehmen in ei-

[193] *Hochbaum, Ingfried F./Klotz, Robert*, Kommentierung, in: Groeben, Hans von der/Schwarze, Jürgen (Hrsg.), Kommentar zum Vertrag über die Europäische Union und zur Gründung der Europäischen Gemeinschaft, Band 2, 6. Auflage, Baden-Baden 2003, Art. 86 Rn. 9; *Jung, Christian*, Kommentierung, in: Calliess, Christian/Ruffert, Matthias (Hrsg.), Kommentar des Vertrages über die Europäische Union und des Vertrages zur Gründung der Europäischen Gemeinschaft, 2. Auflage, Neuwied 2002, Art. 86 Rn. 13.

[194] *Hochbaum, Ingfried F./Klotz, Robert*, Kommentierung, in: Groeben, Hans von der/Schwarze, Jürgen (Hrsg.), Kommentar zum Vertrag über die Europäische Union und zur Gründung der Europäischen Gemeinschaft, Band 2, 6. Auflage, Baden-Baden 2003, Art. 86 Rn. 9.

[195] *Jung, Christian*, Kommentierung, in: Calliess, Christian/Ruffert, Matthias, Kommentar des Vertrages über die Europäische Union und des Vertrages zur Gründung der Europäischen Gemeinschaft, 2. Auflage, Neuwied 2002, Art. 86 Rn. 11; *Jungbluth, Armin*, Kommentierung, in: Bunte, Hermann-Josef/Langen, Eugen (Hrsg.), Kommentar zum deutschen und europäischen Kartellrecht, Band 1, 9. Auflage, Neuwied 2001, Art. 86 Rn. 15; *Mestmäcker, Ernst-Joachim*, Kommentierung, in: Immenga, Ulrich/Mestmäcker, Ernst-Joachim (Hrsg.), Kommentar zum EG-Wettbewerbsrecht, Band 2, München 1997, Art. 37, 90, C a.F. (Art. 31, 86 n.F.) Rn. 15; *Mestmäcker, Ernst-Joachim*, Staat und Unternehmen im europäischen Gemeinschaftsrecht. Bedeutung von Art. 90 EWGV, RabelsZ 1988, S. 537f.; vgl. dazu auch *Pernice, Ingolf/Wernicke, Stephan*, Kommentierung, in: Grabitz, Eberhard/Hilf, Meinhard (Hrsg.), Das Recht der Europäischen Union, Kommentar zur Europäischen Union, Maastrichter Fassung, Band 1, Loseblattsammlung, München 2005, Art. 86 Rn. 14.

[196] Die Abgrenzung der Tätigkeit öffentlicher Unternehmen zur eigenen wirtschaftlichen Betätigung des Staates ist unklar, vgl. dazu *Hochbaum, Ingfried F./Klotz, Robert*, Kommentierung, in: Groeben, Hans von der/Schwarze, Jürgen (Hrsg.), Kommentar zum Vertrag über die Europäische Union und zur Gründung der Europäischen Gemeinschaft, Band 2, 6. Auflage, Baden-Baden 2003, Art. 86 Rn. 12.

ne Abhängigkeitsposition zum Staat bringt, die mit der von öffentlichen Unternehmen vergleichbar ist.[197]

Unter privilegierten Unternehmen versteht man solche Unternehmen, denen die Mitgliedstaaten besondere oder ausschließliche Rechte gewähren. Besondere oder ausschließliche Rechte sind solche Rechte, die ihren Inhabern im Verhältnis zu anderen Unternehmen eine Sonderstellung verleihen.[198] Im Bereich der Telekommunikation hat der EuGH[199] entschieden, dass besondere oder ausschließliche Rechte allgemein als Rechte zu verstehen sind, die die Behörden eines Mitgliedstaates einem Unternehmen oder einer begrenzten Anzahl von Unternehmen gewähren. Dabei müssen sie sich an objektive, angemessene und nicht diskriminierende Kriterien halten. Sie dürfen nicht die Fähigkeiten anderer Unternehmen im selben Gebiet zu im Wesentlichen gleichen Bedingungen, Telekommunikationsnetze einzurichten oder zu betreiben oder Telekommunikationsdienste zu erbringen, wesentlich beeinträchtigen.[200] Im Umkehrschluss bedeutet dies, dass Rechte, die einer unbestimmten Anzahl von Unternehmen zustehen, nicht als besondere oder ausschließliche Rechte anzusehen sind.[201] Bei der Verleihung von Konzessionen und sonstigen Vergünstigungen ist bei der Untersuchung, ob es sich um ein privilegiertes Unternehmen handelt, im Einzelfall auf das Merkmal der Sonderbeziehung zum Staat abzustellen. Gegensätzlich dazu sind Konzessionen, Genehmigungen und Vergünstigungen, auf die jeder bei Vorliegen bestimmter sachlicher Voraussetzungen einen Anspruch hat.[202] Durch die Gewährung solcher besonderen oder ausschließlichen Rechte muss zwischen dem betreffenden Unternehmen und dem gewährenden Mitgliedstaat eine besondere Beziehung entstehen, aus der

---

[197] *Bach, Albrecht*, Wettbewerbsrechtliche Schranken für staatliche Maßnahmen nach europäischem Gemeinschaftsrecht, Tübingen 1992, S. 34; *Jungbluth, Armin*, Kommentierung, in: Bunte, Hermann-Josef/Langen, Eugen (Hrsg.), Kommentar zum deutschen und europäischen Kartellrecht, Band 1, 9. Auflage, Neuwied 2001, Art. 86 Rn. 4; *Weiß, Wolfgang*, Kommentierung, in: Calliess, Christian/Ruffert, Matthias (Hrsg.), Kommentar des Vertrages über die Europäische Union und des Vertrages zur Gründung der Europäischen Gemeinschaft, 2. Auflage, Neuwied 2002, Art. 86 Rn. 14.

[198] Siehe *Burchard, Friedrich von*, Kommentierung, in: Schwarze, Jürgen (Hrsg.), EU-Kommentar, Baden-Baden 2000, Art. 86 Rn. 21.

[199] EuGH, Rs. C-302/94 (British Telecommunications), Slg. 1996, I-6417, Rn. 34.

[200] *Weiß, Wolfgang*, Kommentierung, in: Calliess, Christian/Ruffert, Matthias (Hrsg.), Kommentar des Vertrages über die Europäische Union und des Vertrages zur Gründung der Europäischen Gemeinschaft, 2. Auflage, Neuwied 2002, Art. 86 Rn. 14.

[201] EuGH, Rs. 13/77 (INNO/ATAB), Slg. 1977, 2115, Rn. 40 u. 42.

[202] Siehe *Burchard, Friedrich von*, Kommentierung, in: Schwarze, Jürgen (Hrsg.), EU-Kommentar, Baden-Baden 2000, Art. 86 Rn. 22.

die Aufsichtspflicht der Kommission nach Art. 86 Abs. 3 EGV resultiert.[203] Entscheidendes Kriterium ist auch hier die besondere Rechtsbeziehung des Unternehmens zum Staat[204], für die teilweise sogar gefordert wird, dass der diese Rechtsbeziehung begründende Gewährungsakt hoheitlich sein muss.[205] Demgegenüber ist nach herrschender Meinung davon auszugehen, dass die Gewährung durch einen privatrechtlichen Vertrag ausreichend ist.[206]

(a) Begriffe der besonderen und der ausschließlichen Rechte

(i) Besondere Rechte eines Unternehmens

Nach der Aufhebung der beiden Telekommunikationsrichtlinien 88/301/EWG und 90/388/EWG durch den EuGH – insofern sie sich auf besondere Rechte bezogen – hat die Kommission die besonderen Rechte in der Richtlinie 94/46/EG[207] definiert.

Besondere Rechte sind danach Rechte, die ein Mitgliedstaat durch Rechts- oder Verwaltungsvorschriften einer begrenzten Anzahl von Unternehmen in einem Gebiet gewährt. Der Mitgliedstaat muss sich dabei an objektive, angemessene und nicht diskriminierende Kriterien halten, während das besondere Recht die Wettbewerbsfähigkeit anderer Unternehmen auf dem fraglichen Markt nicht wesentlich beeinträchtigen darf.

---

[203] EuGH, Rs. C-202/88 (Telekommunikations-Endgeräte), Slg. 1991, I-1223; vgl. dazu ferner *Potacs, Michael,* Auslegung des Gemeinschaftsrechts durch den Europäischen Gerichtshof, Graz 1996, S. 270ff.

[204] *Weiß, Wolfgang,* Kommentierung, in: Calliess, Christian/Ruffert, Matthias (Hrsg.), Kommentar des Vertrages über die Europäische Union und des Vertrages zur Gründung der Europäischen Gemeinschaft, 2. Auflage, Neuwied 2002, Art. 86 Rn. 15.

[205] So *Pernice, Ingolf/Wernicke, Stephan,* Kommentierung, in: Grabitz, Eberhard/Hilf, Meinhard (Hrsg.), Das Recht der Europäischen Union, Kommentar zur Europäischen Union, Band 1, Loseblattsammlung, München 2005, Art. 86 Rn. 30.

[206] In diesem Sinne *Jungbluth, Armin,* Kommentierung, in: Bunte, Hermann-Josef/Langen, Eugen (Hrsg.), Kommentar zum deutschen und europäischen Kartellrecht, Band 1, 9. Auflage, Neuwied 2001, Art. 86 Rn. 19.

[207] Richtlinie der Kommission 94/46/EG zur Änderungder Richtlinie 88/301EWG und 90/388/EWG, ABl. Nr. L 268/10.

(ii) Ausschließliche Rechte eines Unternehmens

Die Kommission hat in der Richtlinie über den Wettbewerb auf dem Markt für Telekommunikationsdienste[208] definiert, was unter ausschließlichen Rechten eines Unternehmens zu verstehen ist. Nach der durch den EuGH bestätigten Definition der ausschließlichen Rechte durch die Kommission handelt es bei ausschließlichen Rechten um Rechte, die von einem Mitgliedstaat oder einer Behörde einer oder mehreren öffentlichen oder privaten Einrichtungen auf dem Gesetzes- oder Verwaltungswege gewährt werden und diesen die Erbringung einer Dienstleistung oder die Ausübung einer bestimmten Tätigkeit vorbehalten. Maßgeblich ist bei den ausschließlichen Rechten eines Unternehmens, dass das privilegierte Unternehmen nicht mit anderen um Marktanteile konkurriert. Das schließt allerdings nicht aus, dass ein Wettbewerb um die Privilegierung selbst und demnach ein Wettbewerb um den betreffenden Markt, d.h. die Erlangung des ausschließlichen Rechts, im Vorfeld stattgefunden hat.

Beispiele ausschließlicher Rechte nach der Rechtsprechung des EuGH sind:

- die Befugnis eines nationalen Versicherungsbüros zur Regulierung von Schadensfällen, die durch ausländische Fahrzeuge verursacht werden;[209]
- die Konzession zur Verrichtung von Bestattungsdiensten;[210]
- das Recht auf Ausstrahlung von Fernsehsendungen;[211]
- die Einrichtung und der Betrieb des öffentlichen Fernmeldenetzes;[212]
- die Erbringung von Telekommunikationsdiensten;[213]
- das Recht zur Durchführung von Lotsendiensten in Häfen;[214]

---

[208] Richtlinie 90/388/EWG der Kommission über den Wettbewerb auf dem Markt für Telekommunikation, ABl. 1990 Nr. L 192/10.

[209] EuGH, Rs. 90/76 (Van Ameyde), Slg. 1977, 1091, Rn. 18.

[210] EuGH, Rs. 30/87 (Bodson), Slg. 1988, 2479, Rn. 33. Laut EuGH sei die Konzession als Vertrag zwischen der Gemeinde und dem konzessionierten Unternehmen anzusehen, durch den die in Art. 86 Abs. 1 EGV geforderte Sonderbeziehung zwischen dem Mitgliedstaat und dem Unternehmen begründet werde.

[211] EuGH, Rs. 155/73 (Sacchi), Slg. 1974, 409, Rn. 14; EuGH, Rs. C-260/89 (ERT), Slg.1991, I-2925, Rn. 10.

[212] EuGH, Rs. C-18/88 (GB-Inno-BM SA), Slg. 1991, I-5941, Rn. 31.

[213] EuGH, verb. Rs. C-271/90, C-281/90 u. C-289/90 (Telekommunikationsdienste), Slg. 1992, 5833, Rn. 36.

[214] EuGH, Rs. C-18/93 (Corsica Ferries), Slg. 1994, I-1783, Rn. 39.

- die Betrauung mit der Organisation und Ausführung von Hafenarbeiten;[215]
- ein staatliches Monopol zum Einsammeln und Befördern von Briefen[216] oder
- die Verwaltung von Flughäfen.[217]

(b) Ergebnis

Die Begriffe der besonderen und der ausschließlichen Rechte sind nicht deckungsgleich.[218] Der wesentliche Unterschied zwischen besonderen und ausschließlichen Rechten ist darin zu sehen, dass ausschließliche Rechte eine exklusive Rechtsstellung vermitteln, während besondere Rechte keinen ausschließlichen Charakter haben, sondern ihrem Inhaber präferentielle Bedingungen einräumen, die ihn gegenüber seinen Wettbewerbern spürbar bevorteilen. Den privilegierten Unternehmen kommt unabhängig davon, ob sie mit besonderen oder ausschließlichen Rechten ausgestattet sind, ebenso wie den öffentlichen Unternehmen keine wettbewerbsrechtliche Sonderbehandlung zu. Das Bestehen besonderer oder ausschließlicher Rechte ergibt sich demnach nicht, wenn die Genehmigung nach objektiven und nicht diskriminierenden Kriterien eingeräumt wird und keine zahlenmäßige Begrenzung der berechtigten Unternehmen bewirkt.

Da für den Zusammenschluss zu einer PPP die Beteiligung der öffentlichen Hand unerlässlich ist, besteht prinzipiell die Möglichkeit, dass die öffentliche Hand das Modell PPP dazu nutzt, diesen Unternehmen Sonderrechte einzuräumen. Dabei spielt es keine Rolle, ob sie dies in Form der Verleihung von besonderen oder ausschließlichen Rechten vollzieht. Somit steht fest, wann Kooperationen mit der öffentlichen Hand als Unternehmen mit allgemeinen, besonderen oder ausschließlichen Rechten einzuordnen sind. Für eben solche Unternehmen im Rahmen von PPP gelten dann die Wettbewerbsregeln.

---

[215] EuGH, Rs. 179/90 (Porto di Genova), Slg. 1991, I-5889, 14ff.; EuGH, Rs. C-163/96 (Raso), Slg. 1998, I-533, Rn. 36.

[216] EuGH, Rs. C-320/91 (Corbeau), Slg. 1993, I-2533, Rn. 8; EuGH, Rs. C-147 u. C-148/97 (Deutsche Post), Slg. 2000, I-825, Rn. 37; EuGH, Rs. C-340/99 (TNT Traco), Slg. 2001, I-4109, Rn. 40.

[217] EuGH, Rs. C-163/99 (Portugal/Kommission), Slg. 2001, I-2613, Rn. 45.

[218] Vgl. EuGH, Rs. C-202/88 (Telekommunikations-Endgeräte), Slg. 1991, I-1223; EuGH, verb. Rs. C-271/90, C-281/90 u. C-289/90 (Telekommunikationsdienste), Slg. 1991, I-5583, Rn. 28ff.

2. Mitgliedstaaten als Adressaten des europäischen Wettbewerbsrechts

Im nächsten Schritt ist zu untersuchen, inwieweit das europäische Wettbewerbsrecht auf die Mitgliedstaaten selber Anwendung findet und sich daraus resultierend wettbewerbsrechtliche Pflichten für diese hinsichtlich der Gründung und Durchführung von Public Private Partnerships ergeben.
Die wettbewerbsrechtlichen Pflichten der Mitgliedstaaten und ihrer Untergliederungen bei der Gründung und im Rahmen von PPP lassen sich hinsichtlich der Art. 81, 82 und 86 EGV in drei Gruppen differenzieren. Zum einen in die unmittelbare Bindung des Staates an die Art. 81, 82 EGV, zum anderen in die mittelbare Bindung des hoheitlich handelnden Staates gemäß Art. 81, 82 EGV und zuletzt in die Pflichten des Staates hinsichtlich öffentlicher und privilegierter Unternehmen im Sinne des Art. 86 Abs. 1 EGV.

a) Begriff des Mitgliedstaates im EGV

Unter den Begriff Mitgliedstaat in Art. 86 Abs. 1 EGV fällt der gesamte hoheitliche Bereich des Mitgliedstaates einschließlich aller seiner Organe und Untergliederungen, unabhängig von dessen Verwaltungsaufbau.[219] Der Begriff des Mitgliedstaates schließt also auch die Träger öffentlicher Gewalt auf der Ebene der Regionen, Provinzen und Gemeinden mit ein. Damit soll verhindert werden, dass die Anwendung von Art. 86 EGV von der innerstaatlichen Gliederung abhängig gemacht wird, also ein Unterlaufen der Regelung durch Modifizierung des Staatsaufbaus möglich wäre. Somit fällt auch beispielsweise die Bevorzugung eines kommunalen Unternehmens in den Anwendungsbereich des Art. 86 Abs. 1 EGV, weil die Kommune unter den Begriff des Mitgliedstaates zu subsumieren ist.[220]

---

[219] EuGH, Rs. 30/87 (Bodson), Slg. 1988, 2479, Rn. 33; *Pernice, Ingolf/Wernicke, Stephan*, Kommentierung, in: Grabitz, Eberhard/Hilf, Meinhard (Hrsg.), Das Recht der Europäischen Union, Kommentar zur Europäischen Union, Band 1, Loseblattsammlung, München 2005, Art. 86 Rn. 14.
[220] EuGH, Rs. 30/87 (Bodson), Slg. 1988, 2479, 2516, Rn. 33; *Emmerich, Volker*, Monopole und öffentliche Unternehmen, Kommentierung, in: Dauses, Manfred (Hrsg.), Handbuch des EU-Wirtschaftsrechts, Band 1, Loseblattsammlung, 2. Auflage, München 1997, H. II, Rn. 97.

b) Unmittelbare Bindung des Mitgliedstaates gemäß Art. 81, 82 EGV

(1) Einführung

Zu prüfen ist, ob man den Staat als öffentliches Unternehmen und daher als Adressat der wettbewerbsrechtlichen Verbote ansehen kann, denn dann kann bereits die Gründung einer PPP in den Anwendungsbereich der Art. 81, 82 EGV fallen. Angesichts des funktionalen Unternehmensbegriffs der Art. 81, 82 EGV ist dies nicht grundsätzlich ausgeschlossen. Der Staat kann nach gängiger Rechtsprechung[221] und herrschender Literatur[222] nur dann unmittelbar als Adressat der europäischen Wettbewerbsregeln betrachten werden, wenn er unternehmerisch-wirtschaftlich tätig wird, was für PPP von großer Bedeutung ist. Bei hoheitlichem Handeln des Staates oder seiner Untergliederungen sind die Art. 81, 82 EGV demzufolge nicht unmittelbar anwendbar.[223] Daher bedarf es einer Abgrenzung zwischen hoheitlichem und wirtschaftlichem Handeln des Staates. Da der Unternehmensbegriff an keine bestimmte Rechtsform gebunden ist, fallen auch öffentlich-rechtliche Körperschaften oder Verbän-

---

[221] EuGH, Rs. 118/85 (Kommission/Italien), Slg. 1987, 2599, 2621ff.; EuGH, Rs. C-343/95 (Cali & Figli), Slg. 1997, I-1547, Rn. 16ff.; Kommission ABl. 1998 Nr. L 252/47, 53, Rn. 21 (AAMS).

[222] *Bunte, Hermann-Josef,* Kommentierung, in: Bunte, Hermann-Josef/Langen, Eugen (Hrsg.), Kommentar zum deutschen und europäischen Kartellrecht, Band 1, 9. Auflage, Neuwied 2001, Art. 85 Rn. 8; *Emmerich, Volker,* Kommentierung, in: Immenga, Ulrich/Mestmäcker, Ernst-Joachim (Hrsg.), Kommentar zum EG-Wettbewerbsrecht, Band 2, München 1997, Art. 85 Rn. 15, 21; *Stockenhuber, Peter,* Kommentierung, in: Grabitz, Eberhard/Hilf, Meinhard (Hrsg.), Das Recht der Europäischen Union, Kommentar zur Europäischen Union, Band 1, Loseblattsammlung, München 2005, Art. 81 Rn. 51; *Weiß, Wolfgang,* Kommentierung, in: Calliess, Christian/Ruffert, Matthias (Hrsg.), Kommentar des Vertrages über die Europäische Union und des Vertrages zur Gründung der Europäischen Gemeinschaft, 2. Auflage, Neuwied 2002, Art. 81 Rn. 35; *Bach, Albrecht,* Wettbewerbsrechtliche Schranken für staatliche Maßnahmen nach europäischem Gemeinschaftsrecht, Tübingen 1992, S. 24; *Mestmäcker, Ernst-Joachim,* Staat und Unternehmen im europäischen Gemeinschaftsrecht. Bedeutung von Art. 90 EWGV, RabelsZ 1988, S. 537f.; *Mestmäcker, Ernst-Joachim/Schweitzer, Heike,,* Europäisches Wettbewerbsrecht, 2. Auflage, München 2004, S. 646.

[223] Ganz h.M., *Bunte, Hermann-Josef,* Kommentierung, in: Bunte, Hermann-Josef/Langen, Eugen (Hrsg.), Kommentar zum deutschen und europäischen Kartellrecht, Band 1, 9. Auflage, Neuwied 2001, Art. 85 Rn. 15, 21; *Schröter, Helmuth,* Kommentierung, in: Groeben, Hans von der/Schwarze, Jürgen (Hrsg.), Kommentar zum Vertrag über die Europäische Union und zur Gründung der Europäischen Gemeinschaft, Band 2, 6. Auflage, Baden-Baden 2003, Art. 81 Rn. 35; *Weiß, Wolfgang,* Kommentierung, in: Calliess, Christian/Ruffert, Matthias (Hrsg.), Kommentar des Vertrages über die Europäische Union und des Vertrages zur Gründung der Europäischen Gemeinschaft, 2. Auflage, Neuwied 2002, Art. 81 Rn. 35.

de im Falle wirtschaftlicher Betätigung unter das Wettbewerbsrecht des EGV.[224]

(2) Abgrenzung zwischen hoheitlicher und wirtschaftlicher Betätigung

Die Entwicklung von Rechtsprechung und Kommission hinsichtlich der Abgrenzung zwischen hoheitlicher und wirtschaftlicher Betätigung vollzieht sich anhand einer Reihe von Einzelentscheidungen, die aber bislang keine einheitliche Linie hinsichtlich der Kriterien für die Abgrenzung bieten, aus denen sich jedoch Orientierungspunkte ableiten lassen.

(a) Ausgewählte EuGH- und Kommissionsrechtsprechung zu wirtschaftlicher Betätigung

(i) Rechtssache „Nungesser"

In dem Fall „Nungesser"[225] musste der EuGH entscheiden, ob es sich bei der INRA, einer französischen Körperschaft des öffentlichen Rechts, um ein Unternehmen im Sinne der Wettbewerbsregeln handelt. Diese hatte privatrechtliche Verträge abgeschlossen, die die Verwertung von Saatgut betrafen. Anders als bei der Schöpfung und Entwicklung neuer Sorten bejahte der EuGH hier die Unternehmenseigenschaft, da die Verwertung eine wirtschaftliche Tätigkeit darstelle.

(ii) Rechtssache „British Telecom"

In dem Fall „British Telecom" (BT)[226] wurde die Organisation BT per Gesetz als öffentliche Körperschaft errichtet und war ermächtigt worden, ihre Tarife und Bedingungen durch Benutzungsverordnung (sogenannte Schemes) selbst festlegen zu können. Der EuGH stellte in dieser Rechtssache fest, dass die Tätigkeit der BT, öffentliche Fernmeldeanla-

---

[224] *Stockenhuber, Peter*, Kommentierung, in: Grabitz, Eberhard/Hilf, Meinhard (Hrsg.), Das Recht der Europäischen Union, Kommentar zur Europäischen Union, Band 1, Loseblattsammlung, München 2005, Art. 81 Rn. 53.
[225] EuGH, Rs. 258/78 (Nungesser/Kommission), Slg. 1982, 2015, Rn. 8ff.
[226] EuGH, Rs. 41/83 (British Telecom), Slg. 1985, 873, 885f, Rn.16ff.

gen zu betreiben und sie gegen Bezahlung zur Verfügung zu stellen, eine unternehmerische Tätigkeit im Sinne des Wettbewerbsrechts sei. Die Schemes seien wesentlicher Bestandteil der Unternehmenstätigkeit und die Körperschaft selbst damit als Unternehmen einzuordnen.[227]
Das Urteil stellt klar, dass allein die Wahl einer öffentlich-rechtlichen Handlungsform die Anwendbarkeit der Wettbewerbsregeln nicht grundsätzlich ausschließt, da der Staat trotz dieser gewählten Handlungsform unternehmerisch tätig werden kann.

(iii) Rechtssache „Höfner und Elsner"

In dem Fall „Höfner und Elsner"[228] hatte der EuGH zu befinden, inwieweit die öffentlich-rechtliche Bundesanstalt für Arbeit über die Unternehmenseigenschaft verfügt. Nach deutschem Recht oblag der Bundesanstalt für Arbeit das Monopol für Arbeitsvermittlungstätigkeiten. Auf Grund dieses Monopols war es privaten Unternehmen bis dahin gesetzlich verboten, Arbeitskräfte zu vermitteln, wogegen sich der Kläger im konkreten Fall wandte. Der EuGH ordnete die Arbeitsvermittlung, insbesondere die Vermittlung von Führungskräften der Wirtschaft, als wirtschaftliche Tätigkeit ein. Gegen die wirtschaftliche Natur spreche auch nicht der Umstand, dass diese Tätigkeit normalerweise öffentlich-rechtlichen Institutionen übertragen sei. Das Ausüben von Arbeitsvermittlungstätigkeiten werde nach dem EuGH nicht zwangsläufig nur von öffentlichen Einrichtungen betrieben. Bei der Bundesanstalt für Arbeit handelt es sich damit um ein Unternehmen im Sinne des Wettbewerbsrechts, auf das die europäischen Wettbewerbsregeln angewendet werden.

---

[227]Die Kommission geht in dem 11. Erwägungsgrund der Richtlinie über Telekommunikationsendgeräte (ABl. 1988, L 131/74) auch davon aus, dass die Post- und Meldeverwaltungen der Mitgliedstaaten als Unternehmen zu qualifizieren sind, da diese „eine wirtschaftliche Tätigkeit, insbesondere die Erzeugung von Gütern und die Erbringung von Dienstleistungen, im Rahmen organisierten Geschäftsbetriebes ausüben.".
[228] EuGH, Rs. C-41/90 (Höfner und Elsner), Slg.1991, I-1979, 2016, Rn. 21ff.

(iv) Rechtssache „Amministrazione Autonoma dei Monopoli di Stato"

Bei der AAMS in der Rechtssache „Amministrazione Autonoma dei Monopoli di Stato" (AAMS)[229] handelt es sich um eine dem italienischen Finanzministerium unmittelbar unterstellte Einrichtung, die sowohl hoheitliche als auch unternehmerische Tätigkeiten ausübt. Sie verfügt über ein gesetzliches Monopol für die Herstellung sowie über ein faktisches Monopol für den Vertrieb von Tabakwaren in Italien. Die Kommission war in dieser Sache der Ansicht, dass die AAMS eine wirtschaftliche Tätigkeit ausübe und insoweit als ein Unternehmen im Sinne der Art. 81 ff EGV zu qualifizieren sei. Der Umstand, dass ihr auch hoheitliche Befugnisse zustünden, schließe nicht aus, die Wettbewerbsregeln auf die Maßnahmen anzuwenden, die sie in der Ausübung ihrer Unternehmenstätigkeit ergreife.

(v) Rechtssache „Aluminiumeinfuhren aus Osteuropa"

In der Entscheidung „Aluminiumeinfuhren aus Osteuropa" [230] hat die Kommission staatliche Außenhandelsorganisationen als Unternehmen im Sinne des Art. 81 EGV qualifiziert. Bei der Organisation handele es sich um eine vom Staat getrennte, eigene Rechtspersönlichkeit, deren Funktion darin bestehe, das Import- und Exportgeschäft für eine Reihe von Waren durchzuführen.[231] Die Organisation sei ein Unternehmen im Sinne der europäischen Wettbewerbsregeln, da ihre Tätigkeit „rein kommerziell" sei. Dabei sei die Rechtsform, die ihr nach dem Recht ihrer Heimatstaaten zu Eigen sei, irrelevant.

---

[229] Kommission ABl. 1998, Nr. L 252/47, 53ff., Rn. 21 (AAMS).
[230] Kommission ABl. 1985, Nr. L 92/1, 37, Rn. 9.2 (Aluminiumeinfuhren aus Osteuropa).
[231] Kommission ABl. 1985, Nr. L 92/1, 2, Rn. 1.2.3 (Aluminiumeinfuhren aus Osteuropa).

(b) Ausgewählte EuGH-Rechtsprechung zu hoheitlicher Betätigung

(i) Rechtssache „Bodson"

Der EuGH musste in der Sache Bodson[232] darüber befinden, ob Art. 81 EGV auf einen Konzessionsvertrag anzuwenden ist, durch den eine Gemeinde einem Unternehmen das ausschließliche Recht überträgt, bestimmte Bestattungsdienste entgeltlich durchzuführen, In diesem Fall verneinte der Gerichtshof die Anwendbarkeit der Wettbewerbsregeln. Seiner Ansicht nach habe die Gemeinde in ihrer Eigenschaft als Trägerin der öffentlichen Gewalt und damit nicht als ein Unternehmen im Sinne der Wettbewerbsregeln gehandelt.

(ii) Rechtssache „Poucet und Pistre"

In dem Fall „Poucet und Pistre"[233] sollte Christian Poucet als selbstständiger Landwirt Beiträge in die Regionale Kasse auf Gegenseitigkeit und Daniel Pistre solche in die Nationale Ausgleichskasse für die Altersvorsorge zahlen. Beide lehnten die Zahlungen mit der Begründung ab, dass sie bereits privat versichert seien.
Der EuGH hat in seinem Urteil ausgeführt, dass die Krankenkassen oder die Einrichtungen, die bei der Verwaltung der öffentlichen Aufgabe der sozialen Sicherheit mitwirken, eine Aufgabe mit ausschließlich sozialem Charakter erfüllen. Diese Tätigkeit beruhe nämlich auf dem Grundsatz der nationalen Solidarität und werde daher ohne Gewinnzweck ausgeübt. Die Leistungen werden von Gesetzes wegen und unabhängig von der Höhe der Beiträge erbracht. Die Tätigkeit sei keine wirtschaftliche Tätigkeit und die mit ihr betrauten Einrichtungen daher keine Unternehmen im Sinne der Art. 85 und 86 EGV (Art. 81 und 82 EGV n.F.).

---

[232] EuGH, Rs. 30/87 (Bodson), Slg. 1988, 2479, Rn. 18.
[233] EuGH, verb. Rs. C-159/91 und C-169/91 (Poucet/Pistre), Slg.1993, I-637, Rn. 18f.

(iii) Rechtssache „Eurocontrol“

Der EuGH hat sich bei der Rechtssache „Eurocontrol“[234] mit der Frage beschäftigt, ob es sich bei der Eurocontrol als einer Einrichtung für gemeinsame Flugsicherung um ein Unternehmen handelt. Entscheidend kommt es nach dem EuGH darauf an, ob die Tätigkeit mit der Ausübung von Vorrechten zusammenhängt, die „typischerweise“ hoheitlicher Natur sind. Bei der Überwachung des nationalen Luftraums handele es sich um eine grundsätzlich hoheitliche Aufgabe. Daher seien in diesem Zusammenhang stehende Tätigkeiten nichtwirtschaftlicher Natur. Bei Eurocontrol handelt es sich demzufolge nicht um ein Unternehmen gemäß der Wettbewerbsregeln des EGV.

(iv) Rechtssache „Diego Cali & Figli“

Die italienische Aktiengesellschaft Diego Cali & Figli[235] hatte auf der Grundlage einer von der Hafenbehörde in Genua erteilten ausschließlichen Lizenz den Auftrag erhalten, in einem Teil des Hafens bestimmte Überwachungsleistungen zur Bekämpfung der Umweltverschmutzung zu verrichten. Die Unternehmenseigenschaft der Gesellschaft wurde vom EuGH aus folgenden Gründen verneint: Die Überwachung stelle einen im Allgemeininteresse stehenden Auftrag dar, der zu den wesentlichen Staatsaufgaben auf dem Gebiete des Umweltschutzes gehöre. Eine derartige Tätigkeit stehe in engem Zusammenhang mit der Ausübung von Befugnissen auf dem Gebiet des Umweltschutzes, die typischerweise hoheitlich seien und weise daher keinen wirtschaftlichen Charakter auf.

(c) Ergebnis zur Abgrenzung hoheitlicher und wirtschaftlicher Betätigung

Nach der Entscheidungspraxis des EuGH und der Kommission kommt es für die Abgrenzung von wirtschaftlichem und hoheitlichem Tätigwerden darauf an, dass der Staat wirtschaftliche Tätigkeiten industrieller oder kommerzieller Art ausübt. Eine wirtschaftliche Tätigkeit des Staates kann immer dann angenommen werden, wenn er diese Leistungen in

---

[234] EuGH, Rs. C-364/92 (Eurocontrol), Slg. 1994, I-43, Rn. 30.
[235] EuGH, Rs. C-343/95 (Diego Cali & Figli), Slg. 1997, I-1547, 1588, Rn. 22ff.

(potenzieller) Konkurrenz zu privaten Unternehmen auf dem Markt anbietet, und ist unabhängig davon, ob die Leistungsbeziehungen privatrechtlich oder öffentlich-rechtlich ausgestaltet sind. Maßgebliches Kriterium für die Annahme einer unternehmerischen Tätigkeit des Staates ist die materielle Bewertung der in Frage stehender Tätigkeit. Damit werden als nichtwirtschaftliche Tätigkeiten solche angesehen, die einen engen sachlichen Bezug zur Ausübung hoheitlicher Gewalt aufweisen. Dabei kann die Tatsache, dass ein bestimmtes Verhalten traditionellerweise dem Staat zugeordnet ist, ein Indiz für den nichtwirtschaftlichen Charakter sein. Demgegenüber kann der direkte Austausch von Leistung und Gegenleistung auf den wirtschaftlichen Charakter einer Tätigkeit hindeuten. Zudem schließt eine öffentlich-rechtliche Ausgestaltung der Handlungsform nicht automatisch eine wirtschaftliche Tätigkeit aus. Dies erklärt sich aus dem Vorrang des Gemeinschaftsrechts, dessen Reichweite nicht von der formalen Ausgestaltung von Rechtsbeziehungen auf mitgliedstaatlicher Ebene eingeschränkt werden darf.

(3) Ergebnis zur unmittelbaren Bindung des Mitgliedstaates

Auf Grund der funktionalen Auslegung des Unternehmensbegriffs sind der Staat und seine Untergliederungen Adressat der Art. 81, 82 EGV, wenn und soweit sie unternehmerisch tätig werden. Somit kann bereits die Gründung einer PPP in den Anwendungsbereich der Art. 81, 82 EGV fallen. Unterstützt sie den Staat nur bei Tätigkeiten im hoheitlichen Bereich und findet somit eine Zusammenarbeit der öffentlichen und privaten Hand nur auf dieser Ebene statt, so ist der unmittelbare Anwendungsbereich der europäischen Wettbewerbsregeln für den öffentlichen Partner der PPP nicht eröffnet. In den meisten Fällen der Gründung von PPP ist jedoch davon auszugehen, dass eine wirtschaftliche Tätigkeit im Rahmen der PPP im Vordergrund steht und die Wettbewerbsregeln deshalb für den öffentlichen Partner Anwendung finden. Dies lässt sich damit begründen, dass für den privaten Partner in der Gewinnerzielung eine der Hauptmotivationen für die Gründung und Durchführung einer PPP liegt.

c) Mittelbare Bindung des hoheitlich handelnden Mitgliedstaates gemäß Art. 81 und 82 EGV

(1) Einführung

Wie bereits dargestellt, wird der Staat, sofern er wirtschaftlich handelt, unmittelbar durch die Wettbewerbsvorschriften verpflichtet, während der hoheitlich handelnde Staat nicht unmittelbar an die Wettbewerbsregeln des EGVs gebunden ist.

Zu prüfen ist, ob der hoheitlich handelnde Staat und seine Untergliederungen als Partner einer PPP mittelbar an die Wettbewerbsvorschriften der Art. 81 und Art. 82 EGV gebunden sind, da das Kartellrecht auch für den Staat als Hoheitsträger gilt. Gemäß Art. 3 Abs. 1 lit. g, 10 EGV sind die Mitgliedstaaten nämlich verpflichtet, auch bei hoheitlichen Maßnahmen das Kartellrecht zu beachten.[236] Das System des unverfälschten Wettbewerbes gemäß Art. 3 Abs. 1 lit. g EGV kann auch, und eventuell noch stärker, mittelbar durch hoheitliche Maßnahmen des Mitgliedstaates beeinträchtigt werden, wie beispielsweise durch gesetzlich normierte Preisfestsetzungen[237]. Die Motivation des Staates zu derart regulierenden Eingriffen lässt sich beispielsweise in Gründen politischer Opportunität oder auch wirtschaftlichen Erwägungen finden. Im Regelfall tritt die wettbewerbsbeschränkende Wirkung nicht durch die hoheitliche Maßnahme selber ein, sondern erst auf Grund des daran orientierten Verhaltens der Marktteilnehmer.

Zu prüfen ist im Folgenden die Frage, ob und inwieweit auch derartige staatliche Maßnahmen an den Vorschriften der Art. 81, 82 EGV gemessen werden müssen.

---

[236] *Weiß, Wolfgang,* Kommentierung, in: Calliess, Christian/Ruffert, Matthias (Hrsg.), Kommentar des Vertrages über die Europäische Union und des Vertrages zur Gründung der Europäischen Gemeinschaft, 2. Auflage, Neuwied 2002, Art. 81 Rn. 14.

[237] Siehe dazu später EuGH, Rs. 23/83 (Leclerc/Au Ble Vert), Slg. 1985, 1ff.

(2) Ausgewählte EuGH-Rechtsprechung zu mittelbarer Bindung

(a) Rechtssache „INNO/ATAB"

In der Rechtssache „INNO/ATAB"[238] ging es um die Frage, inwieweit die staatliche Festsetzung von Mindestverkaufspreisen für Tabakerzeugnisse mit den Art. 3 Abs. 1 lit. g, 10 Abs. 2 und 82 EGV vereinbar sind. Der Gerichtshof formulierte grundlegend: „Art. 5 Abs. 2 (Art. 10 n.F.) des Vertrages bestimmt, dass die Mitgliedstaaten alle Maßnahmen unterlassen, welche die Verwirklichung der Ziele des Vertrages gefährden könnten. Obgleich sich Art. 86 (Art. 82 n.F.) an die Unternehmen richtet, begründet deshalb der Vertrag auch für die Mitgliedstaaten die Verpflichtung, keine Maßnahmen zu treffen oder beizubehalten, die die praktische Wirksamkeit dieser Bestimmung ausschalten könnten." Den Hinweis des EuGH, wonach sich die Wettbewerbsvorschriften an die Unternehmen richten, wird man in dem Sinne verstehen müssen, dass eine unmittelbare Bindung für hoheitliche Maßnahmen nicht in Betracht zu ziehen ist.[239] Allerdings setzen die Wettbewerbsregeln dem staatlichen Handeln Grenzen.[240] Ein Verstoß gegen das Gemeinschaftsrecht muss dann angenommen werden, wenn dessen praktische Wirksamkeit gefährdet ist.

(b) Rechtssache „Leclerc/Au Ble Vert"

In dem Fall „Leclerc/Au Ble Vert"[241] war der Streitgegenstand ein nationales System der Buchpreisbindung, das jeden Einzelhändler verpflichtete, Bücher zu einem vom Verleger oder Importeur festgesetzten Preis zu verkaufen. Gegenüber der früheren Rechtsprechung enthält dieses Urteil eine erste Konkretisierung, indem es feststellt, dass die Mitgliedstaaten „keine Maßnahmen, auch nicht in Form von Gesetzen oder Verordnungen, ergreifen oder beibehalten (dürfen), die die praktische Wirksamkeit hinsichtlich den für die Unternehmen geltenden Wettbewerbsregeln ausschalten können." In diesem Urteil stellt der EuGH klar, dass

---

[238] EuGH, Rs. 13/77 (Inno/ITAB), Slg.1977, 2115, Rn. 30 u. 35.

[239] Siehe *Schwarze, Jürgen,* Der Staat als Adressat des europäischen Wettbewerbsrechts, in: Schwarze, Jürgen (Hrsg.), Europäisches Wettbewerbsrecht im Wandel, Baden-Baden 2001, S. 81.

[240] So auch Schlussantrag von GA Reischl, EuGH, Rs. 13/77 (Inno/ITAB), Slg. 1977, 2115, 2166.

[241] EuGH, Rs. 23/83 (Leclerc/Au Ble Vert), Slg. 1985, 1, 31, Rn. 14.

das System des unverfälschten Wettbewerbs gemäß Art. 3 Abs. 1 lit. g EGV auch bei hoheitlichen Maßnahmen des Mitgliedstaates nicht mittelbar beeinträchtigt werden darf. Zudem geht aus dem Urteil hervor, dass der Begriff der „Maßnahme" in Art. 10 Abs. 2 EGV auch Akte der Legislative erfasst.

(3) Ergebnis zur mittelbaren Bindung des Mitgliedstaates

Im Ergebnis gilt nach der Rechtsprechung des EuGH, dass der Mitgliedstaat bei hoheitlichen Handlungen in bestimmten Konstellationen mittelbar an die Art. 81, 82 EGV gebunden ist. Ein Verstoß gegen die Art. 81, 82 EGV liegt dann vor, wenn der Mitgliedstaat

- ein wettbewerbswidriges Verhalten vorschreibt,
- die Verantwortung für ein wettbewerbswidriges Verhalten auf private Wirtschaftsteilnehmer überträgt,
- ein wettbewerbswidriges Verhalten privater Wirtschaftsteilnehmer erleichtert oder fördert und dadurch die Wirkung eines solchen Verhaltens verstärkt.

Dabei ist ein Zusammenhang mit einem von Art. 81 Abs. 1 EGV erfassten unternehmerischen Verhalten erforderlich.[242] Ein Verstoß gegen Art. 81 Abs. 1 EGV käme beispielsweise dann in Betracht, wenn der Staat etwa seine privaten Kooperationspartner verpflichtete, gemeinsame Gebührenordnungen festzusetzen, welche einen Preiswettbewerb ausschließen würden.[243] Der Staat soll also nicht das rechtswidrige Verhalten von Unternehmen decken können. Nach der Rechtsprechung ist daher ein Verstoß durch den Mitgliedstaat akzessorisch zu dem eines Unternehmens.[244] Die Art. 81 ff EGV verbieten den Mitgliedstaaten mittelbar, in Bezug auf Unternehmen hoheitliche Maßnahmen, etwa legislative Akte, zu treffen oder beizubehalten, die die praktische Wirksamkeit des Kartellrechts aufheben.[245] Dies ist der Fall, wenn ein Mitgliedstaat Kartellabsprachen vorschreibt, erleichtert, in ihren Auswirkungen z. B. durch

---

[242] *Weiß, Wolfgang*, Kommentierung, in: Calliess, Christian/Ruffert, Matthias (Hrsg.), Kommentar des Vertrages über die Europäische Union und des Vertrages zur Gründung der Europäischen Gemeinschaft, 2. Auflage, Neuwied 2002, Art. 81 Rn. 14.

[243] Siehe EuGH, Rs. C-35/96 (Kommission/Italien), Slg.1998, I-3851, Rn. 56ff.

[244] *Schwarze, Jürgen*, Der Staat als Adressat des europäischen Wettbewerbsrechts, EuZW 2000, S. 621f.

[245] EuGH, Rs. 231/83 (Cullet/Leder), Slg.1985, 305, Rn. 16.

staatliche Genehmigung verstärkt[246] oder die staatliche Verantwortung für solche in die Wirtschaft eingreifenden Entscheidungen auf Private überträgt.[247]

Im Hinblick auf die PPP ist festzustellen, dass der öffentlichen Hand und ihren Untergliederungen in Bezug auf die wettbewerbsrechtliche Privilegierung von PPP kaum Spielraum bei der Gründung, Steuerung und Durchführung verbleibt. Gemäß Art. 10 EGV in Verbindung mit dem Kartell- und Missbrauchsverbot ist der staatliche Partner auch mittelbar an seine hoheitlichen Handlungen gebunden. Somit macht es für den Mitgliedstaat wenig Sinn, PPP mit dem Zweck der Umgehung der europäischen Wettbewerbsregeln zu gründen.

d) Pflichten des Mitgliedstaates hinsichtlich öffentlicher und privilegierter Unternehmen gemäß Art. 86 Abs. 1 EGV

Neben der unmittelbaren Bindung des wirtschaftlich handelnden Mitgliedstaates und seiner Untergliederungen und deren mittelbaren Bindung hinsichtlich hoheitlicher Tätigkeiten an die Art. 81, 82 EGV unterliegen die Staaten zudem einer allgemeinen Bindung nach Art. 86 Abs. 1 EGV. Dieser bezieht sich direkt auf die Mitgliedstaaten und ist insoweit lex specialis zu Art. 10 EGV.[248] Die Vorschrift des Art. 86 Abs. 1 EGV ist Verweisungsnorm und nur in Verbindung mit unmittelbar anwendbaren Vorschriften (beispielsweise Art. 81 und Art. 82 EGV) ihrerseits unmittelbar anwendbar.[249] Die Mitgliedstaaten sind gemäß Art. 86 Abs. 1 EGV in Bezug auf öffentliche und privilegierte Unternehmen verpflichtet, keine dem Vertrag, insbesondere dessen Artikeln 12 und 81 bis 89 widerspre-

---

[246] EuGH, Rs. 66/86 (Ahmed Saeed), Slg.1989, 803, Rn. 49.

[247] Sog. van Eycke-Test seit EuGH, Rs. 267/86 (VanEycke/ASPA), Slg. 1988, 4769, Rn. 16; siehe ferner EuGH, Rs. C-153/93 (Delta), Slg.1994, I-2517, Rn. 14; EuGH, Rs. C-35/96 (Kommission/Italien), Slg. 1998, I-3851, Rn. 53ff.

[248] *Hochbaum, Ingfried F./Klotz, Robert*, Kommentierung, in: Groeben, Hans von der/Schwarze, Jürgen (Hrsg.), Kommentar zum Vertrag über die Europäische Union und zur Gründung der Europäischen Gemeinschaft, Band 2, 6. Auflage, Baden-Baden 2003, Art. 86 Rn. 5; ähnlich stellt der EuGH, Rs. 13/77 (Inno/ITAB), Slg.1977, 2115, 2147 fest, „dass Art. 90 jedenfalls nur ein besonderer Anwendungsfall bestimmter allgemeiner, die Mitgliedstaaten verpflichtender Grundsätze ist.".

[249] *Pernice, Ingolf/Wernicke, Stephan*, Kommentierung, in: Grabitz, Eberhard/Hilf, Meinhard (Hrsg.), Das Recht der Europäischen Union, Kommentar zur Europäischen Union, Band 1, Loseblattsammlung, München 2005, Art. 86 Rn. 12; *Hochbaum, Ingfried F./Klotz, Robert*, Kommentierung, in: Groeben, Hans von der/Schwarze, Jürgen (Hrsg.), Kommentar zum Vertrag über die Europäische Union und zur Gründung der Europäischen Gemeinschaft, Band 2, 6. Auflage, Baden-Baden 2003, Art. 86 Rn. 71.

chenden Maßnahmen zu treffen oder beizubehalten. Die in Art. 86 Abs. 1 EGV genannten öffentlichen und privilegierten Unternehmen dürfen von den Mitgliedstaaten nicht in eine Lage gebracht werden, in die sie sich nicht ohne Verstoß gegen Art. 82 EGV hätten versetzen können.[250] Es besteht kein Akzessoritätserfordernis, ein Verstoß des Mitgliedstaates ist auch dann festzustellen, wenn er dem Unternehmen nicht infolge bestehender Eigenverantwortung zugerechnet werden kann.[251] Art. 86 Abs. 1 EGV soll verhindern, dass die Mitgliedstaaten ihre Stellung gegenüber öffentlichen und privilegierten Unternehmen ausnutzen, um diese zu vertragswidrigem Verhalten zu veranlassen.[252] Die mögliche Vertragswidrigkeit bezieht sich dabei sowohl auf staatengerichtete als auch auf unternehmensbezogene Normen.[253]
Die Kommission achtet gemäß Art. 86 Abs. 3 EGV auf die Anwendung des Art. 86 Abs. 1 EGV und erlässt bei Verstößen geeignete Richtlinien oder Entscheidungen an die Mitgliedstaaten.

(1) Begriff der Maßnahme

Zu prüfen ist, was unter dem Begriff der Maßnahme in Art. 86 Abs. 1 EGV verstanden wird. Unter dem Begriff Maßnahme wird zumeist jedes rechtliche oder tatsächliche Einwirken eines Mitgliedstaates auf öffentliche oder privilegierte Unternehmen verstanden, welches zu einem dem Vertrag widersprechenden Verhalten des Unternehmens oder des Mitgliedstaats selbst führt oder führen kann.[254] Der Rechtscharakter der Maßnahme ist dabei unerheblich.[255]

---

[250] EuGH, Rs. C-18/88 (GB-INNO-BM), Slg. 1991, I-5941, Rn. 20.

[251] *Schwarze, Jürgen*, Der Staat als Adressat des europäischen Wettbewerbsrechts, EuZW 2000, S. 626.

[252] *Pernice, Ingolf/Wernicke, Stephan*, Kommentierung, in: Grabitz, Eberhard/Hilf, Meinhard (Hrsg.), Das Recht der Europäischen Union, Kommentar zur Europäischen Union, Band 1, Loseblattsammlung, München 2005, Art. 86 Rn. 4; *Hochbaum, Ingfried F./Klotz, Robert*, Kommentierung, in: Groeben, Hans von der/Schwarze, Jürgen (Hrsg.), Kommentar zum Vertrag über die Europäische Union und zur Gründung der Europäischen Gemeinschaft, Band 2, 6. Auflage, Baden-Baden 2003, Art. 86 Rn. 4.

[253] Siehe *Burchard, Friedrich von*, Kommentierung, in: Schwarze, Jürgen (Hrsg.), EU-Kommentar, Baden-Baden 2000, Art. 86 Rn. 28.

[254] *Hochbaum, Ingfried F./Klotz, Robert*, Kommentierung, in: Groeben, Hans von der/Schwarze, Jürgen (Hrsg.), Kommentar zum Vertrag über die Europäische Union und zur Gründung der Europäischen Gemeinschaft, Band 2, 6. Auflage, Baden-Baden 2003, Art. 86 Rn. 32.

[255] Vgl. EuGH, Rs. C-260/89 (ERT), Slg. 1991, I-2925, Rn. 38; EuGH, Rs. C-41/90 (Höfner und Elsner), Slg.1991, I-1979 Rn. 27; EuGH, Rs. 179/90 (Porto di Genova), Slg. 1991, I-5889, Rn. 20; EuGH, Rs. C-18/88 (GB-INNO-BM), Slg.1991, 5941, Rn. 28.

Betroffen sind nur die staatlichen Maßnahmen, also „Maßnahmen, die die Mitgliedstaaten gegenüber Unternehmen erlassen, zu denen sie besondere Beziehungen der in diesem Artikel genannten Art haben“[256]. Der EuGH legt den Begriff der Maßnahme weit aus. Nach seiner Rechtsprechung in dem Urteil „Porto di Genova“ [257] kann eine Maßnahme i.S.v. Art. 86 Abs. 1 EGV bereits in einem lokalen Monopol gesehen werden. Konkret ging es in diesem Fall um die Organisation und Durchführung von Hafenarbeiten in Genua.
Der Gerichtshof wendet Art. 86 Abs. 1 EGV nicht nur auf solche Maßnahmen an, die sich auf bereits bestehende öffentliche oder mit Sonderrechten ausgestattete Unternehmen beziehen, sondern auch auf die Schaffung besonderer Positionen, die gegenüber anderen Unternehmen zu Privilegien führen könnten. Der EuGH ist jedoch der Auffassung, dass allein die Schaffung einer beherrschenden Stellung durch die Gewährung ausschließlicher Rechte i.S.v. Art. 86 Abs. 1 EGV nicht genüge, um gegen Art. 82 EGV zu verstoßen. Ein Verstoß liegt nach Auffassung des EuGH erst dann vor, wenn durch die Einräumung ausschließlicher Rechte eine Situation geschaffen wird, in der das betreffende Unternehmen tatsächlich gegen Art. 82 EGV verstößt.[258]
Wenn ein privates Unternehmen auf Grund eigener Initiative und Geschäftstätigkeit eine marktbeherrschende Stellung erlangt, trifft die Mitgliedstaaten keine Verantwortung aus Art. 86 Abs. 1 i.V.m. Art. 82 EGV.[259] Jedoch ist den Mitgliedstaaten gemäß Art. 10 Abs. 2, 3 Abs. 1 lit. g) i.V.m. Art. 82 EGV untersagt, ein marktbeherrschendes Unternehmen durch eine staatliche Maßnahme zum Missbrauch dieser Stellung zu ermutigen.[260]

---

[256] EuGH, Rs. C-202/88 (Endgeräte-Richtlinie), Slg. 1991, I-1223, 1266, 1272.
[257] EuGH, Rs. 179/90 (Porto di Genova), Slg. 1991, I-5889, Rn. 15.
[258] EuGH, Rs. 260/89 (ERT), Slg. 1991, I-2925 Rn. 37; EuGH, Rs. C-242/95 (GT-Link), Slg. 1997, I-4449, Rn. 33; EuGH, Rs. C-18/93 (Corsica Ferries), Slg. 1994, I-1783, Rn. 42ff.; EuGH, Rs. C-320/91 (Corbeau), Slg. 1993, I-2533, Rn. 9ff., EuGH, Rs. C-232/93 (Centre d'insémination de la Crespelle), Slg. 1994, I-5077, Rn. 18; EuGH, Rs. C-163/96 (Raso), Slg. 1998, I-533, Rn. 27; EuGH, Rs. 179/90 (Porto di Genova), Slg. 1991, I-5889, Rn. 16.
[259] *Rumpff, Stephanie*, Das Ende der öffentlichen Dienstleistungen in der Europäischen Union?: Art. 86 Abs.2 (ex-Art. 90 Abs. 2) EGV im System des EGV, Frankfurt am Main u.a. 2000, S. 109.
[260] *Niemeyer, Hans-Jörg*, Die Anwendbarkeit des Art. 85 und 86 EG-Vertrages auf staatliche Maßnahmen, WuW 1994, S. 722.

(2) Bedeutung für PPP

Die Mitgliedstaaten werden durch den Art. 86 Abs. 1 EGV in zweierlei Hinsicht gebunden.[261] Zum einen wird ihnen verboten, über öffentliche und privilegierte Unternehmen die staatsgerichteten Vorschriften zu umgehen (sog. Umgehungsverbot), und zum anderen wird ihnen untersagt, diese Unternehmen zu einem Verhalten zu veranlassen, das den unternehmensbezogenen Vorschriften des Vertrages widerspricht (Schutz der effektiven Wirksamkeit der Wettbewerbsregeln). Die Mitgliedstaaten sind gegenüber öffentlichen und privilegierten Unternehmen sowohl an die Vorschriften des EG-Vertrages als auch an das Sekundärrecht gebunden.[262]

Für die Public Private Partnerships eröffnet sich in diesem Zusammenhang ein weiterer Anwendungsbereich, da der öffentliche Partner staatliche Maßnahmen gegenüber den PPP erlassen kann. Unter diesem Aspekt ist es durchaus möglich, dass die PPP infolge der Beteiligung der öffentlichen Hand durch diese in wettbewerbswidriger Weise gelenkt werden könnten. Sowohl die öffentliche Hand als auch der private Partner könnten etwa versuchen, die PPP auch dafür zu verwenden, die in ihrem Rahmen gewährten Privilegien zur Umgehung europäischer Wettbewerbsregeln auszunutzen.

3. Binnenmarktrelevanz als Anwendungsvoraussetzung

Voraussetzung für die Anwendung der EU-Wettbewerbsregeln auf PPP ist, dass sich die Aktivität von PPP mindestens auf einen weiteren Mitgliedstaat oder einen wesentlichen Teil desselben erstrecken muss. Es muss also eine europarechtsrelevante Dimension erreicht werden, indem der Handel zwischen mindestens zwei Mitgliedstaaten der Europäischen Union beeinträchtigt wird. Die Wettbewerbsregeln sind somit nicht anwendbar, wenn ausgeschlossen werden kann, dass die wettbewerbsbeschränkende Vereinbarung (Art. 81 EGV), der Missbrauch der marktbeherrschenden Stelle (Art. 82 EGV) oder die Gewährung der Beihilfen

---

[261] *Bach, Albrecht*, Wettbewerbsrechtliche Schranken für staatliche Maßnahmen nach europäischem Gemeinschaftsrecht, Tübingen 1992, S. 37.

[262] EuGH, Rs. 172/82 (Inter-Huiles), Slg. 1983, 555, Rn. 15.

(Art. 87 EGV) den Handel zwischen den Mitgliedstaaten beeinträchtigt.[263] Zu prüfen ist, ob und inwieweit PPP durch ihre Tätigkeit das Merkmal der Beeinträchtigung des zwischenstaatlichen Handels erfüllen.
Dass sowohl in Art. 81 EGV, Art. 82 EGV als auch in Art. 87 EGV enthaltene Verbot der Beeinträchtigung des zwischenstaatlichen Handels ist vor allem eine Abgrenzungsregel, welche den Anwendungsbereich des europäischen Wettbewerbsrechts gegenüber nationalem Wettbewerbsrecht festlegt.
Der EuGH und die Kommmission legen beide traditionell das Erfordernis der Zwischenstaatlichkeit weit aus. Nach ständiger Rechtsprechung kommt es darauf an, ob eine Vereinbarung unmittelbar oder mittelbar, tatsächlich oder potenziell geeignet ist, die Freiheit des Handels in einer Weise zu gefährden, welche die Verwirklichung der Ziele eines einheitlichen Marktes nachteilig beeinflussen kann.[264] Insoweit gehen die Kommissionspraxis und die Rechtsprechung davon aus, dass der Tatbestand der Spürbarkeit erfüllt sein muss.[265] Die Schwelle der Spürbarkeit ist von Fall zu Fall verschieden. Hauptmerkmal ist der Marktanteil des betroffenen Unternehmens in der EU, wobei ein Schwellenwert von fünf Prozent als Ausgangspunkt dient.[266] Ausreichend ist in diesem Kontext schon der Nachweis, dass eine solche Vereinbarung die Wirkung der spürbaren Beeinträchtigung entfalten kann, aber nicht bereits tatsächlich entfaltet haben muss.[267] Vom europäischen Wettbewerbsrecht erfasst werden also nur die PPP, die einen grenzüberschreitenden Bezug aufweisen oder eine Größenordnung erreichen, die geeignet ist, den Gemeinsamen Markt zu beeinflussen.
In dieser Hinsicht ist es häufig problematisch, den Anwendungsbereich des europäischen Wettbewerbsrechts für PPP zu eröffnen, da diese bislang eher selten einen derart weiten räumlichen Markt abdecken. PPP übernehmen oftmals die Erfüllung von Dienstleistungen von allgemeinem

---

[263] Siehe als Beispielsfall aus dem Bereich des Kartellrecht EuGH, verb. Rs. C-215/96 und C-216/96 (Bagnasco), Slg. I-135, Rn. 51-53; siehe auch Kommission, Fall N 258/00, Rn. 1ff. (Freizeitbad Dorsten).
[264] EuGH, Rs. 42/84 (Remia), Slg. 1985, 2545, Rn. 22.
[265] EuG, Rs. T-65/89 (BPB Industries plc and British Gypsum Ltd/Kommission), Slg. 1993, II-389.
[266] *Weitbrecht, Andreas/Karnefort, Jörg*, Europäisches Wettbewerbsrecht in Fällen – Die Entscheidungen des Europäischen Gerichtshofes, des Gerichts erster Instanz und der Europäischen Kommission, Baden-Baden 2004, S. 81.
[267] Vgl. EuGH, Rs. C-219/95 (Ferriere Nord), Slg. 1997, I-4411, Rn. 19.

wirtschaftlichem Interesse, die eher kommunalen als internationalen Charakter aufweisen. Es ist jedoch davon auszugehen, dass sich die Anwendungsfelder von PPP durch ihre stark wachsende Beliebtheit in Deutschland und den anderen EU-Mitgliedstaaten zukünftig vermehrt über den lokalen Anwendungsrahmen ausdehnen werden. Mögliche größere Anwendungsbereiche für PPP sind beispielsweise Flughafenbetriebsgesellschaften, überregionale Verkehrsunternehmen oder der internationale Ausbau von Infrastrukturen im Verkehrsbereich.

IV. Europäisches Kartell- und Missbrauchsverbot gemäß Art. 81, 82 EGV und deren Anwendung auf PPP

Bei den einzelnen wettbewerbsrechtlichen Pflichten der Unternehmen ist zwischen dem Kartellverbot des Art. 81 EGV und dem Verbot des Missbrauchs einer marktbeherrschenden Stellung nach Art. 82 EGV zu unterscheiden. Im Folgenden werden die Art. 81, 82 EGV kurz eingeführt und anschließend Probleme bei deren Anwendung auf die Public Private Partnerships erörtert.

1. Art. 81 EGV, Kartellverbot

a) Übersicht über den Art. 81 EGV

Art. 81 EGV bezieht sich auf Wettbewerbsverfälschungen, die durch Handlungen von Unternehmen hervorgerufen werden. Nach Art. 81 Abs. 1 EGV sind Vereinbarungen zwischen Unternehmen, Beschlüsse von Unternehmensvereinigungen und aufeinander abgestimmte Verhaltensweisen, welche den Handel zwischen den Mitgliedstaaten zu beeinträchtigen geeignet sind und eine Verhinderung, Einschränkung oder Verfälschung des Wettbewerbs bezwecken oder bewirken, mit dem Gemeinsamen Markt unvereinbar und verboten.
Gemäß Art. 81 Abs. 2 EGV sind alle nach Art. 81 Abs. 1 EGV verbotenen Vereinbarungen oder Beschlüsse nichtig. Die Kommission kann darüber hinaus empfindliche Geldbußen verhängen. Vereinbarungen bzw. Beschlüsse i.S.d. Art. 81 Abs. 1 EGV sind gemäß Art. 81 Abs. 2 EGV nicht nichtig, wenn sie unter die Legalausnahme des Art. 81 Abs. 3

EGV fallen oder gruppenweise durch eine Verordnung vom Kartellverbot ausgenommen oder freigestellt sind.[268] Bei den einzelnen kumulativen Voraussetzungen handelt es sich um eine Verbesserung der Warenerzeugung oder Verteilung bzw. Förderung des technischen oder wirtschaftlichen Fortschritts und eine angemessene Verbraucherbeteiligung. Als negative Tatbestandsmerkmale müssen die Unerlässlichkeit der Beschränkung zur Verwirklichung der Ziele sowie die Aufrechterhaltung des Restwettbewerbs vorliegen.

b) Anwendung des Art. 81 EGV auf PPP

Zu untersuchen ist, inwieweit sich bei der Anwendung der Vorschrift des Art. 81 EGV auf Public Private Partnerships Besonderheiten ergeben können. Im Rahmen von PPP schließen private und öffentliche Unternehmen Vereinbarungen miteinander ab. Diese können durchaus geeignet sein, den Handel zwischen den Mitgliedstaaten zu beeinträchtigen und eine Verhinderung, Einschränkung oder Verfälschung des Wettbewerbs innerhalb des Gemeinsamen Marktes bezwecken oder bewirken. Das Kartellverbot des Art. 81 Abs. 1 EGV ist damit grundsätzlich auf PPP anwendbar. Betreffend den Fall, dass durch wettbewerbswidriges Handeln der PPP Art. 81 Abs. 1 EGV einschlägig ist, stellt sich daraus weiter die Frage, inwieweit diese Vereinbarungen gemäß Art. 81 Abs. 3 EGV vom Kartellverbot ausgenommen und freigestellt werden können.
PPP können die kumulativen Voraussetzungen der Verbesserung der Warenerzeugung oder Verteilung bzw. die Förderung des technischen oder wirtschaftlichen Fortschritts und damit einhergehender angemessener Verbraucherbeteiligung beispielsweise im Rahmen von Ver- und Entsorgungsunternehmen oder Entwicklungshilfeprojekten erfüllen. In solchen Fällen dürfte das erste der negativen Tatbestandsmerkmale des Art. 81 Abs. 3 EGV bei den meisten PPP bejaht werden. Danach dürfen den PPP keine Beschränkungen auferlegt werden, die für die Verwirklichung dieser Ziele nicht unerlässlich sind.

---

[268] Vgl. dazu umfassend *Brinker, Ingo,* Die neue Gruppenfreistellungsverordnung für vertikale Wettbewerbsbeschränkungen, in: Schwarze, Jürgen (Hrsg.), Europäisches Wettbewerbsrecht im Wandel, Baden-Baden 2001, S. 131ff.

Schwieriger ist es hingegen das zweite negative Tatbestandsmerkmals gemäß Art. 81 Abs. 3 EGV zu bejahen. Danach dürfen den an der Vereinbarung beteiligten Unternehmen keine Möglichkeiten eröffnet werden, für einen wesentlichen Teil der betreffenden Waren den Wettbewerb auszuschalten. Meist erfüllen PPP originär öffentliche Aufgaben im Bereich der Daseinsvorsorge.[269] Bislang besteht in vielen Bereichen der PPP-Aktivitäten kein oder kaum Wettbewerb, da der Staat in diesen vormals eine Monopolstellung innehatte. Diesbezüglich können Versorgungsunternehmen, der Bereich der inneren Sicherheit und der Schulbau als Beispiele angeführt werden. Infolge der Liberalisierung im Bereich der Dienstleistungen von allgemeinem wirtschaftlichem Interesse werden hier vermehrt PPP-Projekte gegründet, um den Bedarf der Bürger an diesen Leistungen effizienter abzudecken. Meist wird für derartige PPP-Vorhaben eine projektbezogene Bedarfskalkulation durchgeführt. Konsequenterweise ist daher nach Ausführung des PPP-Projekts der Bedarf gedeckt, der Markt gesättigt und daher kein Wettbewerb mehr vorhanden.
Zusammenfassend ist festzuhalten, dass die Freistellung vom Kartellverbot nach Art. 81 Abs. 3 EGV bei den PPP momentan eher selten zum Tragen kommt. Dies wird sich im Zeitverlauf weiter ändern, wenn sich die Entmonopolisierung fortsetzt und somit ein entsprechender Wettbewerb in dem Bereich der Dienstleistungen von allgemeinem wirtschaftlichem Interesse stattfindet.

2. Art. 82 EGV, Missbrauchsverbot

Im Vergleich mit dem Kartellverbot des Art. 81 EGV kann das Missbrauchsverbot des Art. 82 EGV für Public Private Partnerships von größerer Bedeutung sein. Im Rahmen der Gründung und Betreibung von PPP ist häufig davon auszugehen, dass die öffentliche Hand die Erbringung von Gegenleistungen oder die Einräumung von Sonderrechten für die PPP den Privaten gegenüber als Anreiz für eine Zusammenarbeit einsetzt. Diese der PPP eingeräumten Sonderrechte können unter Um-

[269] Auf den Bereich der Daseinsvorsorge wird später ab Kapitel D., III., 1ff. näher eingegangen.

ständen eine beherrschende Stellung im Gemeinsamen Markt begründen.

a) Übersicht über den Art. 82 EGV

Art. 82 EGV verbietet die missbräuchliche Ausnutzung einer beherrschenden Stellung auf dem Gemeinsamen Markt oder auf einem wesentlichen Teil desselben durch ein oder mehrere Unternehmen, soweit dies dazu führen kann, den Handel zwischen den Mitgliedstaaten zu beeinträchtigen.

Zunächst ist der relevante Markt festzustellen. Der relevante Markt muss für diese Feststellung in sachlicher, räumlicher und möglicherweise auch zeitlicher Hinsicht bestimmt werden.[270] Anschliessend ist eine beherrschende Stellung des Unternehmens festzustellen.. Ein Unternehmen hat dann eine beherrschende Stellung im Gemeinsamen Markt inne, wenn es am Markt unabhängig auftreten kann.[271] Marktbeherrschung wird dann angenommen, wenn ein Unternehmen keinem aktuellen oder potentiellen Wettbewerb ausgesetzt und die Gegenseite für die betreffende Ware oder Leistung von ihm völlig abhängig ist. Der Gerichtshof nimmt eine beherrschende Stellung an, wenn ein Unternehmen aufgrund seiner wirtschaftlichen Machtstellung in der Lage ist, die Aufrechterhaltung eines wirksamen Wettbewerbs auf dem relevanten Markt zu verhindern, indem sie ihm die Möglichkeit verschafft, sich seinen Wettbewerbern, seinen Abnehmern und letztlich auch den Verbraucher gegenüber in einem nennenswerten Umfang unabhängig zu verhalten.[272]

Des Weiteren ist zu überprüfen, ob das betreffende Unternehmen die beherrschende Marktstellung missbräuchlich ausnutzt. Nach der Rechtsprechung des EuGH in der Continental Can – Doktrine[273] liegt ein missbräuchliches Verhalten dann vor, wenn ein Unternehmen in beherrschender Stellung diese durch den Erwerb von Vermögensrechten dergestalt verstärkt, dass der Beherrschungsgrad den Wettbewerb wesent-

---

[270] EuGH, Rs. 247/86 (Alsatel/Novasam), Slg.1988, 5987, 6009; vgl. dazu die Bekanntmachung der Kommission, ABl. 1997 Nr. C 313/5 über die Definition des relevanten Marktes im Sinne des Wettbewerbsrechts der Gemeinschaft.

[271] *Brinker, Ingo,* Kommentierung, in; Schwarze, Jürgen (Hrsg.), EU-Kommentar, Baden-Baden 2000, Art. 82 Rn. 11.

[272] EuGH Rs. 85/76 (Hoffmann-La Roche), Slg. 1979, 461 Rn.38.

[273] EuGH, Rs. 6/72 (Continental Can), Slg. 1973, 215, 246.

lich behindert, insoweit als dass nur noch Unternehmen auf dem Markt bleiben, die in ihrem Marktverhalten von dem beherrschenden Unternehmen abhängen. Der EuGH führt in der Continental Can – Doktrine weiter aus, dass ein Marktstrukturmissbrauch dann vorliegt, wenn die Handlungsfreiheit des Verbrauchers auf dem Markt durch eine ernstlich gefährdende Änderung der Angebotsstruktur beeinträchtigt wird. Art. 82 EGV verbietet nicht schon die Innehabung einer marktbeherrschenden Stellung an sich, sondern lediglich deren missbräuchliches Ausnutzen. Verboten ist grundsätzlich sowohl der sogenannte horizontale als auch der sogenannte vertikale Missbrauch. Dabei richtet sich der erste gegen Wettbewerber auf gleicher Handels- bzw. Produktionsstufe, der zweite gegen Lieferanten und/oder Abnehmer, d.h. auf Unternehmen höherer oder niedrigerer Handels- und Produktionsstufe.[274] In Art. 82 S. 2 EGV werden für den Missbrauch Regelbeispiele, wie die unmittelbare oder mittelbare Erzwingung unangemessener Einkaufs- oder Verkaufspreise oder die Einschränkung von Erzeugung, von Absatz oder von technischer Entwicklung zum Schaden der Verbraucher genannt. Weiter wird die Anwendung unterschiedlicher Bedingungen bei gleichwertigen Leistungen gegenüber Handelspartnern erfasst, wodurch diese im Wettbewerb benachteiligt werden. Darüber hinaus sind solche Maßnahmen unfair, die entweder als Ausbeutung oder Diskriminierung der Handelspartner anzusehen sind oder eine allgemeine Diskriminierung des Restwettbewerbs bewirken.[275]
Das Verhalten muss eine Wettbewerbsverfälschung bewirken und den zwischenstaatlichen Handel beeinträchtigen[276].

b) Anwendung des Art. 82 EGV auf PPP

Art. 82 EGV kann hinsichtlich Public Private Partnerships zur Anwendung kommen, wenn die PPP grenzüberschreitend am europäischen Wettbewerb teilnehmen. Des weiteren müssen sie eine gewisse Grö-

---

[274] *Hakenberg, Waltraud*, Grundzüge des Europäischen Gemeinschaftsrechts, 3. Auflage, München 2003, S. 139.
[275] EuGH, Rs. 85/76 (Hoffmann-La Roche/Kommission), Slg. 1979, 461, Rn. 91 (ergangen zu Art. 86 EGV a.F.).
[276] Siehe oben Kapitel C., III., 3.

ßenordnung erreichen, eine marktbeherrschende Stellung einnehmen und diese missbräuchlich ausnutzen.
Gegenwärtig erfüllen PPP oftmals insbesondere das oben beschriebene Merkmal der Binnenmarktrelevanz[277] nicht.
Dies ist bei lokalen PPP-Projekten, wie sie beispielsweise im Bildungsbereich, bei Hochbauvorhaben sowie bei regionalen Infrastrukturprojekten anzufinden sind, der Fall.
Allerdings ist davon auszugehen, dass durch die wachsende Beliebtheit und durch die gleichzeitig immer größer werdenenden Anwendungsbereiche von Public Private Partnerships in den Mitgliedstaaten zukünftig vermehrt das Erfordernis der Binnenmarktrelevanz erfüllt sein wird. Eine Entwicklung in diese Richtung kann beispielsweise im Bereich internationaler Infrastrukturprojekte gesehen werden. Hinsichtlich derartiger länderübergreifender Projekte wird in den meisten Fällen das Merkmal der marktbeherrschenden Stellung gegeben sein, weil davon auszugehen ist, dass keine alternativen Leistungsanbieter im selben Bereich im Markt agieren.[278] Liegen die erforderlichen Merkmale der Binnenmarktrelevanz und der marktbeherrschenden Stellung vor, so muss anschliessend im Einzelfall geprüft werden, ob eine missbräuchliche Ausnutzung der Marktmacht bejaht werden kann.

---

[277] Siehe oben, Kapitel C., III., 3.
[278] Beipielsweise werden bei internationalen Bahnlinien, Tunneln oder Versorgungsunternehmen keine privaten Anbieter im Wettbewerb stehen.

D. Dritter Teil: Bedeutung der Ausnahmeregelung des Art. 86 Abs. 2 EGV für PPP

I. Einführung

In den letzten Jahren, beeinflusst durch die zunehmende Organisationsprivatisierung im öffentlichen Sektor, hat die rechtliche Stellung von Unternehmen, die „Dienstleistungen von allgemeinem wirtschaftlichem Interesse" anbieten, erhebliche praktische Bedeutung erlangt.
Der Staat zieht sich immer stärker aus der Eigenerledigung von Aufgaben zurück, so dass es gerechtfertigt ist, für den Bereich der Dienstleistungen von allgemeinem wirtschaftlichem Interesse von einem „Paradigmenwechsel"[279] zu sprechen. In diesem Zusammenhang könnte die Gefahr bestehen, dass ein wettbewerbsökonomischen Zielen verpflichtetes Europarecht die gewachsenen, in sich ruhenden Strukturen mitgliedstaatlicher Leistungserbringung überrollt. Demgegenüber kann als positiv bewertet werden, dass die Mitgliedstaaten durch den EG-Vertrag dazu gebracht werden, die Deregulierungspolitik der EU durch den Einschluss des Bereiches der öffentlichen Unternehmen konsequent fortzuführen und damit den gewünschten Wettbewerb zu etablieren.[280]
Insofern erkennt Art. 86 Abs. 2 EGV das Interesse der Mitgliedstaaten an, bestimmte Unternehmen als Instrumente der Wirtschafts- oder Fiskalpolitik einzusetzen, um auf diese Weise die Ziele ihrer staatlichen Politik zu erreichen.[281] In diese Gruppe fallen auch Unternehmen einer Public Private Partnership, soweit sie die Voraussetzungen des Art. 86 Abs. 2 EGV erfüllen.
Im Mittelpunkt des dritten Teils der vorliegenden Arbeit stehen die „Dienstleistungen von allgemeinem wirtschaftlichem Interesse", bei de-

---

[279] *Cox, Helmut,* Öffentliche Unternehmen und Europäischer Binnenmarkt – Kommt es zu einem Paradigmenwechsel in der öffentlichen Wirtschaft?, in: Bräunig, Dietmar/Greiling, Dorothea (Hrsg.), Stand und Perspektiven der öffentlichen Betriebswirtschaftslehre, Festschrift für Prof. Dr. Peter Eichhorn zur Vollendung des 60. Lebensjahres, Berlin 1999, S. 268ff.
[280] *Nettesheim, Martin,* Mitgliedstaatliche Daseinsvorsorge im Spannungsfeld zwischen Wettbewerbskonformität und Gemeinwohlverantwortung, in: Hrbek, Rudolf (Hrsg.), Europäische Union und mitgliedstaatliche Daseinsvorsorge, Baden-Baden 2002, S. 39.
[281] EuGH, Rs. C-159/94 (Monopol bei Strom und Gas), Slg. 1997, I -5815, Rn. 55; *Burgi, Martin,* Verwalten durch öffentliche Unternehmen im europäischen Institutionenwettbewerb, VVDStRL 2001, S. 259f.

ren Erbringung durch PPP gemäß Art. 86 Abs. 2 S. 1 EGV die europäischen Wettbewerbsregeln nicht zur Anwendung kommen, wenn dadurch die Erfüllung der Aufgaben verhindert werden würde.
In Deutschland wird traditionell und allgemein hinsichtlich der Erbringung von Dienstleistungen im allgemeinem wirtschaftlichem Interesse von Dienstleistungen der „Daseinsvorsorge“[282] gesprochen. Mit dem Begriff der deutschen Daseinsvorsorge korrespondieren in anderen Ländern Bezeichnungen wie im Englischen „public utility“, im Französischen „service public“ oder im Spanischen „servicio publico“. Es gibt keine feste Definition des Begriffs der Dienstleistungen von allgemeinem wirtschaftlichem Interesse: auch sind die Tätigkeiten, die darunter fallen, nicht allgemeingültig und abschließend bestimmt. Dies ist im Interesse der notwendigen Flexibilität gegenüber Wandlungsprozessen und unterschiedlichen Anschauungen in den Mitgliedstaaten als sinnvoll zu erachten.[283]
Anerkanntermaßen zählen zu den Dienstleistungen von allgemeinem wirtschaftlichem Interesse die öffentlich zugängliche Versorgung mit Energie, Wasser, Abfallbeseitigung, Transport, Telekommunikation, Post sowie Informationsmedien, Finanzdienst- und Versicherungsleistungen, die Bereitstellung eines grundlegenden Sozial-, Bildungs- und Ausbildungswesens, zahlreiche sozial motivierte Dienste und die Gewährleistung der äußeren und inneren Sicherheit, des Justiz- und Personenstandswesen.[284]
Dabei steht die Wahrnehmung von der Erbringung von Dienstleistungen von allgemeinem wirtschaftlichem Interesse durch PPP erst am Anfang. Es ist davon auszugehen, dass die Bedeutung von PPP zukünftig auf Grund der Notwendigkeit für die öffentlichen Gebietskörperschaften, die

[282] Der Begriff der Daseinsvorsorge wurde 1938 von *Forsthoff* in die deutsche Rechtswissenschaft eingeführt. Dabei ging es ihm um das Phänomen der Abhängigkeit des verstädterten Bürgers von öffentlichen Versorgungsleistungen und der entsprechenden „Daseinsvorsorgeverantwortung“ des Staates. In seinem „Lehrbuch des Verwaltungsrechts“ formulierte er später den Begriff der Daseinsvorsorge wie folgt: „Alles, was seitens der Verwaltung geschieht, um die Allgemeinheit oder nach objektiven Merkmalen bestimmte Personenkreise in den Genuss nützlicher Leistungen zu versetzen, ist die Daseinsvorsorge.“ Er schloss also sehr allgemein alles Nützliche zur Daseinsvorsorge mit ein, gleichgültig, ob es lebensnotwendig sei oder nicht., *Forsthoff, Ernst*, Die Verwaltung als Leistungsträger, Stuttgart u.a. 1938, S. 49ff; *ders.*, Lehrbuch des Verwaltungsrechts, Band. 1: Allgemeiner Teil, 10. Auflage, München 1973, S. 370.
[283] *Bocklet, Reinhold*, Leistungen der Daseinsvorsorge im Konflikt mit EU-Wettbewerbsrecht, in: Schader-Stiftung (Hrsg.), Die Zukunft der Daseinsvorsorge öffentlicher Unternehmen im Wettbewerb, Schader-Kolloquium, Darmstadt 2001, S. 12.
[284] Hierzu *Mestmäcker, Ernst-Joachim*, Kommentierung, in: Immenga/ders.(Hrsg.), Kommentar zum EG-Wettbewerbsrecht, Band 2, München 1997, Art. 37, 90 a. F. (Art. 31, 86 n. F.) Rn. 1-3.

auf der EU-Ebene erzwungene Umstrukturierung des Bereichs der Dienstleistungen von allgemeinem wirtschaftlichem Interesse zu bewältigen, und angesichts der öffentlichen Finanzkrise immer weiter wachsen wird. In Anbetracht der zunehmenden Bedeutung des Wettbewerbsgedankens durch die Anwendung der EU-Wettbewerbsregeln stellt sich verstärkt die Frage, welche Bedeutung und Konsequenzen die Regeln gerade im Bereich der Dienstleistungen von allgemeinem wirtschaftlichem Interesse für die PPP entfalten.

II. Art. 86 Abs. 2 EGV

Art. 86 Abs. 2 S. 1 EGV enthält eine Legalausnahme der generellen Anwendung der europäischen Wettbewerbsordnung für diejenigen Unternehmen, die mit Dienstleistungen von allgemeinem wirtschaftlichem Interesse betraut sind oder den Charakter eines Finanzmonopols haben. Voraussetzung ist, dass an der betreffenden Tätigkeit des Unternehmens „ein allgemeines wirtschaftliches Interesse besteht, das sich vom Interesse an anderen Tätigkeiten des Wirtschaftslebens besonders unterscheidet."[285] Die Regelung zielt in erster Linie darauf ab, dass die Wettbewerbsregeln, insbesondere kartellrechtliche Regelungen, bei Aufgaben, die auf Grund ausschließlicher Rechte wahrgenommen werden, eingehalten werden.

Zwar richtet sich Art. 86 Abs. 2 EGV seinem Wortlaut nach an die betrauten Unternehmen[286], allerdings können sich heute nach fast einhelliger Ansicht auch die Mitgliedstaaten auf diese Vorschrift berufen.[287] Die Mitgliedstaaten dürfen nicht nur auf ein Verhalten von Unternehmen

---

[285] EuGH, Rs. 179/90 (Porto di Genova), Slg. 1991, I-5889, 5931.

[286] Siehe zum Begriff des Unternehmens in Kapitel C., III., 1ff.

[287] Siehe *Mestmäcker, Ernst-Joachim*, Kommentierung, in: Immenga, Ulrich/Mestmäcker, Ernst-Joachim (Hrsg.), Kommentar zum EG-Wettbewerbsrecht, Band 2, München 1997, Art. 37, Art. 90 B a.F. (Art. 31, 86 n.F.) Rn. 53: die Mitgliedstaaten seien insbesondere befugt, Unternehmen ausschließliche Rechte i.S.d. Art. 86 Abs. 1 EGV zu verleihen, wenn die Voraussetzungen des Art. 86 Abs. 2 EGV vorlägen; deutlich ergibt sich dies auch aus der Rechtsprechung des EuGH: siehe EuGH, Rs. 127/73 (BRT/SABAM II), Slg. 1973, 313, Rn. 19 u. 22; EuGH, Rs. 66/86; EuGH, Rs. C-260/89 (ERT), Slg.1991, I-2925, Rn. 34; EuGH, Rs. C-320/91 (Corbeau), Slg. 1993, I-2533, Rn. 19-21; EuGH, RS. C-393/92 (Almelo/Energiebedrijf Ijsselmij), Slg. 1994, I-1477, Rn. 50 u. 51; EuGH, Rs. C-159/94 (Energiemonopole Frankreich), Slg. 1997, I-5819, Rn. 43ff.; EuGH, Rs. C-157/94 (Energiemonopol Niederlande), Slg. 1997, I-5699, Rn. 30-32, 39; EUGH, Rs. 66/86 (Ahmed Saeed), Slg. 1989, 803, Rn. 55.

hinwirken, das von Art. 86 Abs. 2 EGV gedeckt ist[288], sondern auch selbst vertragswidrige Maßnahmen treffen, die im Rahmen der Norm des Art. 86 Abs. 2 EGV gedeckt sind.[289]. Diese Auslegung wird damit begründet, dass die Mitgliedstaaten nicht umfassender an den Vertrag gebunden sein können als die von ihnen betrauten und unter Umständen mit Sonderrechten ausgestatteten Unternehmen.[290] Dies ist im Zusammenhang mit PPP wichtig, da der Mitgliedstaat und seine Untergliederungen Partner der PPP sind.

Die Ausnahmevorschrift des Art. 86 Abs. 2 S. 1 EGV gilt nur, soweit die Anwendung der Wettbewerbsvorschriften die Erfüllung der den Unternehmen übertragenen besonderen Aufgabe rechtlich oder tatsächlich verhindert.

Gemäß Art. 86 Abs. 2 S. 2 EGV darf die Anwendung des Art. 86 Abs. 2 S. 1 EGV nicht dazu führen, dass die Entwicklung des Handelsverkehrs in einem Ausmaß beeinträchtigt wird, das dem Interesse der Gemeinschaft zuwiderläuft.

Auf diese Legalausnahme können sich die Mitgliedstaaten und Unternehmen berufen, ohne dass sie dazu eine besondere oder vorweggenommene Entscheidung der Kommission benötigen.[291] Die Beweislast für das Vorliegen der Tatbestandsvoraussetzungen des Art. 86 Abs. 2 EGV liegt bei derjenigen Seite, die sich auf die Ausnahme beruft, also bei den begünstigten Unternehmen oder Mitgliedstaaten.[292] PPP müssen

---

[288] *Bach, Albrecht*, Wettbewerbsrechtliche Schranken für staatliche Maßnahmen nach europäischem Gemeinschaftsrecht, Tübingen 1992, S. 49.; Schlussantrag des GA Jacobs, EuGH, Rs. C-203/96 (Dusseldorp), Slg. 1998, I-4075, 4108, Rn. 108.

[289] *Hochbaum, Ingfried F./Klotz, Robert*, Kommentierung, in: Groeben, Hans von der/Schwarze, Jürgen (Hrsg.), Kommentar zum Vertrag über die Europäische Union und zur Gründung der Europäischen Gemeinschaft, Band 2, 6. Auflage, Baden-Baden 2003, Art. 86 Rn. 51; EuGH, Rs. C-157/94 (Energiemonopol Niederlande), Slg. 1997, I–5699, Rn. 30-32; EuGH, Rs. C-320/91 (Corbeau), Slg. 1993, I-2533, Rn. 14; Leitlinien der Kommission für die Anwendung der EG-Wettbewerbsregeln im Telekommunikationsbereich, ABl. 1991, Nr. C 233/2, Rn. 21.

[290] Schlussantrag des GA van Gerven, EuGH, Rs. 179/90 (Porto di Genova), Slg. 1991, I-5889, Rn. 25; *Burgi, Martin*, Die öffentlichen Unternehmen im Gefüge des primären Gemeinschaftsrechts, EuR 1997, S. 275; *Ehricke, Ulrich*, Der Art. 90 EWGV – eine Neubetrachtung, EuZW 1993, S. 214.

[291] Es obliegt den nationalen Gerichten oder Behörden zu entscheiden, ob ein Kartellvertrag wirksam ist.

[292] *Jungbluth, Armin*, Kommentierung, in: Bunte, Hermann-Josef/Langen, Eugen (Hrsg.), Kommentar zum deutschen und europäischen Kartellrecht, Band 1, 9. Auflage, Neuwied 2001, Art. 86 Rn. 36; siehe dazu auch *Schweitzer, Heike*, Daseinsvorsorge, service public, Universaldienst, Art. 86 Abs. 2 EG-Vertrag und die Liberalisierung in den Sektoren Telekommunikation, Energie und Post, Baden-Baden 2002, S. 92.

somit darlegen, dass ihre Tätigkeit in den Ausnahmebereich des Art. 86 Abs. 2 EGV fällt.

1. Art. 86 Abs. 2 Satz 1 EGV als Verhinderungstatbestand

Die Ausnahmevorschrift des Art. 86 Abs. 2 S. 1 EGV gilt nur, soweit die Anwendung der Wettbewerbsvorschriften die Erfüllung der den Unternehmen übertragenen besonderen Aufgabe rechtlich oder tatsächlich verhindert.[293]

Nach dem EuGH[294] soll der Inhaber eines ausschließlichen Rechts zur Erbringung seiner gemeinwohlorientierten Leistungen „wirtschaftlich tragbare Bedingungen" oder „wirtschaftlich ausgewogene Bedingungen" vorfinden können. Mithin wird als ausreichend erachtet, dass andernfalls das wirtschaftliche Gleichgewicht des Unternehmens gefährdet wäre.[295]

Der EuGH fasst den Verhinderungstatbestand zunehmend immer weiter.[296] Er verlangte in seiner früheren Rechtsprechung[297], dass die Unvereinbarkeit der Aufgabenerfüllung durch die Einhaltung der Wettbewerbsvorschriften nachzuweisen sei. Mittlerweile genügt der Rechtsprechung[298] der Nachweis, dass die Nichteinhaltung der Wettbewerbsvorschriften erforderlich ist, um die Erfüllung der den Unternehmen übertragenen besonderen Aufgaben sicherzustellen.

---

[293] Siehe näher zu diesem Tatbestandsmerkmal beispielsweise *Grill, Gerhard*, Kommentierung, in Lenz, Carl-Otto (Hrsg.), EG-Vertrag: Kommentar zu dem Vertrag zur Gründung der Europäischen Gemeinschaften in der durch den Amsterdamer Vertrag geänderten Fassung, 2. Auflage, Köln 1999, Art. 86 Rn. 27.

[294] EuGH, Rs. C-320/91 (Corbeau), Slg. 1993, I-2533, Rn. 16 u.17.

[295] *Albin, Silke*, Daseinsvorsorge und EG-Beihilfenrecht – mehr Rechtssicherheit durch die neue Mitteilung der Kommission?, DÖV 2001, S. 896.

[296] Vgl. umfangreiche Nachweise bei *Hochbaum, Ingfried F./Klotz, Robert*, Kommentierung, in: Groeben, Hans von der/Schwarze, Jürgen (Hrsg.), Kommentar zum Vertrag über die Europäische Union und zur Gründung der Europäischen Gemeinschaft, Band 2, 6. Auflage, Baden-Baden 2003, Art. 86 Rn. 32.

[297] EuGH, Rs. 155/73 (Sacchi), Slg. 1974, 409, Rn. 15; EuGH, Rs. 41/83, (Italien/Kommission), Slg. 1985, 873, Rn. 33; EuGH, Rs. C-280/89 (ERT), Slg. 1991, I-2925.

[298] EuGH, Rs. C-320/91 (Corbeau), Slg. 1993, I-2533, Rn. 14ff.; EuGH, Rs. C-393/92 (Almelo/Energiebedrijf Ijsselmij), Slg.1994, I-1477, Rn. 49.

2. Beeinträchtigung der Entwicklung des Handelsverkehrs gemäß Art. 86 Abs. 2 Satz 2 EGV

Eine Freistellung von den Vertragsvorschriften ist für Unternehmen, die Dienstleistungen von allgemeinem wirtschaftlichem Interesse erbringen oder den Charakter eines Finanzmonopols haben, nur dann zugelassen, wenn dadurch nicht gemäß Art. 86 Abs. 2 S. 2 EGV die Entwicklung des Handelsverkehrs in einem Ausmaß beeinträchtigt wird, das dem Interesse der Gemeinschaft zuwiderläuft. Mit dieser Vorschrift soll das Interesse der Mitgliedstaaten an der Erfüllung von Gemeinwohlaufgaben mit dem Gemeinschaftsinteresse an der Einhaltung der Wettbewerbsregeln und der Wahrung der Einheit des Gemeinsamen Marktes in Einklang gebracht werden.[299]

Der Begriff der Entwicklung des Handelsverkehrs deckt sich nicht mit dem Kriterium der Beeinträchtigung des Handels zwischen den Mitgliedstaaten in Art. 81, 82 bzw. 87 Abs. 1 EGV[300], sondern geht über diesen hinaus.[301] Erforderlich ist zum einen, dass bestimmte potenzielle Warenströme möglicherweise gefährdet[302] werden und eine Beeinträchtigung pauschal behauptet wird. Darüber hinaus greift Art. 86 Abs. 2 S. 2 EGV erst bei einer „gesteigerten" Beeinträchtigung des Handels zwischen den Mitgliedstaaten. Eine „gewöhnliche" Beeinträchtigung des Handelsverkehrs zwischen den Mitgliedstaaten reicht nicht aus. Unter einer „gesteigerten" Beeinträchtigung versteht man eine Beeinträchtigung, die die vertraglich angestrebte Ausweitung des innergemeinschaftlichen Handels so behindert, dass die Entwicklung des Handelsverkehrs in dem betreffenden Sektor praktisch ausgeschlossen wird.[303]

---

[299] *Burchard, Friedrich von*, Kommentierung, in: Schwarze, Jürgen (Hrsg.), EU-Kommentar, Baden-Baden 2000, Art. 86 Rn. 75; *Mestmäcker, Ernst-Joachim*, Kommentierung, in: Immenga, Ulrich/Mestmäcker, Ernst-Joachim (Hrsg.), Kommentar zum EG-Wettbewerbsrecht, Band 2, München 1997, Art. 90 a.F. (Art. 31, 86 n. F.) Rn. 61; EuGH, Rs. C-202/88 (Kommission/Frankreich), Slg. 1997, I-1223, Rn. 12; EuGH, Rs. 157/94 (Kommission/Niederlande), Slg. 1997, I-5699, Rn. 39.

[300] Siehe oben Kapitel C. III. 3.

[301] *Pernice, Ingolf/Wernicke, Stephan*, Kommentierung, in: Grabitz, Eberhard/Hilf, Meinhard (Hrsg.), Das Recht der Europäischen Union, Kommentar zur Europäischen Union, Band 1, Loseblattsammlung, München 2005, Art. 86 Rn. 58; siehe auch *Burchard, Friedrich von*, Kommentierung, in: Schwarze, Jürgen (Hrsg.), EU-Kommentar, Baden-Baden 2000, Art. 86 Rn. 76.

[302] EuGH, Rs. C-159/94 (Monopole bei Strom und Gas), Slg. 1997, I-5815, Rn. 59.

[303] *Pernice, Ingolf/Wernicke, Stephan*, Kommentierung, in: Grabitz, Eberhard/Hilf, Meinhard (Hrsg.), Das Recht der Europäischen Union, Kommentar zur Europäischen Union, Band 1, Loseblattsammlung, München 2005, Art. 86 Rn. 59; Kommission ABl. 2000 Nr. C 78/3, 45ff (BBC News 24).

Das Gemeinschaftsinteresse lässt sich aus den Zielen und Grundsätzen des Vertrages ermitteln, insbesondere unter Berücksichtigung der Verwirklichung des Binnenmarktes und des Systems eines unverfälschten Wettbewerbs.[304] Bei der Definition des Gemeinschaftsinteresses ist eine Güter- und Interessenabwägung im Sinne einer Verhältnismäßigkeitsprüfung vorzunehmen.[305] Die Reichweite der Ausnahmebestimmung hängt somit vom Einzelfall ab. Dabei kommt der Kommission ein Beurteilungsspielraum zu, der unter der Kontrolle des EuGH steht.[306] Damit scheidet eine unmittelbare Anwendbarkeit der Vorschrift des Art. 86 Abs. 2 EGV durch die nationalen Gerichte infolge der Definitionshoheit der Kommission aus.[307]
Hinsichtlich des Art. 86 Abs. 2 S. 2 EGV gelten für Unternehmen im Rahmen von PPP keine Besonderheiten. Sie tragen die Beweislast für die Notwendigkeit einer Freistellung.

III. Anwendung des Art. 86 Abs. 2 EGV auf PPP der Daseinsvorsorge

1. Geschichtliche Entwicklung der Dienstleistungen von allgemeinem wirtschaftlichem Interesse

In Europa haben sich im 20. Jahrhundert Aufgabenfelder herausgebildet, die als Dienstleistungen von allgemeinem wirtschaftlichem Interesse eingeordnet und von der öffentlichen Hand übernommen wurden. Durch die Industrialisierung und Verstädterung, die sozialen Notlagen infolge der beiden Weltkriege und die wirtschaftlichen Krisen wurde dieses Bedürfnis nach staatlicher Daseinsvorsorge geweckt, das die Verwaltung durch kommunale Versorgungsbetriebe, öffentliche Verkehrsunternehmen so-

---

[304] Vgl. *Burchard, Friedrich von,* Kommentierung, in Schwarze, Jürgen (Hrsg.), EU-Kommentar, Baden-Baden 2000, Art. 86 Rn. 77.
[305] Vgl. *Pernice, Ingolf/Wernicke, Stephan*, Kommentierung, in: Grabitz, Eberhard/Hilf, Meinhard (Hrsg.), Das Recht der Europäischen Union, Kommentar zur Europäischen Union, Band 1, Loseblattsammlung, München 2005, Art. 86 Rn. 59.
[306] EuGH, Rs. C-159/94 (Monopole bei Strom und Gas), Slg. 1997, I-5815, Rn. 113.
[307] *Burchard, Friedrich von,* Kommentierung, in: Schwarze, Jürgen (Hrsg.), EU-Kommentar, Baden-Baden 2000, Art. 86 Rn. 60; *Jungbluth, Armin*, Kommentierung, in: Bunte, Hermann-Josef/Langen, Eugen (Hrsg.), Kommentar zum deutschen und europäischen Kartellrecht, Band 1, 9. Auflage, Neuwied 2001, Art. 86 Rn. 11.

wie soziale und kulturelle Leistungen zu befriedigen suchte.[308] Diese Dienstleistungen waren nicht das Ergebnis freier Wettbewerbsprozesse zwischen mehreren Anbietern, sondern wurden durch Wettbewerbsausnahmen geregelt.

Der klassisch öffentliche Dienstleistungsbetrieb war oftmals durch öffentliche Trägerschaft bzw. Kapitaleignerschaft auf verschiedenen Ebenen des Staates in Formen des öffentlichen Rechts und des Privatrechts geprägt. Dabei waren der Staat und seine Untergliederungen Alleineigentümer des Dienstleistungsbetriebes und stellten das Eigenkapital zur Verfügung, hafteten im Regelfall unbegrenzt und übten durch eigene Aufsichtsorgane die Kontrolle aus[309] (sog. formale Privatisierung[310]).

Zielfunktion dieses klassischen Unternehmenstyps in der Erbringung von Dienstleistungen von allgemeinem wirtschaftlichem Interesse ist die öffentliche Aufgabenerfüllung, die durch Gesetz, Satzung oder andere institutionalisierte Formen vorgegeben ist.

In den vergangenen Jahren haben sich jedoch in den Mitgliedstaaten der EU Struktur und Organisation der öffentlichen Daseinsvorsorge sehr stark gegenüber dem klassischen Modell verändert. Die Umwandlung von öffentlich-rechtlich organisierten Unternehmen zu privatrechtlich organisierten Rechtsformen brachte eine Abkehr vom klassischen öffentlichen Dienstleistungsmodell. Kritik war, widersprüchlich formuliert, Abkehr oder nicht? In diesem Kontext kann von einem Paradigmenwechsel[311] gesprochen werden, der wie folgt zu beschreiben ist:

- Abschied von der rein staatlichen, nichtwettbewerbsrechtlichen Versorgung mit Gütern und Dienstleistungen von allgemeinem wirtschaftlichem Interesse hin zu gemischtwirtschaftlicher Versorgung wie bei-

[308] *Schwarze, Jürgen*, Europäisches Verwaltungsrecht, Entstehung und Entwicklung der Europäischen Gemeinschaft, 2. Auflage, Baden-Baden 2005, S. 111ff.

[309] *Cox, Helmut*, Zur Organisation der Daseinsvorsorge in Deutschland: Stand und Entwicklungstendenzen in europäischer Perspektive, in: Schader-Stiftung (Hrsg.), Die Zukunft der Daseinsvorsorge öffentlicher Unternehmen im Wettbewerb, Schader-Kolloquium, Darmstadt 2001, S. 29f.

[310] Siehe oben Kapitel B., VI., 1 b.

[311] *Cox, Helmut*, Öffentliche Unternehmen und Europäischer Binnenmarkt – Kommt es zu einem Paradigmenwechsel in der öffentlichen Wirtschaft?, in: Bräuning, Dietmar/Greiling, Dorothea (Hrsg.), Stand und Perspektiven der öffentlichen Betriebswirtschaftslehre, Festschrift für Prof. Dr. Peter Eichhorn zur Vollendung des 60. Lebensjahres, Berlin 1999, S. 268ff.; *ders.*, Zur Organisation der Daseinsvorsorge in Deutschland: Stand und Entwicklungstendenzen in europäischer Perspektive, in: Schader-Stiftung (Hrsg.), Die Zukunft der Daseinsvorsorge öffentlicher Unternehmen im Wettbewerb, Schader-Kolloquium, Darmstadt 2001, S. 31.

spielsweise im Rahmen von PPP oder gar privatwirtschaftlicher Versorgung und Gewährleistung.

- Tendenz zur Schaffung von Markt- und Wettbewerbsbedingungen, d.h. Beseitigung bisheriger Wettbewerbsausnahmeregelungen und Monopolrechten (Marktregulierung).
- Gleichzeitige Beachtung des Allgemeininteresses durch entsprechende Aufgabenverpflichtung, indem die mit öffentlichen Dienstleistungen betrauten Unternehmen unabhängig von der Eigentumsform einer Regulierung im Allgemeininteresse unterliegen.

Der Staat als bisheriger Alleinträger öffentlicher Unternehmen greift immer mehr auf die Zusammenarbeit mit Privaten zurück und zieht sich in die Position des „Gewährleistungsstaates“ zurück, der sicherstellt, dass die Bevölkerung in angemessenem Umfang mit Dienstleistungen von allgemeinem wirtschaftlichem Interesse versorgt wird. Unterschiedliche nationale Traditionen, Rechtssysteme und wirtschaftliche Situationen haben dazu geführt, dass die Einbeziehung von Privaten in die Gewährleistung der öffentlichen Versorgung in den verschiedenen Mitgliedstaaten heute unterschiedlich weit fortgeschritten ist.

Zudem ist noch nicht abzusehen, wie sich die europaweit zunehmende Umverteilung der Erbringungslast und -verantwortung auf die zukünftige Qualität, Quantität und andere Aspekte des öffentlichen Dienstleistungsangebots auswirken wird. Eine vergleichende Betrachtung der Entwicklung in den Mitgliedstaaten der EU zeigt, dass die hoheitliche Sicherung der Erbringung von Dienstleistungen von allgemeinem wirtschaftlichem Interesse an sich unumstritten ist. Jedoch muss die Erbringung selber nicht mehr notwendigerweise allein vom Staat getragen werden, sondern kann auch zum Teil privaten Unternehmen und dem Wettbewerb überlassen werden.[312]

---

[312] *Schwarze, Jürgen*, Einführung: Daseinsvorsorge im Lichte des Wettbewerbsrechts, in: Schwarze, Jürgen (Hrsg.), Daseinsvorsorge im Lichte des Wettbewerbsrechts, Baden-Baden 2001, S. 11.

2. Voraussetzungen für PPP der Daseinsvorsorge gemäß Art. 86 Abs. 2 EGV

a) Dienstleistungen von allgemeinem wirtschaftlichem Interesse

Unter welchen Voraussetzungen eine „Dienstleistung von allgemeinem wirtschaftlichem Interesse“[313] gemäß Art. 86 Abs. 2 EGV vorliegt, wird weder im Artikel selber noch im EGV definiert. Auch findet sich in den mitgliedstaatlichen Rechtsordnungen kein genaues Äquivalent. Fest steht, dass der Begriff der Dienstleistung von allgemeinem wirtschaftlichem Interesse auf die mitgliedstaatliche Interessenlage und nicht auf die der Gemeinschaft verweist, die erst in Art. 86 Abs. 2 S. 2 EGV als Schranken-Schranke zur Geltung kommt.[314]

(1) Merkmal der Allgemeinheit

Wesentliches Merkmal der Dienstleistungen von allgemeinem wirtschaftlichem Interesse, bei denen es sich nach *Götz*[315] richtigerweise um „wirtschaftliche Dienstleistungen von allgemeinem Interesse“[316] handelt, ist ihre Gemeinwohlorientiertheit. Die Dienstleistungen müssen „allgemein“ in dem Sinne sein, dass sie nicht einem reinen Gruppen- oder Individualinteresse entsprechen, sondern auch im öffentlichen Interesse liegen. Indiziell hierfür sind Tätigkeiten des Unternehmens, die eigentlich ihren wirtschaftlichen Interessen widersprechen, wie etwa das Erbringen von unrentablen Leistungen. Beispiele hierzu sind die Postzustellung, Infrastrukturleistungen in Form eines Eisenbahnbetriebes, der zur Versorgung entlegener Regionen bereitgestellt wird, oder die Dienstleistungen

---

[313] Siehe in diesem Zusammenhang das Grünbuch zu Dienstleistungen von allgemeinem Interesse vom 21.5.2003, KOM (2003) 270, S. 1ff. und Weißbuch zu Dienstleistungen von allgemeinem Interesse vom 12.5.2004, KOM (2004) 374, S.1ff.

[314] *Mestmäcker, Ernst-Joachim*, Staat und Unternehmen im europäischen Gemeinschaftsrecht. Zur Bedeutung von Art. 90 EWGV, in: RabelsZ 1988, S. 564; *Hochbaum, Ingfried F./Klotz, Robert*, Kommentierung, in: Groeben, Hans von der/Schwarze, Jürgen (Hrsg.), Kommentar zum Vertrag über die Europäische Union und zur Gründung der Europäischen Gemeinschaft, Band 2, 6. Auflage, Baden-Baden 2003, Art. 86 Rn. 54.

[315] *Götz, Volkmar*, Die Betrauung mit Dienstleistungen von allgemeinem wirtschaftlichen Interesse (Art. 86 Abs. 2 EG) als Akt der öffentlichen Gewalt, in: Geis, Max-Emanuel/Lorenz, Dieter, Festschrift für Hartmut Maurer zum 70. Geburtstag, München 2001, S.923.

[316] *Dohms, Rüdiger*, Kommentierung, in: Wiedemann, Gerhard, Handbuch des Kartellrechts, 1. Auflage, München 1999, § 35 Rn. 289.

einer Fluggesellschaft, die zur Bedienung unrentabler Linien verpflichtet wird.[317] Wie aus diesen Beispielen deutlich wird, können Dienstleistungen, die das Kriterium der Allgemeinheit erfüllen, vielfach durchaus relevant für den europäischen Binnenmarkt sein, da diese oftmals auch grenzüberschreitend erbracht werden.

Die Gemeinwohlverpflichtung besteht vor allem darin, dass bei der Erbringung von Dienstleistungen von allgemeinem wirtschaftlichem Interesse ohne Rücksicht auf Sonderfälle und Wirtschaftlichkeit jedes einzelnen Vorganges in der Regel Folgendes gewährleistet sein muss:

- die Versorgungssicherheit und Kontinuität,
- die flächendeckende Erbringung,
- der gleichberechtigte Zugang aller Bürger,
- eine bestimmte Qualität,
- die Berücksichtigung sonstiger Belange, z.B. sozialer, kultureller oder umweltpolitischer Art, und das alles zu
- erschwinglichen Preisen.[318]

Ein Interesse muss, um als „allgemein" qualifiziert werden zu können, nicht notwendig ein Interesse der Gesamtbevölkerung sein. Ein gemeines Interesse eines räumlich abgrenzbaren Bevölkerungsteils kann für die Qualifizierung des Interesses als „allgemein" genügen.[319] Der EuGH bestätigte im Urteil „Corsica Ferries"[320] eine weite Auslegung des Begriffs der Allgemeinheit. In ihm wurde das allgemeine wirtschaftliche Interesse an Festmachmanövern im Hafen bejaht. Dieses ergab sich dem EuGH zufolge aus der Verpflichtung der Festmacher, jederzeit für alle Hafenbenutzer einen allgemeinen Festmacherdienst aus Gründen der Sicherheit in Hafengewässern bereitzustellen. Italien habe es daher für erforderlich halten dürfen, örtlichen Festmachergruppen ein Ausschließlichkeitsrecht für den allgemeinen Festmacherdienst einzuräumen. In dem Urteil wurde davon ausgegangen, dass die Verbindung nahezu beliebiger Leistungen mit Gesichtspunkten des öffentlichen Interesses vor-

---

[317] EUGH, Rs. 66/86 (Ahmed Saeed), Slg. 1989, 803, Rn. 55; EuG, Rs. T-260/94 (Air Inter), Slg.1997, II-997, Rn. 141.

[318] Siehe *Bocklet, Reinhold*, Leistungen der Daseinsvorsorge im Konflikt mit EU-Wettbewerbsrecht, in: Schader-Stiftung (Hrsg.), Die Zukunft der Daseinsvorsorge öffentlicher Unternehmen im Wettbewerb, Schader-Kolloquium, Darmstadt 2001, S. 12f.

[319] *Jungbluth, Armin*, Kommentierung, in: Bunte, Hermann-Josef/Langen, Eugen (Hrsg.), Kommentar zum deutschen und europäischen Kartellrecht, Band 1, 9. Auflage, Neuwied 2001, Art. 86 Rn. 38.

[320] EuGH, Rs. C-18/93 (Corsica Ferries), Slg. 1994, I-1783, Rn. 45.

geschriebenen Leistungsmodalitäten für die Qualifizierung als Dienstleistungen von allgemeinem (wirtschaftlichem) Interesse ausreichend sei.

(2) Merkmal der Wirtschaftlichkeit

Die Unterscheidung zwischen Dienstleistungen von allgemeinem Interesse und Dienstleistungen von allgemeinem wirtschaftlichem Interesse ist bedeutsam, weil nur letztere den europäischen Wettbewerbsregeln unterliegen. Die Grenzen zwischen beiden Bereichen sind fließend, weil das Europäische Gemeinschaftsrecht keine objektiven Abgrenzungskriterien für beide definiert.[321] Public Private Partnerships müssen Dienstleistungen im allgemeinen wirtschaftlichem Interesse erbringen, damit sie unter die Ausnahmeregelung des Art. 86 Abs. 2 EGV subsumiert werden können. Bei der Differenzierung ist zu untersuchen, was unter dem Merkmal der wirtschaftlichen Tätigkeit zu verstehen ist.
In dem Fall „Corbeau“[322] ging es um spezialisierte, aber marktförmige und vom allgemeinen Postdienst trennbare Dienstleistungen. Der EuGH umschrieb den Begriff „Dienstleistung von allgemeinem wirtschaftlichem Interesse“ zunächst als Leistungen „zugunsten sämtlicher Nutzer, im gesamten Hoheitsgebiet des betreffenden Mitgliedstaats, (...), ohne Rücksicht auf Sonderfälle und auf die Wirtschaftlichkeit des einzelnen Vorgangs“. Nunmehr gilt nach Auffassung des EuGH im Fall „Pavel Pavlov“[323] als „... eine wirtschaftliche Tätigkeit jede Tätigkeit, die darin besteht, Güter oder Dienstleistungen auf einem bestimmten Markt anzubieten“.
Bei der Frage, ob sich der Dienstleistungsauftrag auf einen dem Markt zugehörigen oder nicht-zugehörigen Bereich bezieht, sind zunächst die Gegebenheiten im betreffenden Mitgliedstaat sowie die Lage in den anderen Mitgliedstaaten zu untersuchen. Die Einstufung hängt jeweils vom Umfeld ab, in dem der Auftrag erfüllt wird. Es bestehen keine Abgrenzungsprobleme, wenn bereits im Mitgliedstaat selbst Privatunternehmen mit privilegierten Unternehmen konkurrieren. In diesem Fall ist ohne Zweifel von marktförmigen Strukturen auszugehen. Dies gilt ebenso dort,

---

[321] Mitteilung der Kommission zur Daseinsvorsorge, ABl. 1996 Nr. C 282/4.
[322] EuGH, Rs. C-320/91 (Corbeau), Slg. 1993, I-2533, Rn. 15.
[323] EuGH, verb. Rs. C-180/98 u. 184/98 (Pavel Pavlov/Stichting Pensionfonds Medische Specialisten), Slg. 2000, I-6451.

wo ein Mitgliedstaat die Herausbildung von Konkurrenz durch Begründung von Monopolstellungen verhindert oder verhängt. Eine Tätigkeit kann nichtwirtschaftlicher Natur sein, wenn sie in einem Sektor erbracht wird, in dem sich bislang keine Marktstrukturen herausgebildet haben. Ein- und dieselbe Tätigkeit wird wiederum dann zu einer wirtschaftlichen Tätigkeit, wenn sich private Anbieter im jeweiligen Sektor etablieren und so ein Markt entsteht.[324]
In der Entscheidung in der Rechtssache „Porto di Genova"[325] sprach der EuGH Hafenarbeiten den Charakter als „Dienstleistungen von allgemeinem wirtschaftlichem Interesse" ab. Dies begründete er damit, dass an den Hafenarbeiten kein allgemeines wirtschaftliches Interesse bestehe, „das sich von dem Interesse an anderen Tätigkeiten des Wirtschaftslebens besonders unterscheidet (...)". Der EuGH entschied genauso im Urteil „GT-Link"[326], indem er erklärte, dass ein allgemeines wirtschaftliches Interesse gegenüber dem Interesse an anderen Tätigkeiten des Wirtschaftslebens „spezifische Merkmale" aufweisen müsse.
Im Grunde wird politisch oder rechtlich im jeweils vorliegenden Fall entschieden, ob eine bestimmte Dienstleistung dem einen oder dem anderen Bereich zuzuordnen ist.[327] Die Mitgliedstaaten haben insofern keine effektive Kontrolle darüber, ob eine Tätigkeit marktbezogen ist oder nicht.
Typische anerkannte Fälle der Dienstleistungen von allgemeinem wirtschaftlichem Interesse sind Infrastrukturdienste im Bereich der Energieversorgung, des Verkehrssektors, der Wasserversorgung, der Entsorgung, der Post, der Telekommunikation, etc..[328]
Es handelt sich bei diesen Dienstleistungen im Kern um marktbezogene, d.h. in Marktprozessen oder bisher in Wettbewerbsausnahmebereichen erbrachte Güter und Dienstleistungen. Zu den Gütern und Dienstleistun-

---

[324] Vgl. *Nettesheim, Martin*, Europäische Beihilfeaufsicht und mitgliedstaatliche Daseinsvorsorge, EWS 2002, S. 255.
[325] EuGH, Rs. 179/90 (Porto di Genova), Slg. 1991, I-5889, Rn. 25.
[326] EuGH, Rs. C-242/95 (GT-Link), Slg. 1997, I-4449, 4451 4. LS u. 4469, Rn. 53.
[327] *Cox, Helmut*, Zur Organisation der Daseinsvorsorge in Deutschland: Stand und Entwicklungstendenzen in europäischer Perspektive, in: Schader-Stiftung (Hrsg.), Die Zukunft der Daseinsvorsorge öffentlicher Unternehmen im Wettbewerb, Schader-Kolloquium, Darmstadt 2001, S. 28.
[328] EuGH, Rs. C-320/91 (Corbeau), Slg. 1993, I-2533, Rn. 15; EuGH, Rs. C-159/94 (Monopole bei Strom und Gas), Slg. 1997, I-5815, Rn. 44; EuGH, Rs. C-157/94 (Kommission/Niederlande), Slg. 1997, I-5699 ff; ferner Nachweise bei *Burchard, Friedrich von*, Kommentierung, in: Schwarze, Jürgen (Hrsg.), EU-Kommentar, Baden-Baden 2000, Art. 86 Rn. 52ff.

gen von allgemeinem nichtwirtschaftlichem Interesse zählen beispielsweise die öffentliche Sicherheit, kulturelle Dienste, soziale bzw. Wohlfahrtsdienste und Bildungsgüter, wie Schule und Universität.
Art. 86 Abs. 2 EGV ist danach für PPP anwendbar, wenn sie in bereits anerkannten Bereichen der Erbringung von Dienstleistungen im allgemeinem wirtschaftlichem Interesse tätig werden. Durch die Etablierung von PPP in bislang nichtwirtschaftlichen Dienstleistungsbereichen können diese in allgemeinem wirtschaftlichem Interessen dienende Bereiche umgewandelt werden, da sich hierdurch Marktstrukturen entwickeln. Als Beispiel für die Entwickung einer Dienstleistung von allgemeinem nichtwirtschaftlichem Interesse zu einer Dienstleistung von allgemeinem wirtschaftlichem Interesse kann eine PPP im Rahmen der Umsetzung einer Justizvollzugsanstalt angeführt werden, so wie es bei der JVA in Nordrhein-Westfalen der Fall ist. Hier werden sowohl der Bau als auch der anschliessende Betrieb zwischen öffentlicher Hand und Privaten aufgeteilt, wobei die Privaten nach Inbetriebnahme der JVA wesentliche Funktionen im Facility-Management übernehmen. Als weiteres Beispiel kann der Bau und die Managementumsetzung bei Schulprojekten in Hessen[329] und Nordrhein-Westfalen[330] in Form von Public Private Partnerships genannt werden.
Dieses Beispiel veranschaulicht, dass sich beim Übergang von nichtwirtschaftlichen in wirtschaftliche Dienstleistungen zunächst ein Markt auf nationaler Ebene herausbildet. Damit wird deutlich, dass erst nach der Bildung von Marktstrukturen in verschiedenen EU-Staaten eine grenzüberschreitende und damit europarechtliche Wettbewerbsrelevanz entstehen kann. Daher werden Public Private Partnerships, die zunächst Dienstleistungen von allgemeinem nichtwirtschaftlichem Interesse erbringen und später durch die entwickelten Marktstrukturen Dienstleistungen von allgemeinem wirtschaftlichem Interesse erfüllen zunächst nur kommunale, regionale oder nationale Relevanz haben.

---

[329] *Dünchheim, Thomas*, Sanierung und Bewirtschaftung des Bestehenden, Das Monheimer Modell zur Schulbausanierung, in: Proll, Uwe/Drey, Franz, Die 20 Besten: PPP-Beispiele aus Deutschland, Köln 2006, S.123ff.
[330] *Berger, Matthias*, Die Schulsituation verbessert, PPP Köln P1 – Expresspaket, in: Proll, Uwe/Drey, Franz, Die 20 Besten: PPP-Beispiele aus Deutschland, Köln 2006, S.109ff.

(3) Mitteilung der Kommission zu den Leistungen der Daseinsvorsorge in Europa

(a) Einleitung

Die Kommission präzisierte in ihrer Mitteilung zu den „Leistungen der Daseinsvorsorge in Europa“[331] ihre Vorstellungen von der Liberalisierung und Wettbewerbsöffnung im Bereich der Daseinsvorsorge. Ihrer Meinung zufolge liegt eine schrittweise Öffnung des Marktes Vorteile für den Bürger. Inwieweit die Bereiche der öffentlichen Daseinsvorsorge so schützenswert sind, dass sie nicht der strengen Kontrolle des europäischen Wettbewerbsrechts unterliegen, ist nach Meinung der Kommission anhand des jeweiligen Einzelfalls zu prüfen. Die genaue Zurechnung der einzelnen Leistungen zur Daseinsvorsorge will die Kommission den Mitgliedstaaten selbst überlassen und sich selber auf die bloße Missbrauchskontrolle beschränken.[332]

(b) Begriff der Daseinsvorsorge nach der Kommission

In ihrer Mitteilung definiert die Kommission den Begriff „Daseinsvorsorge“ als „marktbezogene Tätigkeiten, die im Interesse der Allgemeinheit erbracht und daher von den Behörden mit spezifischen Gemeinwohlverpflichtungen verknüpft werden“.

Die Kommission wendet Art. 86 Abs. 2 EGV nach folgenden Grundsätzen an:

- *Neutralitätsgrundsatz:* Danach ist es gemeinschaftsrechtlich irrelevant, ob Leistungen der Daseinsvorsorge durch öffentlich-rechtlich organisierte Organe oder privatrechtlich organisierte Unternehmen erbracht werden.
- *Gestaltungsfreiheitsgrundsatz:* Dieser besagt, dass die Mitgliedstaaten vorrangig für die Definition dessen zuständig sind, was als Dienstleistung von allgemeinem wirtschaftlichem Interesse zu gelten hat. Die Frage, ob ein Dienst als Leistung der Daseinsvorsorge anzusehen

[331] Mitteilung der Kommission zur Daseinsvorsorge in Europa, ABl. 2001 Nr. C 17.
[332] *Schwarze, Jürgen,* Einführung: Daseinsvorsorge im Lichte des Wettbewerbsrechts, in: Schwarze, Jürgen (Hrsg.), Daseinsvorsorge im Lichte des Wettbewerbsrechts, Baden-Baden 2001, S. 12.

sei und wie er organisiert werden solle, werde zunächst auf nationaler Ebene entschieden. Wo es noch keine gemeinschaftsrechtlichen Vorschriften gebe, hätten die Mitgliedstaaten bei der Gestaltung ihrer einschlägigen Politik großen Spielraum. Hier unterlägen sie lediglich einer Kontrolle auf offenkundige Fehler.

- *Verhältnismäßigkeitsgrundsatz:* Danach dürfen Einschränkungen des Wettbewerbs oder der Binnenmarktfreiheiten nicht über das zur Erfüllung des Auftrages erforderliche Maß hinausgehen.
- *Transparenzgrundsatz:* Die Mitgliedstaaten sind von der Kommission angehalten, Aufgaben im Rahmen der Daseinsvorsorge auf der lokalen, regionalen und nationalen Ebene klar zu definieren, um größtmögliche Transparenz zu gewährleisten.

Die Kommission führt im Weiteren in ihrer Mitteilung Beispiele dafür an, was alles unter den Begriff der Daseinsvorsorge subsumiert werden kann: die Telekommunikation, der Postdienst, der Verkehr, die Energie, der Hörfunk und das Fernsehen. Von der Kommission anerkannte nichtwirtschaftliche Tätigkeiten sind beispielsweise Bereiche der inneren und äußeren Sicherheit, Justiz, Aktivitäten öffentlicher Schulen, sozialer Pflichtversicherungssysteme und von Organisationen, die soziale Aufgaben erfüllen, die nicht gewerblichen Zwecken dienen.

(c) Ergebnis

Die Mitteilung der Kommission zur Daseinsvorsorge verdeutlicht zunächst zwei Einschränkungen für die Anwendbarkeit der EG-Wettbewerbsregeln hinsichtlich der Daseinsvorsorge. Nach der Kommissionsansicht gelten die europäischen Wettbewerbsregeln nicht für Tätigkeiten nichtwirtschaftlicher Natur und rein innerstaatliche Sachverhalte, d.h. für Fälle, in denen eine Beeinträchtigung des Handels zwischen Mitgliedstaaten ausgeschlossen werden kann.

Diese neugefasste Kommissionsmitteilung zur Daseinsvorsorge bietet insgesamt einen gelungenen Ausgleich zwischen den Anforderungen einer funktionsfähigen mitgliedstaatlichen Daseinsvorsorge einerseits

und den Anforderungen des Wettbewerbsprinzips andererseits.[333] Durch die Kontrolle des angemessenen Ausgleichs und damit gleichzeitigem Zwang zur Rechtfertigung der gewährten Vergünstigungen entsteht ein höherer Effizienzdruck[334], der unter Umständen einen mittelbaren Anreiz zur Privatisierung öffentlicher Dienstleistungen hervorruft.[335] Zudem vermeidet die Unterstreichung der Regelungskompetenz der Mitgliedstaaten eine unnötige Restriktion ihres Gestaltungsspielraumes.[i] Die Kommission hat durch ihre neue Mitteilung zur Daseinsvorsorge gezeigt, dass ihr an der Schaffung von mehr Rechtssicherheit zu Gunsten der betroffenen Adressaten gelegen ist, wie man an dem Beispielskatalog sehen kann. Gleichwohl wird infolge der vagen Beschreibungen ein nicht zu unterschätzendes und nicht unerhebliches „Restrisiko" bei der Einschätzung beihilfenrechtlich relevanter Sachverhalte für die Adressaten bei der Anwendung der gemeinschaftlichen Vorschriften bleiben.
Nach Kommissionsansicht ist das Nachgehen von Tätigkeiten wirtschaftlicher Natur im Bereich der Daseinsvorsorge Voraussetzung für die Anwendbarkeit des Art. 86 Abs. 2 EGV auf Public Private Partnerships. Dabei ist relevant, dass marktbezogene Tätigkeiten im Allgemeininteresse erbracht werden und gemeinwohlspezifische Verpflichtungen erfüllen. Durch die Mitteilung haben die Mitgliedstaaten einen attraktiven Gestaltungsfreiraum, um PPP-Projekte umzusetzen und Märkte zu schaffen.

(4) Spielraum der Mitgliedstaaten bei der Bestimmung von Gemeinwohlanliegen

Die Entscheidung darüber, ob ein Dienst von allgemeinem wirtschaftlichem Interesse vorliegt und dann ein Unternehmen damit betraut wird, liegt gemäß dem Subsidiaritätsprinzip in dem Ermessen des jeweiligen Mitgliedstaates. Bei der Bestimmung von Gemeinwohlanliegen, die sich marktförmig nicht erreichen lassen und deshalb durch einen besonderen

---

[333] Siehe auch *Schwarze, Jürgen*, Daseinsvorsorge im Lichte des europäischen Wettbewerbsrechts, EuZW 2001, S. 339; Mit Bedenken hingegen *Ennuschat, Jörg*, Die neue Mitteilung der EU-Kommission zu den Leistungen der Daseinsvorsorge in Europa, RdE 2001, S. 50.
[334] *Gross, Ivo*, Das Europäische Beihilferecht im Wandel – Probleme, Reformen, Perspektiven, Baden-Baden 2004, S. 141.
[335] *Kahl, Wolfgang*, Das öffentliche Unternehmen im Gegenwind des europäischen Beihilferegimes, NVwZ 1996, S. 1082ff.; *Paulweber, Michael/Weinand, Armin*, Europäische Wettbewerbspolitik und liberalisierte Märkte, EuZW 2001, S. 232.

Dienstleistungsauftrag erfüllt werden sollen, ist in der Rechtsprechung des EuGH anerkannt, dass den Mitgliedstaaten hierfür ein weiter Bestimmungsspielraum zusteht.[336] Auch die Kommission formuliert in ihrer Mitteilung zur Daseinsvorsorge[337] den Gestaltungsfreiheitsgrundsatz für die Mitgliedstaaten, der besagt, dass die Mitgliedstaaten vorrangig für die Definition dessen zuständig sind, was als Dienstleistung von allgemeinem wirtschaftlichem Interesse zählt.

Die Mitgliedstaaten können frei bestimmen, welche Anliegen sie gemeinwirtschaftlich verfolgen wollen, solange es sich um Ziele und Interessen handelt, die sich „von dem Interesse an anderen Tätigkeiten des Wirtschaftslebens besonders unterscheiden".[338] In diesem Zusammenhang entscheiden die Mitgliedstaaten auch selbst, ob sie die Leistungen über ihre eigene Verwaltung direkt erbringen oder ob sie einen Dritten, wie eine PPP, mit der Leistungserbringung beauftragen. Bei der Einbindung von Dritten als Dienstleistungserbringer können die Mitgliedstaaten diesen Pflichten auferlegen, die mit dem Gemeinschaftsrecht vereinbar sein müssen.

Als Sektoren, in denen Unternehmen heute international operieren und in denen grenzüberschreitende und damit binnenmarktrelevante PPP-Projekte zur Sicherung von Daseinsvorsorgeleistungen vorstellbar sind, können beispielsweise der Energie-, Wasserversorgungs- oder Abfallbeseitigungssektor angeführt werden. Bei PPP-Projekten, wie zum Beispiel in den angeführten Sektoren, haben die jeweiligen Mitgliedstaaten im Rahmen des ihnen eingeräumten Gestaltungsspielraumes die Möglichkeit, den Leistungsumfang, die Zugangsmöglichkeiten, die Versorgungssicherheit, die Kontinuität sowie das Preisniveau vorzugeben.

Zudem sind die Mitgliedstaaten für die Finanzierung von Dienstleistungen und die Berechnung der zusätzlichen Kosten für die Erbringung der Leistungen zuständig. Die Gemeinschaft kann sich dabei über die Kofinanzierung spezieller Projekte an der Finanzierung beteiligen.

---

[336] Schlussantrag des GA de Lamothe, EuGH Rs. 10/71 (Hafen von Mertert), Slg. 1971, 723-732, 739; so zuletzt Schlussanträge des GA Tizzano EuGH, Rs. C-53/00 (Ferring/ACOSS), Slg. 2001, I-9067, Rn. 51.

[337] Mitteilung der Kommission zur Daseinsvorsorge in Europa, ABl. 2001 EG Nr. C 17, Rn. 22.

[338] EuGH, Rs. C-242/95 (GT-Link), Slg. 1997, I-4449, Rn. 53; EuGH, Rs. 179/90 (Porto di Genova), Slg. 1991, I-5889, Rn. 27; EuGH, Rs. C-18/93 (Corsica Ferries), Slg. 1994, I-1783, Rn. 45.

Die Bestimmungsfreiheit der Mitgliedstaaten ist zwar weit, aber dennoch nicht ohne Schranken. Sie findet ihre Grenzen dort, wo es um Aufgabenstellungen geht, die von den Marktkräften ebenso effizient gelöst werden können wie vom Träger eines besonderen Dienstleistungsauftrages.[339] Auch das allgemeine Ziel, Arbeitsplätze zu erhalten, ist nach dem EuGH ein Ziel, das den Marktkräften überlassen werden kann und daher nicht die Vergabe eines besonderen Dienstleistungsauftrags nach Art. 86 Abs. 2 EGV rechtfertigt.[340]
Der weite Gestaltungsspielraum der Mitgliedstaaten kann von der Kommission nur auf „offenkundige Fehler" überprüft werden.[341] Das Ausmaß der Freistellung wiederum unterliegt auch hier einer Kontrolle am Maßstab des gemeinschaftlichen Interesses an einem Binnenmarkt mit unverfälschtem Wettbewerb.[342] Für die Entscheidung des Gemeinwohlanliegens sind letztlich die wirtschaftspolitischen Grundlagen des jeweiligen Mitgliedstaates ausschlaggebend. Deshalb können die von Art. 86 Abs. 2 EGV erfassten Dienste von Mitgliedstaat zu Mitgliedstaat unterschiedliche Tätigkeiten betreffen.
Die Mitgliedstaaten sind also für die Definition, Organisation, Finanzierung und Überwachung der Dienstleistungen von allgemeinem wirtschaftlichem Interesse zuständig.

(5) Universaldienstleistungen

Universaldienstleistungen[343] stellen nach der europarechtlichen Terminologie einen Unterfall der Leistungen der Daseinsvorsorge bzw. der Dienstleistungen im Allgemeininteresse bzw. der gemeinwohlorientierten Dienstleistungen dar. Es handelt sich bei Universaldienstleistungen um

---

[339] *Nettesheim, Martin,* Europäische Beihilfeaufsicht und mitgliedstaatliche Daseinsvorsorge, EWS 2002, S. 255.
[340] EuGH, Rs. C-159/94 (Energiemonopole Frankreich), Slg. 1997, I-5814, Rn. 55 u. 56.
[341] Die Kommission spricht davon, dass sie dort einzuschreiten willens sei, wo die Mitgliedstaaten in Wahrnehmung ihrer Gestaltungsfreiheit "offenkundige Fehler" machen, Mitteilung der Kommission zur Daseinsvorsorge in Europa, ABl. 2001 Nr. C 17, Rn. 22.
[342] *Burchard, Friedrich von,* Kommentierung, in: Schwarze, Jürgen (Hrsg.), EU-Kommentar, Baden-Baden 2000, Art. 86 Rn. 77.
[343] Siehe Abschnitte 50 bis 54 in: Grünbuch zu Dienstleistungen von allgemeinem Interesse vom 21.5.2003, KOM (2003) 270; Weissbuch zu Dienstleistungen von allgemeinem Interesse vom 12.5.2004, KOM (2004) 374, S. 9.

Mindest- oder Basisdienstleistungen, die im Allgemeininteresse erbracht werden und spezifische Eigenschaften haben, wie

- Gleichheit des Angebots (und nicht marktselektives Angebot) in einem nationalen oder supranationalen Raum hinsichtlich Quantität und Qualität der Dienste,
- diskriminierungsfreier Zugang für alle,
- Qualität der Dienste,
- Kontinuität des Angebots, z.B. hinsichtlich Versorgungssicherheit bei Dienstleistungen, die für Gemeinwesen und Individuum besonders bedeutsam sind, und
- Erschwinglichkeit des Preises, damit auch minderbemittelte Bevölkerungsschichten nicht von der Nachfrage nach Dienstleistungen im Allgemeininteresse ausgeschlossen sind.

Universaldienstleistungsrichtlinien der EU und entsprechende Verordnungen auf einzelstaatlicher Ebene beziehen sich vorzugsweise auf die Sicherstellung eines flächendeckenden Mindestangebots von Infrastrukturdiensten in einem bestimmten Raum zu angemessenen und erschwinglichen Preisen.[344]

PPP können auch Universaldienstleistungen erbringen. Sie sind genauso gut, wenn nicht sogar besser in der Lage als vormals der Staat alleine, die Leistungen sowohl flächendeckend und kontinuierlich anzubieten, weil sie Elemente des privatwirtschaftlichen Sektors mit einbeziehen, wie beispielsweise größere Effizienz und stärkere Kostenkontrolle. Als Beispiel für Public Private Partnerships, die Universaldienstleistungen erbringen können, solche angeführt werden, die im Bereich der Postzustellung, der Telekommunikation, der Energie- Abfall- oder Abwasserentsorgung agieren. Für diese PPP ist des Weiteren vorstellbar, dass sie nicht nur national sondern auch international tätig werden und somit unter das europäische Wettbewerbsrecht fallen können.

[344] Vgl. *Cox, Helmut*, Öffentliche Dienstleistungen in der Europäischen Union. Zum Spannungsfeld zwischen Service Public und Wettbewerbsprinzip, Baden-Baden 1996, S. 9.

(6) Bedeutung des Art. 16 EGV für Dienstleistungen von allgemeinem wirtschaftlichem Interesse

Durch den am 1. Mai 1999 in Kraft getretenen Amsterdamer Vertrag[345] ist ein neuer Art. 16 in den EGV eingeführt worden. Art. 16 EGV ist Teil der Grundsätze des Vertrages und somit bei der Auslegung und Anwendung der übrigen Vertragsbestimmungen zu berücksichtigen.[346] Die deutsche Fassung des Art. 16 EGV weicht von der Begrifflichkeit des Art. 86 Abs. 2 S. 1 EGV insoweit ab, als nicht von „Dienstleistungen", sondern von „Diensten" von allgemeinem wirtschaftlichem Interesse die Rede ist. Die anderen Sprachfassungen des EGV verwenden in den Art. 16 EGV und Art. 86 Abs. 2 EGV jeweils eine einheitliche Bezeichnung, so dass es sich hierbei um eine Besonderheit der deutschen Fassung handelt, die in der Sache aber das Gleiche meint. Die Vorschrift des Art. 16 EGV unterstreicht die von der Kommission geäußerte Ansicht, die gemeinwohlorientierte Wirtschaftsform gehöre zum „Kern des europäischen Gesellschaftsmodells"[347]. Die Leistungen der Daseinsvorsorge sind nicht mehr nur Durchbrechung des marktwirtschaftlichen Prinzips, sondern bilden ein eigenständiges Rechtsgut des Vertrages.[348] Art. 16 EGV verankert den Schutz gemeinwohlorientierter Wirtschaftsformen als legitimes Handlungsziel der EG und der Mitgliedstaaten in der Europäischen Wirtschaftsverfassung.[349]

Mit Art. 16 EGV wird eingeräumt, dass es Bereiche nichthoheitlicher Leistungserstellung gibt, die jenseits des marktwirtschaftlichen Steuerungssystems liegen.[350] Da die Dienste von allgemeinem wirtschaftlichem Interesse in den Mitgliedstaaten sehr unterschiedlich ausgeprägt sind, umfasst Art. 16 EGV eine Anerkennung der Verschiedenheit der

---

[345] Ziel des Vertrages ist die Nachbesserung der bisherigen Verträge (EU-Vertrag, EG-Vertrag, EAG-Vertrag, EGKS-Vertrag) und die strukturelle Vorbereitung der EU auf die Osterweiterung.

[346] *Lenz, Carl-Otto,* Kommentierung, in Lenz, Carl-Otto, (Hrsg.), EG-Vertrag, Kommentar zu dem Vertrag zur Gründung der Europäischen Gemeinschaften, in der durch den Amsterdamer Vertrag geänderten Fassung 2. Auflage, Köln 1999, Art. 16 Rn. 10.

[347] Mitteilung der Kommission "Leistungen der Daseinsvorsorge in Europa", ABl. 1996 Nr. C 281/3 Rn. 1.

[348] *Hatje, Armin,* Kommentierung, in; Schwarze, Jürgen (Hrsg.), EU-Kommentar, Baden-Baden 2000, Art. 16 Rn. 2.

[349] *Hatje, Armin,* Kommentierung, in; Schwarze, Jürgen (Hrsg.), EU-Kommentar, Baden-Baden 2000, Art. 16 Rn. 4.

[350] Im folgenden dazu *Harms, Jens,* Daseinsvorsorge im Wettbewerb. Zur Abgrenzung von Dienstleistungen von allgemeinem wirtschaftlichem Interesse im Sinne der Art. 16 und 86 EGV, in: Brede, Helmut (Hrsg.), Wettbewerb und die Erfüllung öffentlicher Aufgaben, Baden-Baden 2001, S. 27.

Leistungsstrukturen der Mitgliedstaaten und der dahinter liegenden gesellschaftlichen Werte. Somit werden ordnungspolitische Unterschiede und damit die Sicherung der Funktionsfähigkeit der jeweiligen Ordnungssysteme indirekt anerkannt. Dies ist Voraussetzung dafür, dass die Dienste ihre Aufgaben erfüllen können.
Die EU hat zu gewährleisten, dass es durch sie nicht zu Diskontinuitäten und Unterbrechungen im Angebot der Daseinsvorsorgeleistungen kommt, sondern dass die gemeinwohldienlichen Leistungen weiterhin in gewohnter Qualität erbracht werden können.[351] Die Vorschrift des Art. 16 EGV legt eine Aufgabe der Gemeinschaft und der Mitgliedstaaten fest. Mangels hinreichender Bestimmtheit ist die Vorschrift keiner unmittelbaren Geltung fähig.[352] Sie begründet weder Leistungsansprüche des Bürgers noch Abwehrrechte der Unternehmen.[353] Die Befugnisse der Mitgliedstaaten und der Gemeinschaft ergeben sich nicht aus Art. 16 EGV[354], sondern aus dem nationalen Recht einerseits und weiteren Vorschriften des EGV andererseits, wie beispielsweise Art. 86 Abs. 2 EGV.[355]
Die Tragweite des Art. 16 EGV ist dadurch erheblich eingeschränkt, dass die Art. 73, 86 und 87 EGV „unbeschadet" gelten. Damit ist namentlich jede Änderung am Inhalt von Art. 86 EGV ausgeschlossen. Der Grundsatz einer offenen Marktwirtschaft mit freiem Wettbewerb bildet auch weiterhin die Regel. Die praktische Bedeutung des Art. 16 EGV dürfte daher begrenzt bleiben.[356] Art. 16 EGV erkennt grundlegend die Daseinsvorsorge an.[357]

---

[351] *Nettesheim, Martin,* Mitgliedstaatliche Daseinsvorsorge im Spannungsfeld zwischen Wettbewerbskonformität und Gemeinwohlverantwortung, in: Hrbek, Rudolf (Hrsg.), Europäische Union und mitgliedstaatliche Daseinsvorsorge, Baden-Baden 2002, S. 51.
[352] *Hatje, Armin,* Kommentierung, in; Schwarze, Jürgen (Hrsg.), EU-Kommentar, Baden-Baden 2000, Art. 16 Rn. 7.
[353] *Hatje, Armin,* Kommentierung, in; Schwarze, Jürgen (Hrsg.), EU-Kommentar, Baden-Baden 2000, Art. 16 Rn. 7, ebenso *Lenz, Carl-Otto,* Kommentierung, in: Lenz, Carl-Otto (Hrsg.), EG-Vertrag, Kommentar zur Gründung der Europäischen Gemeinschaften, in der durch den Amsterdamer Vertrag geänderten Fassung, 2. Auflage, Köln 1999, Art. 16 Rn. 6.
[354] Beide Akteure sollen ausdrücklich nur "im Rahmen ihrer jeweiligen Befugnisse" diese Aufgaben erfüllen.
[355] *Hatje, Armin,* Kommentierung, in; Schwarze, Jürgen (Hrsg.), EU-Kommentar, Baden-Baden 2000, Art. 16 Rn. 8.
[356] *Hatje, Armin,* Kommentierung, in; Schwarze, Jürgen (Hrsg.), EU-Kommentar, Baden-Baden 2000, Art. 16 Rn. 9.
[357] *Hatje, Armin,* Kommentierung, in; Schwarze, Jürgen (Hrsg.), EU-Kommentar, Baden-Baden 2000, Art. 16 Rn. 1.

(7) Art. 36 der EU-Grundrechtscharta

In der Grundrechtscharta der EU[358] werden die Dienstleistungen von allgemeinem wirtschaftlichem Interesse in Art. 36 behandelt. In diesem schließt die Bundesregierung die Möglichkeit aus, Dienstleistungen von allgemeinem wirtschaftlichem Interesse auf Gemeinschaftsebene zu regeln, und fordert Autonomie in der Entscheidung über diese Dienste, ohne jedoch eine Änderung des EGV zu verlangen.[359]
Durch den Art. 36 der EU-Grundrechtscharta erhält Art. 16 EGV eine politische Bekräftigung. Wie auch Art. 16 EGV kommt Art. 36 der Grundrechtscharta hinsichtlich der Betrachtung von Dienstleistungen von allgemeinem wirtschaftlichem Interesse keinerlei Änderungswirkung zu. Zumal anzumerken ist, dass die Grundrechtscharta derzeit noch nicht rechtlich verbindlich ist.

b) Betrauung

Ein Unternehmen, hier in Form einer PPP, muss mit einer Dienstleistung von allgemeinem wirtschaftlichem Interesse betraut worden sein, wenn es für seine Tätigkeit unter die Ausnahmeregelung des Art. 86 Abs. 2 EGV fallen soll. Die Unternehmen müssen dafür keine öffentlichen Unternehmen i.S.v. Art. 86 Abs. 1 EGV sein. Entscheidend ist allein die Betrauung mit der entsprechenden Aufgabe.[360] Der EuGH legt an den Begriff der Betrauung sehr enge Kriterien an. Dies liegt darin begründet, dass eine klare Wortauslegung schwierig möglich ist, da der Begriff der „Betrauung" in den verschiedenen Vertragssprachen unterschiedliche Bedeutungen hat.

(1) Materieller Inhalt eines Betrauungsaktes

Die materielle Betrauung erfolgt in der Weise, dass das im Betrauungsakt bezeichnete Unternehmen verpflichtet wird, eine konkrete Dienstleistung von allgemeinem wirtschaftlichem Interesse zu erbringen. Diese

[358] Kommission ABl. 2000 Nr. C 364/1f. (Grundrechte der europäischen Union).
[359] Stellungnahme der Bundesrepublik Deutschland zu den Arbeiten der EU-Kommission gemäß Ziffer E 45 der Schlussfolgerungen des Europäischen Rates von Nizza, Brüssel 20.9.2001.
[360] *Dohms, Rüdiger*, Die Vorstellungen der Kommission zur Daseinsvorsorge, in: Schwarze, Jürgen (Hrsg.), Daseinsvorsorge im Lichte des Wettbewerbsrechts, Baden-Baden 2001, S. 68.

Dienstleistung ist selbst dann zu erbringen, wenn dies im Einzelfall wirtschaftlich unrentabel ist, also das unternehmerische, am Gewinnziel orientierte Eigeninteresse im Einzelfall einer derartigen Dienstleistungserbringung entgegenstehen würde.[361]

(2) Notwendigkeit eines formellen Betrauungsaktes

Die Aufgabenbetrauung kann nur als Betrauung angesehen werden, sofern sie durch einen Hoheitsakt der öffentlichen Gewalt erfolgt ist.[362] Allerdings muss es sich bei diesem Hoheitsakt nicht um eine Rechtsvorschrift handeln, es genügt eine Betrauung durch öffentlich-rechtliche Konzession.[363] Nicht ausreichend ist eine sogenannte „faktische Betrauung", also der Umstand, dass ein Unternehmen rein tatsächlich, Dienstleistungen von allgemeinem wirtschaftlichem Interesse erbringt.[364] Eine hoheitliche Erlaubnis, die lediglich der Reglementierung privater Interessen dient, reicht ebenso wenig aus[365] wie eine passive Erlaubnis oder ein allgemeiner Rechtsrahmen für grundsätzlich jedermann offenstehenden Tätigkeiten.[366] Die Rechtslage verändert sich dann, wenn die Erlaubnis an konkrete Auflagen gekoppelt ist.[367] Es muss sich dabei um eine spezifisch für das jeweilige Unternehmen geltende besondere

---

[361] Vgl. *Schweitzer, Heike*, Daseinsvorsorge, service public, Universaldienst, Art. 86 Abs. 2 EG-Vertrag und die Liberalisierung in den Sektoren Telekommunikation, Energie und Post, Baden-Baden, 2002, S. 103; *Mestmäcker, Ernst-Joachim*, Staat und Unternehmen im europäischen Gemeinschaftsrecht. Zur Bedeutung von Art. 90 EWGV, RabelsZ 1988, S. 565; *Pernice, Ingolf/Wernicke, Stephan*, Kommentierung, in: Grabitz, Eberhard/Hilf, Meinhard (Hrsg.), Das Recht der Europäischen Union, Kommentar zur Europäischen Union, Band 1, Loseblattsammlung, München 2005, Art. 86 Rn. 36; EuGH, Rs. 66/86 (Ahmed Saeed), Slg.1989, 803, 853.

[362] EuGH, Rs. 127/73 (BRT/SABAM), Slg. 1974, 313, 318; EuGH, Rs. 172/80 (Züchner/Bayerische Vereinsbank), Slg. 1981, 2021, 2030; *Pernice, Ingolf/Wernicke, Stephan*, Kommentierung, in: Grabitz, Eberhard/Hilf, Meinhard (Hrsg.), Das Recht der Europäischen Union, Kommentar zur Europäischen Union, Band 1, Loseblattsammlung, München 2005, Art. 86 Rn. 42.

[363] *Tettinger, Peter*, Die öffentlichen Unternehmen im primären Gemeinschaftsrecht unter besonderer Berücksichtigung der Energiewirtschaft, DVBl. 1994, S. 89; EuGH, Rs. C-393/92 (Almelo/Energiebedrijf Ijsselmij), Slg. 1994, I-1477, 1520, Rn. 47; EuGH, Rs. C-159/94 (Energiemonpole Frankreich), Slg. 1997, I–5815, 5836, Rn. 66 u. 67.

[364] So *Hochbaum, Ingfried F./Klotz, Robert*, Kommentierung, in: Groeben, Hans von der/Schwarze, Jürgen (Hrsg.), Kommentar zum Vertrag über die Europäische Union und zur Gründung der Europäischen Gemeinschaft, Band 2, 6. Auflage, Baden-Baden 2003, Art. 86 Rn. 57; *Mestmäcker, Ernst-Joachim*, Staat und Unternehmen im europäischen Gemeinschaftsrecht. Zur Bedeutung von Art. 90 EWGV, RabelsZ 1988, S. 562.

[365] EuGH, Rs. 7/82 (GVL/Kommission), Slg. 1983, 483, 504.

[366] *Jung, Christian*, in: Calliess, Christian/Ruffert, Matthias (Hrsg.), Kommentar des Vertrages über die Europäische Union und des Vertrages zur Gründung der Europäischen Gemeinschaft, 2. Auflage, Neuwied 2002, Art. 86 Rn. 39. Zum Verhältnis Betrauung und Erlaubnis: Kommission ABl. 1981 Nr. L370/49 (GVL).

[367] Zum Verhältnis Betrauung und Erlaubnis: Kommission ABl. 1981 Nr. L 370/49 (GVL).

Zwecksetzung handeln, die eindeutig aus dem nationalen Recht hervorgeht.
Von einer Betrauung kann immer dann gesprochen werden, wenn ein Unternehmen durch einen hoheitlichen Akt verpflichtet wird, eine Leistung in bestimmter Art und Weise zu erbringen, die einer staatlichen Zweckbindung unterworfen ist. Das schließt auch für das Unternehmen den Zwang ein, in Bereichen oder zu Zeitpunkten tätig zu werden, die normalerweise „privat-wirtschaftlichen" Interessen nicht entsprächen.[368]
Im Urteil „Albany"[369] wurde eine Betrauung in dem Umstand gesehen, dass Sozialpartner einen Betriebsrentenfonds gründen und vom Staat verlangen, die Mitgliedschaft in diesem Fonds verbindlich vorzuschreiben. Der Grund liegt darin, dass der Staat damit für Unternehmen besondere Zwecksetzung verbindlich und formal festgelegt hat.

3. Ergebnis

Art. 86 Abs. 2 EGV ist Ausdruck eines Kompromisses zwischen dem Vertragsziel des unverfälschten Wettbewerbs (Art. 3 Abs. 1 lit. g EGV) und der wirtschaftspolitischen Gestaltungskompetenz der Mitgliedstaaten und von besonderer Bedeutung für Public Private Partnerships, da diese häufig im Bereich der Dienstleistungen von allgemeinem wirtschaftlichem Interesse agieren.
Es soll Mitgliedstaaten mit bedeutendem öffentlichen Wirtschaftssektor auch im Rahmen des EGV möglich bleiben, ihre wirtschaftspolitischen Ziele hinsichtlich der Erbringung von Dienstleistungen im allgemeinem wirtschaftlichem Interesse mittels bestimmter Unternehmen weiter verfolgen bzw. aufrechtzuerhalten.
Gleichzeitig verfolgt Art. 86 Abs. 2 EGV das Ziel eines funktionierenden Binnenmarktes und kann damit als außenbestimmende Determinante durch rechtliche Vorgaben für den Strukturwandel in der Daseinsvorsorge angesehen werden. Durch entsprechend konsequent betriebene Deregulierungs- und Entmonopolisierungspolitik durch das Europäische Gemeinschaftsrecht hinsichtlich der Wettbewerbsausnahmebereiche

---

[368] Vgl. *Pernice, Ingolf/Wernicke, Stephan*, Kommentierung, in: Grabitz, Eberhard/Hilf, Meinhard (Hrsg.), Das Recht der Europäischen Union, Kommentar zur Europäischen Union, Band 1, Loseblattsammlung, München 2005, Art. 86 Rn. 33f.
[369] EuGH, Rs. C-67/96 (Albany), Slg. 1999, I-5751, Rn. 98ff.

wird versucht, das bisherige nationale Recht dem primären und sekundären Gemeinschaftsrecht immer mehr anzugleichen.
Art. 86 Abs. 2 EGV verdeutlicht die Wichtigkeit, welche die Dienstleistungen von allgemeinem wirtschaftlichem Interesse in den jeweiligen Mitgliedstaaten der EU haben, indem die wettbewerbsrechtlichen Regeln des EGV in keiner Weise deren Verwirklichung entgegenstehen sollen. Gleichzeitig muss gewährleistet werden, dass der Wettbewerb nicht gefährdet wird, da bezogen auf die Gesamtwirtschaft die Möglichkeit besteht, dass sich einzelne marktfähige Bereiche der Dienstleistungen von allgemeinem wirtschaftlichem Interesse zu globalen Oligopolmärkten entwickeln können. Es ist also bei PPP hinsichtlich der Erbringung von Dienstleistungen im allgemeinem wirtschaftlichem Interesse von zentraler Bedeutung, die fortwährende Prozess- und Kontrollkompetenz des öffentlichen Partners sicherzustellen.
Darüber hinaus muss bei der Gründung von PPP gewährleistet sein, dass dieses im Kontext ihrer Implementierung nicht zur Umgehung von eurpäischen Wettbewerbsregelungen instrumentalisiert werden. Derartige Bestrebungen könnten nämlich sowohl seitens des Staates als auch seitens der Privaten als Partner einer PPP bestehen, was es zur Sicherstellung des Gemeinsamen Marktes zu unterbinden gilt.

E. Vierter Teil: Einordnung von Kompensationsleistungen in die Art. 87ff. EGV

I. Einführung

Mit der Bildung von Public Private Partnerships wird oftmals die Erwartung verbunden, dass öffentliche Zuschüsse in der Verbindung mit dem Know-how und den Ressourcen privater Unternehmen zu einer besseren Erfüllung von Staatsaufgaben beitragen. Dabei geht es häufig um Dienstleistungen von allgemeinem wirtschaftlichem Interesse, die auf Grund ihres allgemeinwirtschaftlichen Charakters nicht immer kostendeckend erbracht werden können. Der Umstand, dass die Leistungserbringung der Daseinsvorsorge durch PPP erfolgt, beseitigt in vielen Fällen nicht das Problem, dass die Kosten von den Nutzern der Leistung entweder gar nicht oder nur teilweise getragen werden bzw. diesen zugemutet werden können. Diese fehlende Kostendeckung erfordert in vielen Fällen öffentliche Zuschüsse zu Gunsten der Unternehmen, die diese Leistungen erbringen, und/oder entsprechende Zusagen, wie beispielsweise in der Form von Rentabilitäts- oder Auslastungsgarantien. Dieser Zuschuss- und Zusagenbedarf seitens der öffentlichen Hand wird also regelmäßig Voraussetzung dafür sein, dass das PPP-Projekt für einen privaten Investor überhaupt interessant ist und er sich demzufolge an der Gründung einer PPP beteiligt.

Damit ist festzuhalten, dass die Realisierbarkeit von PPP oftmals von rechtlich einwandfreien Förderungszusagen seitens der öffentlichen Hand abhängt. In diesem Zusammenhang werden der Anwendungsbereich und die Bedeutung der Art. 87ff. EGV für PPP offenkundig, worin sich der Maßstab für die Zulässigkeit der staatlichen Förderung findet. Da PPP im internationalen Wettbewerb mit anderen privaten und öffentlichen Anbietern stehen können, sind staatliche Finanzierungshilfen potenziell geeignet, den Wettbewerb zu verzerren und damit gegen die EG-Beihilfenregeln zu verstoßen.

Die folgenden Ausführungen konzentrieren sich auf die Anwendung des Beihilfenverbots gemäß Art. 87 Abs. 1 EGV auf PPP und im Zusammenhang mit dem Tatbestandsmerkmal der Begünstigung auf die Frage, ob

in Zuwendungen des Staates, die als Kompensationsleistung für die Erfüllung von Gemeinwohlverpflichtungen durch die PPP deklariert werden, überhaupt eine Beihilfe liegt. Bei dieser Frage der dogmatischen Einordnung von Ausgleichszahlungen seitens der öffentlichen Hand an Unternehmen der Daseinsvorsorge handelt es sich um eine der momentan umstrittensten Fragen der europäischen Wettbewerbspolitik.
Dieser Streit hat auch Auswirkungen auf die Notifizierungspflicht gemäß Art. 88 Abs. 3 S. 1 EGV und das Durchführungsverbot des Art. 88 Abs. 3 S. 3 EGV, die in diesem Kapitel näher erörtert werden.

II. Überblick über Art. 87ff. EGV

Art. 87 Abs. 1 EGV verbietet grundsätzlich staatliche oder aus staatlichen Mitteln gewährte Beihilfen, die bestimmte Unternehmen begünstigen und damit den zwischenstaatlichen Wettbewerb in der Gemeinschaft beeinträchtigen können. Dieses grundsätzliche Beihilfenverbot stellt, genau wie alle anderen Wettbewerbsvorschriften, eine Konkretisierung der in Art. 2 und 3 Abs. 1 lit. g EGV beschriebenen Aufgabe der Gemeinschaft dar, ein System unverfälschten Wettbewerbs zu schaffen. Auf diese Weise sollen Wettbewerbsverzerrungen vermieden werden, die durch staatliche Leistungen an bestimmte Unternehmen hervorgerufen werden können.
Ausnahmeregelungen dazu sind in den Art. 87 Abs. 2 und 3 EGV enthalten. Das Verfahren zur Prüfung staatlicher Beihilfen auf Grund dieser Ausnahmeregelungen durch die Kommission regelt Art. 88 EGV. Der Rat kann im Rahmen des Art. 89 EGV zweckdienliche Durchführungsverordnungen zu den Art. 87 EGV und Art. 88 EGV erlassen.

1. Tatbestandsmerkmale des Art. 87 Abs. 1 EGV

a) Beihilfe

Der EGV definiert den Begriff der „Beihilfe" nicht, sondern setzt ihn voraus.[370] Der EuGH hat einen „wirkungsorientierten Beihilfenbegriff" ge-

[370] *Gas, Tonio/Rücker, Martin*, Die Finanzierung von Public Private Partnerships, DöV 2004, S. 58.

prägt und sich damit für eine weite Begriffsbestimmung entschieden. Als Beihilfen anzusehen ist nicht nur jede positive Zuwendung in Form von Geld- oder Sachleistungen, sondern allgemein jede Maßnahme, welche die Belastung verringert, die ein Unternehmen normalerweise zu tragen hätte.[371] Diese Maßnahme muss dem Staat zuzurechnen sein.[372] Da das Beihilfenverbot den Wettbewerb im Binnenmarkt vor Verfälschungen schützen soll, kommt es hinsichtlich der Qualifizierung einer Maßnahme als Beihilfe auf ihre unentgeltliche, begünstigende Wirkung und nicht auf die Gründe ihrer Gewährung oder die damit verfolgten Ziele an.[373]
Eine Beihilfe liegt also vor, wenn es durch eine staatliche, dem Mitgliedstaat zurechenbare Maßnahme zu einer Begünstigung eines bestimmten Unternehmens oder Produktionszweiges und damit gleichzeitig zu einer (finanziellen) Belastung des öffentlichen Haushaltes kommt.

(1) Begünstigung

Eine staatliche Zuwendung ist demnach nicht als Beihilfe zu qualifizieren, wenn sie keine begünstigende Wirkung entfaltet, sondern eine Begünstigung liegt vor, wenn das Unternehmen einen wirtschaftlichen oder finanziellen Vorteil erhält, ohne dafür eine marktübliche Leistung zu erbringen.[374] Der Vorteil kann sowohl in der Gewährung einer Geld- oder Sachleistung bestehen (Leistungssubvention) als auch in der Befreiung oder Minderung von normalerweise zu leistenden Abgaben (Verschonungssubvention).[375] Dies wäre etwa dann der Fall, wenn der Staat für die empfangene Leistung ein erhöhtes, nicht den Marktpreisen entspre-

---

[371] EuGH, verb. Rs. 28/62 bis 30/62 (Da Costa und Schaake/Niederländische Finanzverwaltung), Slg.1961, 3, 43; EuGH, Rs. C-387/92 (Banco Exterior de Espana), Slg.1994, I-877, 907, Rn. 13; EuGH, Rs. C-295/97 (Piaggo), Slg. 1999, I-3735, Rn. 24.

[372] Koenig, Christian/Kühling, Jürgen/Ritter, Nicolai, EG-Beihilfenrecht, Heidelberg 2002, S. 40ff.

[373] EuGH, Rs. 173/73 (Italien/Kommission), Slg.1974, 709, 718, Rn. 24 u. 28; EuG, Rs. T-14/96 (BAI), Slg. 1999, II-139, 166, Rn. 81; *Wallenberg, Gabriella von,* Kommentierung, in: Grabitz, Eberhard/Hilf, Meinhard (Hrsg.), Das Recht der Europäischen Union, Kommentar zur Europäischen Union, Band 1, Loseblattsammlung, München 2005, Art. 87 Rn. 6f.

[374] EuGH, Rs. 234/84 (Belgien/Kommission), Slg. 1986, 2263, 2286, Rn. 14; EuGH, Rs. C-342/96 (Spanien/Kommission), Slg. 1999, I-2459, 2486, Rn. 41f.

[375] *Mederer, Wolfgang/Ysendyck, Anne van,* Kommentierung, in: Groeben, Hans von der/Schwarze, Jürgen (Hrsg.), Kommentar zum Vertrag über die Europäische Union und zur Gründung der Europäischen Gemeinschaft, Band 2, 6. Auflage, Baden-Baden 2003, Art. 87 Rn. 5; *Soltesz, Ulrich/Makowski, Gösta C.,* Die Nichtdurchsetzung von Forderungen der öffentlichen Hand als staatliche Beihilfe i.S.v. Art. 87 Abs. 1 EGV, EuZW 2003, S. 74.

chendes Entgelt bezahlte (Überkompensation)[376] oder wenn die öffentliche Hand einem Unternehmen Produktionsfaktoren (z.B. Grundstücke, Arbeitskräfte) zu besonders günstigen, d.h. marktunüblichen Bedingungen zur Verfügung stellte.

Zu beantworten gilt also die Frage, ob und inwieweit staatliche Unterstützungsmaßnahmen gegenüber PPP als Begünstigungen i.S.v. Art. 87 Abs. 1 EGV einzustufen sind. Es ist in der Literatur und Rechtsprechung stark umstritten, inwieweit staatliche Zuwendungen als Kompensationsleistungen für die Erbringung von Daseinsvorsorgeleistungen anzusehen sind und damit mangels begünstigender Wirkung keinen Beihilfencharakter gemäß Art. 87 Abs. 1 EGV haben oder aber eine Beihilfe angenommen wird, die dann auf der Grundlage des Art. 86 Abs. 2 EGV gerechtfertigt werden kann.

(2) Staatliche Mittel und deren Zurechenbarkeit

Das Beihilfenverbot gemäß Art. 87 Abs. 1 EGV gilt für staatliche oder aus staatlichen Mitteln gewährte Beihilfen.[377] Dabei kommt es nicht darauf an, ob es sich um Mittel des Mitgliedstaats selbst oder seiner regionalen oder lokalen Gliederung handelt. In Deutschland können staatliche Mittel von Bund, Ländern oder kommunalen Gebietskörperschaften gewährt werden.[378] Die Mitgliedstaaten haben als gemeinschaftsrechtliche Handlungseinheiten auf Grund ihrer Verpflichtung zur Gemeinschaftstreue (Art. 10 EGV) dafür Sorge zu tragen, dass ihre innerstaatlichen Untergliederungen Art. 87 Abs. 1 EGV beachten.[379]

Zur Vermeidung von Umgehungsmöglichkeiten liegt eine Beihilfe vor, sobald diese dem Staat zurechenbar ist, d.h. sie muss unter seiner Kontrolle und Anweisung erfolgt sein.[380] Diese Abgrenzung ist vor allem für

---

[376] Dies ist vor allem dann problematisch, wenn der Rezipient damit in die Lage versetzt wird, unternehmerische Aktivitäten auf anderen Märkten zu unterstützen (Problem der Quersubvention, siehe nachfolgend in Kapitel F. II. 2 a.) (c)).

[377] Dass ein Teil der von einer beihilfevergebenden Stelle verwalteten Mittel auch privater Natur ist, schadet dabei nicht, vgl. Kommission, , ABl 2003 Nr. L 77/21, Rn. 51f (Steuerbefreiungen und Vorzugsdarlehen für Unternehmen der Daseinsvorsorge mit öffentlicher Mehrbeteiligung).

[378] *Magiera, Siegfried*, Gefährdung der öffentlichen Daseinsvorsorge durch das EG-Beihilfenrecht?, in: Ipsen, Jörn/Schmidt-Jortzig, Edzard (Hrsg.), Recht, Staat, Gemeinwohl, Festschrift für Dieter Rauschnig, S. 281f.

[379] *Koenig, Christian*, Fremd- und Eigenkapitalzufuhr an Unternehmen durch die öffentliche Hand, ZIP 2000, S. 54.

[380] EuGH, Rs. C-482/99 (Stardust), Slg. 2002, I-4397, Rn. 24.

Beihilfenmaßnahmen öffentlicher Unternehmen bedeutsam, wobei grundsätzlich außer Zweifel steht, dass diese Unternehmen als Beihilfegeber in Frage kommen.[381] Im Einzelfall kann aber fraglich sein und ist zu prüfen, ob deren Beihilfenmaßnahmen unter Mitwirkung der Staatsorgane zustande gekommen sind.[382]

b) Wettbewerbsverfälschung

Die staatliche Unterstützung muss den Wettbewerb verfälschen oder zu verfälschen drohen. Eine Wettbewerbsverfälschung ist gegeben, wenn die Beihilfe tatsächlich oder potenziell in ein bestehendes oder möglicherweise zur Entstehung kommendes Wettbewerbsverhältnis zwischen Unternehmen oder Produktionszweigen eingreift und damit den Ablauf des Wettbewerbs verändert.[383] Die Verfälschung liegt in einer künstlichen Beeinträchtigung der Marktbedingungen zu Gunsten der betroffenen Unternehmen.[384] Beim Vorliegen einer Beihilfe wird ein solcher „unverdienter" Vorteil in der Regel indiziert[385], wobei der Kommission gleichwohl eine Begründungspflicht obliegt[386].

c) Beeinträchtigung des Handels zwischen den Mitgliedstaaten

Der Tatbestand des Art. 87 Abs. 1 EGV verlangt, dass der Handel zwischen den Mitgliedstaaten durch die Beihilfe beeinträchtigt wird. Staatliche Unterstützungsmaßnahmen, die eine rentable Erbringung der Leistung sicherstellen wollen, werden daher nur dann vom Beihilfentatbestand erfasst, wenn sie geeignet sind, den zwischenstaatlichen Handel zu beeinträchtigen.[387] Deswegen ist zu prüfen, wann Beihilfen geeignet

---

[381] EuGH, Rs. C-39/94 (SFEI), Slg. 1996, I-3547; EuG, Rs T-613/97 (Ufex), Slg. 2000, II-4055.
[382] Detaillierter in *Magiera, Siegfried*, Gefährdung der öffentlichen Daseinsvorsorge durch das EG-Beihilfenrecht?, in: Ipsen, Jörn/Schmidt-Jortzig, Edzard (Hrsg.), Recht, Staat, Gemeinwohl, Festschrift für Dieter Rauschnig, S. 269ff.
[383] EuGH, Rs. 730/79 (Philip Morris), Slg.1980, 2671, 2688f.; näher dazu *Wallenberg, Gabriella von*, Kommentierung, in: Grabitz, Eberhard/Hilf, Meinhard (Hrsg.), Das Recht der Europäischen Union, Kommentar zur Europäischen Union, Band 1, Loseblattsammlung, München 2005, Art. 87 Rn. 23ff.
[384] *Oppermann, Thomas*, Europarecht: Ein Studienbuch, 2. Auflage, München 1999, Rn. 1114.
[385] *Albin, Silke*, Daseinsvorsorge und EG-Beihilfenrecht – mehr Rechtssicherheit durch die neue Mitteilung der Kommission?, DÖV 2001, S. 893.
[386] EuGH, verb. Rs. 296/82 u. 318/82 (Leeuwarder Papierwaren-fabrik/Kommission), Slg. 1985, 809.
[387] Siehe oben, Kapitel C. III. 3.

sind, den Handel zwischen den Mitgliedstaaten gemäß Art. 87 EGV zu beeinträchtigen.

(1) Zwischenstaatlichkeitsklausel

Der EuGH hat in seiner Rechtsprechung die Zwischenstaatlichkeitsklausel hinsichtlich Art. 87 EGV nicht näher behandelt. Daher greift die Kommission in ihrer Mitteilung zur Daseinsvorsorge[388] auf die Judikatur des EuGH zum Kartellverbot gemäß Art. 81 EGV zurück. Hiernach gilt der zwischenstaatliche Handel als beeinträchtigt, wenn sich anhand einer Reihe objektiver, rechtlicher und tatsächlicher Umstände mit hinreichender Wahrscheinlichkeit voraussehen lässt, dass ein Verhalten den Warenverkehr zwischen den Mitgliedstaaten in einer Weise beeinflussen wird, die den Zielen des einheitlichen zwischenstaatlichen Marktes zuwiderläuft.[389] In Anlehnung an die bisherige Rechtsprechung[390] ist auch im Rahmen von Art. 87 EGV eine Vorschau auf künftige Wirkungen der geplanten Maßnahme und damit mit hinreichender Wahrscheinlichkeit möglichen Handelsbeeinträchtigungen ausreichend.[391] Ein Erfordernis hinsichtlich eines tatsächlichen Nachweises der Handelsbeeinträchtigung besteht nicht, die bloße Eignung reicht aus.[392] Entscheidend ist nicht, ob sich diese Beeinflussung negativ oder positiv auf die Handelsströme auswirkt, sondern nur, ob sich der innergemeinschaftliche Wirtschaftsverkehr durch die Beihilfe anders entwickelt hätte, als es ohne Beihilfe der Fall gewesen wäre.[393] Als Faustregel kann gelten, dass sobald ein grenzüberschreitend tätigwerdendes Unternehmen Beihilfen erhält, eine Beeinträchtigung des zwischenstaatlichen Handels vorliegt, da sich hiermit seine Wettbewerbsposition im Vergleich zu seinen Konkurrenten aus anderen Mitgliedstaaten verstärkt.[394] Dies gilt insbesondere

---

[388] Mitteilung der Kommission zur Daseinsvorsorge in Europa, ABl. 2001 Nr. C 17, Rn. 32.
[389] EuGH, verb. Rs. C-251/96 u. C-216/97 (Bagnasco), Slg. 1999, I-135; siehe oben Ausführungen Kapitel C. III. 3.
[390] Siehe oben Ausführungen Kapitel C. III. 3.
[391] EuGH, Rs. 730/79 (Philip Morris), Slg.1980, 2671, 2689, Rn.11.
[392] EuGH, Rs. 730/79 (Philip Morris), Slg.1980, 2671, 2689, Rn. 11.
[393] Jung, Christian, Kommentierung, in: Calliess, Christian/Ruffert, Matthias (Hrsg.), Kommentar des Vertrages über die Europäische Union und des Vertrages zur Gründung der Europäischen Gemeinschaft, 2. Auflage, Neuwied 2002, Art. 86 Rn. 16.
[394] EuGH, verb. Rs. C-278/92 bis 280/92 (Spanien/Kommission), Slg. 1994, I-4103, Rn. 40; EuGH, Rs. 730/79 (Philip Morris), Slg.1980, 2671, Rn. 11.

für Branchen mit lebhaftem Wettbewerb.[395] Somit kann weder durch eine verhältnismäßig geringe Größe der beihilfenempfangenden PPP noch durch einen geringen Beihilfenumfang die Annahme der Beeinträchtigung des zwischenstaatlichen Handels ausgeschlossen werden, solange deren Tätigwerden direkt oder indirekt über den nationalen Bereich hinausgeht.

(2) Kommissionsentscheidungen zur Zwischenstaatlichkeitsklausel im Rahmen von Art. 87 Abs. 1 EGV

Die folgend dargestellten Fälle sollen aufzeigen, dass sich die Kommission in den letzten Jahren bei PPP-Vorhaben mit dem Erfordernis der Zwischenstaatlichkeit im Rahmen des Art. 87 Abs. 1 EGV, wie beispielsweise im Fall des Freizeitbads Dorsten, vermehrt auseinandergesetzt hat.

(a) Fall „Freizeitbad Dorsten"

In dem Fall „Freizeitbad Dorsten"[396] ging es um die Einräumung eines Erbbaurechts für die Errichtung eines Freizeitbades durch einen privaten Investor. Im Gegenzug verpflichtete sich der Investor, ein Freizeitbad zu errichten und bestimmten Nutzergruppen eine unentgeltliche Inanspruchnahme zu gestatten.
Ein Vorliegen einer Beihilfe im Sinne von Art. 87 Abs. 1 EGV hat die Kommission verneint, da eine Beihilfe nur dann vorliegt, wenn kumulativ alle vier Tatbestandsvoraussetzungen des Art. 87 Abs.1 EGV einschlägig sind. Im vorliegenden Fall war die Kommission zu dem Ergebnis gelangt, dass es an der Beeinträchtigung des innergemeinschaftlichen Handels fehle. Der Handel zwischen den Mitgliedstaaten sei nur beeinträchtigt, wenn die Maßnahme hierzu zumindest potenziell in der Lage sei. Der Handel im Sinne des Art. 87 Abs. 1 EGV müsse neben dem Warenverkehr auch den Dienstleistungsverkehr umfassen. Vorliegend könne der potenziell Begünstigte seine Dienstleistung, nämlich die Benutzung der Schwimmbäder, aus offensichtlichen Gründen nicht im Ausland

[395] EuG, Rs.T-214/95 (Vlaams Gewest/Kommission), Slg. 1998, II–1717 Rn. 48f.
[396] Fall N 258/00, Freizeitbad Dorsten, Rn. 1ff.

erbringen. Der Dienstleistungsverkehr wäre allerdings auch dann beeinträchtigt, wenn die Nachfrage für die Inanspruchnahme der Dienstleistung in Dorsten einen grenzüberschreitenden Charakter hätte, d.h. im Ausland entstünde. Vor diesem Hintergrund vertritt die Kommission die Auffassung, dass die Einrichtung nur der Stadt Dorsten und ihren Nachbargemeinden dienen würde. Sie würde mit ihrem Einzugsbereich von ca. 50 km nicht an die Grenze des nächstgelegenen Mitgliedstaates (Niederlande) heranreichen. Des Weiteren habe das Bad weder in Nordrhein-Westfalen noch in Deutschland einzigartigen Charakter.
Die Kommission ist demnach der Meinung, dass diese Beihilfe von denjenigen zu unterscheiden sei, die die Entwicklung großer Freizeitparks fördern und auf einen nationalen oder sogar internationalen Markt ausgerichtet sind, da solche weit über die Region hinausgehen, in der sie gelegen sind. Bei diesen Freizeiteinrichtungen sei es, im Gegensatz zum vorliegenden Fall, Kraft ihrer Natur und der Werbung gegenüber einer internationalen Klientel wahrscheinlich, dass Maßnahmen zu ihrer Förderung den Handel zwischen den Mitgliedstaaten beeinträchtigen werden.

(b) Fall „Brighton West Pier"

Bei der Entscheidung in der Sache „Brighton West Pier"[397] ging es um die Verpachtung eines kulturhistorisch wertvollen Piers an einen Privaten mit der Auflage zur Renovierung dieses Bauwerks einerseits und der Berechtigung zur kommerziellen Verwertung andererseits. Die Beihilfe für die Restauration und die Erhaltung der betreffenden Anlage wurde mit der Begründung für unbedenklich erklärt, dass die kommerzielle Verwertung dieses Bauwerks keinesfalls geeignet sei, den innergemeinschaftlichen Handel zu beeinträchtigen.

(c) Weitere Kommissionsfälle

Betreffend einer Beihilfe in Form von Ermäßigungen und Befreiung von Sozialdienstleistungen zu Gunsten der Dienstleistungen eines Unternehmens im öffentlich-städtischen Nahverkehr in der Lagune von Venedig entschied die Kommission, dass man aus Mangel an potenziellen

[397] Fall N 560/01, Brighton West Pier, Rn. 33.

Mitbewerbern eine Beeinträchtigung des Handels zwischen den Mitgliedstaaten ausschließen könne.[398]
Mit dem Argument der Erschwerung des Marktzutritts für ausländische Mitbewerber wurde die Eignung einer Beihilfe zur Beeinträchtigung des zwischenstaatlichen Handels in der Entscheidung hinsichtlich von Beihilfen zu Gunsten der Deutschen Post AG[399] begründet.
In Bezug auf den Sektor des öffentlichen Personennahverkehrs (ÖPNV) ging die Kommission in der Vergangenheit davon aus, dass Beihilfenzahlungen aus Mangel an Eignung zur Beeinträchtigung des zwischenstaatlichen Handels nicht dem EG-Beihilfenrecht unterfielen.[400]
Auch ein spanisches Programm zur Subventionierung des Vorruhestands von selbstständigen Güterkraftverkehrsunternehmern begründete nach Auffassung der Kommission keine Wettbewerbsverzerrung.[401]

(3) „De minimis"-Beihilfen

Die Zwischenstaatlichkeitsklausel wirft auch die Frage nach dem Umgang mit den sogenannten Bagatellfällen auf. Mit der Verabschiedung einer Verordnung der Kommission über „de minimis"-Beihilfen[402] wird wie bereits in der Mitteilung der Kommission über „de minimis"-Beihilfen[403] der Schwellenwert auf 100.000 Euro pro Unternehmen innerhalb eines Zeitraumes von drei Jahren festgelegt. Beihilfen, die darunter liegen, unterliegen mithin keiner Anmeldungspflicht.
Finanzierungshilfen der öffentlichen Hand an PPP sind daher grundsätzlich keine Beihilfen, wenn die Zahlung nicht 100.000 Euro innerhalb von drei Jahren übersteigt.

---

[398] Kommission ABl. 2000 Nr. L 159/50, Rn. 90, 91; XXIX. Wettbewerbsbericht (1999) 2000, 720 Rn. 242; ähnlich in dem Urteil Kommission Fall N 514/01, Universal Banking Service, Rn. 25.
[399] Kommission ABl. 2002 Nr. L 247/27, Rn. 100 (Deutsche Post AG).
[400] Kommission ABl. 1998 Nr. L 329/23, Rn. 27 (Spanische Busse); mittlerweile gibt es aber einige Unternehmen, die Nahverkehrsleistungen in mehr als einem Mitgliedstaat anbieten. Diese stehen mit lokal tätigen Verkehrsunternehmen zumindest in einem potenziellen Wettbewerbsverhältnis, so dass nun auch Beihilfen in diesem Sektor von Art. 87 Abs. 1 EGV erfasst sein können. Der Generalanwalt Léger war in seinen Schlussanträgen im Fall Altmark Trans der Meinung, dass der europäische Markt für den ÖPNV schon so weit geöffnet sei, dass Beihilfen an nationale, regionale oder auch nur lokale Verkehrserbringer den Handel zwischen den Mitgliedstaaten beeinträchtigen könne, siehe im Kapitel E. III. 3 c.) mehr zu Altmark Trans.
[401] Fall N-491/99, siehe 29. Wettbewerbsbericht der Kommission, 1999, Teil 1, Rn. 243
[402] VO (EG), Nr. 69/2001 der Kommission über die Anwendung der Artikel 87 und 88 auf „de minimis"-Beihilfen, ABl. 2001 Nr. 10.
[403] Kommission, ABl. 1996 Nr. C 68 (Mitteilung der Kommission über „de minimis"-Beihilfen).

(4) Ergebnis

Zusammenfassend ist festzuhalten, dass Beihilfen an Unternehmen, die mit ihren Leistungen nur auf einem eng begrenzten räumlichen Markt tätig sind, von Art. 87 Abs. 1 EGV nur dann erfasst werden können, wenn eine realistische Möglichkeit besteht, dass die Leistung in der betreffenden Region auch von einem Wettbewerbsunternehmen aus dem Mitgliedstaat angeboten werden könnte. Auch wenn der Wettbewerb auf Grund des räumlich begrenzten Tätigkeitsfeldes nicht den Verkauf der Leistungen an sich zu betreffen vermag, so kann auf dem Markt ein Wettbewerb hinsichtlich der Konzessionen oder öffentlichen Aufträge stattfinden.[404]

Bislang haben Leistungen der Daseinsvorsorge, die von den PPP erbracht werden, oftmals einen eher lokal begrenzten Nachfrageradius gehabt.[405] Bei derartig lokalen PPP wird daher das Merkmal der Zwischenstaatlichkeit nicht erfüllt. In diesem Umstand können Kritiker die Gefahr begründet sehen, dass PPP bewusst im lokalen Bereich angesiedelt werden, um großzügige Beihilfen zu erhalten, die sich zunächst mangels Erfüllung des Zwischenstaatlichkeitskriteriums den europäischen Beihilfenrechtsregeln entziehen, aber langfristig das Ziel der internationalen Expansion verfolgen, wenn die erhaltene Beihilfe nicht mehr angreifbar ist.

Wie bereits oben ausführlich erläutert, erfreuen sich PPP wachsender Beliebtheit und werden wohl im Rahmen der Osterweiterung zunehmend Aufgaben erfüllen, die über den lokalen, regionalen und nationalen Rahmen hinaus grenzüberschreitenden Charakter haben.

d) Beihilfenempfänger

Als Beihilfenempfänger kommen gemäß Art. 87 Abs. 1 EGV Unternehmen oder Produktionszweige in Betracht. Der beihilfenrechtliche Unternehmensbegriff wird wie der funktionale Unternehmensbegriff[406] durch

---

[404] Kommissio, ABl. 2003 Nr. L 77/21, Rn. 66 (Steuerbefreiungen und Vorzugsdarlehen für Unternehmen der Daseinsvorsorge mit öffentlicher Mehrheitsbeteiligung).

[405] Siehe zur Binnenmarktrelevanz Kapitel C., III.,3 und im Folgenden Kapitel E. II., 1., c.).

[406] Siehe zum funktionalen Unternehmensbegriff C., III., 1.,a.), (1).

das Merkmal der „wirtschaftlichen Tätigkeit" bestimmt, so dass PPP potenzielle Beihilfenempfänger sind.

2. Ausnahmen von Art. 87 Abs. 1 EGV und Genehmigungsverfahren nach Art. 88 EGV

Liegt nun der Fall vor, dass für eine PPP eine Förderung gewährt werden soll, die laut vorhergehender Ausführungen als Beihilfe i.S.d. Art. 87 Abs. 1 EGV zu qualifizieren ist, besteht zunächst die Möglichkeit, diese nach Art. 87 Abs. 2, Art. 87 Abs. 3 EGV genehmigen zu lassen. Umstritten ist, ob auch die Regelung des Art. 86 Abs. 2 EGV in diese Ausnahmesystematik des Art. 87 EGV eingefügt werden kann, worauf später näher eingegangen wird.[407]

Art. 87 Abs. 2 EGV enthält für bestimmte Beihilfentypen eine Legalausnahme, während Art. 87 Abs. 3 EGV verschiedene Ausnahmetatbestände nennt, bei deren Vorliegen die Kommission eine Beihilfe für mit dem Gemeinsamen Markt vereinbar erklären kann.[408]

Gemäß Art. 88 Abs. 1 EGV ist die Kommission für die Überprüfung der Einhaltung dieser Vorschriften zuständig. Das Vorliegen eines Ausnahmetatbestandes muss von der Kommission förmlich bestätigt werden. Beabsichtigt ein Mitgliedstaat der EU also die Einführung einer Beihilfe, so hat er die Kommission gemäß Art. 88 Abs. 3 S. 1 EGV vorher davon zu unterrichten (sogenannte Notifizierungspflicht), um dann die Genehmigungserteilung zu erhalten. Das sich der Unterrichtung anschließende Genehmigungsverfahren gliedert sich in zwei Phasen: Zuerst muss die Kommission das notifizierte Beihilfenvorhaben einer vorläufigen Prüfung unterziehen, die innerhalb von zwei Monaten abzuschließen ist.[409] Ergeben sich in diesem Vorprüfungsverfahren Zweifel, ob die Gewährung der beabsichtigten Beihilfe durch einen Ausnahmetatbestand des EGV legitimiert ist, wird von der Kommission ein förmliches Prüfverfahren einge-

---

[407] Siehe im Folgenden, Kapitel D. V. 1.

[408] *Wallenberg, Gabriella von*, Kommentierung, in: Grabitz, Eberhard/Hilf, Meinhard (Hrsg.), Das Recht der Europäischen Union, Kommentar zur Europäischen Union, Band 1, Loseblattsammlung, München 2005, Art.87 Rn. 36.

[409] Art. 4 Abs. 5 der VO (EG) 659/1999 über besondere Vorschriften für die Anwendung von Art. 93 des EGV, ABl 1999 Nr. L 83/1.

leitet,[410] welches sie gemäß Art. 7 Abs. 6 VO (EG) Nr.659/1999[411] innerhalb von 18 Monaten durch eine endgültige Entscheidung abzuschließen hat. Zur Absicherung der Effizienz dieses Genehmigungsverfahrens sieht Art. 88 Abs. 3 S. 3 EGV ein Durchführungsverbot vor, d.h. ein Verbot, die betreffende Beihilfenmaßnahme vor der Erteilung einer Genehmigung durch die Kommission durchzuführen.
Inwieweit eine Beihilfe als automatisch genehmigt gelten kann, also von der Anmeldepflicht befreit und dem Durchführungsverbot ausgenommen, wird im Folgenden[412] ausführlich erörtert.

3. Rechtsfolgen unzulässiger Beihilfengewährung

Ein Unternehmen, das durch eine gegen das Beihilfenrecht verstoßende Beihilfe begünstigt wird, ist grundsätzlich verpflichtet, die erhaltene Beihilfe zurückzuerstatten. Eine derartige Rückzahlungspflicht ergibt sich aus der Notwendigkeit der Wiederherstellung eines gemeinschaftsrechtskonformen Zustands. Es besteht eine zehnjährige Frist für die Rückforderung rechtswidriger Beihilfen.[413] Die Einzelheiten der Rückzahlung sind durch Art. 11 und 14 VerfVO explizit geregelt. Die Rückabwicklung bestimmt sich nach den nationalen Rechtsvorschriften, in Deutschland nach den §§ 48, 49 VwVfG.
Nach der Rechtsprechung des EuGH[414] beeinträchtigt die Verletzung des Durchführungsverbots die Gültigkeit der der Durchführung der Beihilfemaßnahmen zu Grunde liegenden Rechtsakte. Diese Unwirksamkeit gilt sowohl für hoheitliche Regelungen als auch für privatrechtliche Akte.[415] Das Vertrauen des Beihilfenempfängers auf die Rechtmäßigkeit der Zuwendung ist nur ausnahmsweise dann schutzwürdig, wenn die Beihilfe unter Einhaltung des oben beschriebenen Verfahrens gewährt wurde.[416]

---

[410] *Bieber, Roland/Epiney, Astrid/Haag, Marcel*, Die Europäische Union – Europarecht und Politik, 6. Auflage, München 2005, Rn. 912.
[411] Verordnung des Rates über besondere Vorschriften für die Anwendung von Art. 93 (jetzt Art. 88) des EG-Vertrages, ABl. 1999 Nr. L 83/1.
[412] Siehe später in Kapitel E., V., 2.
[413] Art. 15 O der Verfahrensordnung in Beihilfesachen (ABl. 1999 Nr. L 83/1).
[414] EuGH, Rs. C-39/94 (SFEI), Slg. 1996, I-3547.
[415] *Eilmansberger, Thomas*, Beihilfenrechtliche Fragen von Public Private Partnerships, in: Holoubek, Michael/Potacs, Michael (Hrsg.), Public Private Partnership, Wien 2003, S. 92.
[416] EuGH, Rs. C-296/95 (Spanien/Kommission), Slg. 1997, I-135, Rn. 51.

Die PPP verlieren die notwendige Kapitalrückdeckungsfähigkeit, wenn sie die Zuwendungen aus den öffentlichen Zusagen zurückzahlen müssen.[417] Daraus ist zu schließen, dass PPP-Projektvorhaben ohne beihilfenrechtliche Sicherheit nicht mit hinreichender Zuverlässigkeit finanzierbar sind. Demnach ist bei der Implementierung einer PPP mit deutlich niedrigerem Interesse von privaten Investoren zu rechnen, solange bei den Vorhaben keine beihilfenrechtliche Sicherheit und damit einhergehende Investitionssicherheit gegeben ist.

III. Einordnung von Kompensationsleistungen in der Daseinsvorsorge

1. Einführung

Wie oben dargestellt müssen staatliche Finanzierungshilfen oder andere Zuwendungen Begünstigungscharakter haben, um als Beihilfe gemäß Art. 87 Abs. 1 EGV zu gelten. Fraglich ist, ob es sich bei staatlichen Zuwendungen an die Public Private Partnerships überhaupt um eine Begünstigung i.S.v. Art. 87 Abs. 1 EGV handelt. Da PPP-Leistungen meist in den häufig defizitären Aufgabenbereich der Daseinsvorsorge Leistungen erbringen, könnte man die staatlichen Finanzierungshilfen oder andere Zuwendungen als eine „Gegenleistung" der Gebietskörperschaft an die PPP für die Erledigung allgemeiner öffentlicher Aufgaben sehen.

Im Hinblick auf die Problematik mitgliedstaatlicher Maßnahmen, die lediglich diejenigen Lasten ausgleichen, die mit der Erfüllung allgemeiner wirtschaftlicher Dienstleistung verbunden sind, lassen sich verschiedene dogmatische Lösungsansätze anführen und diskutieren. Es ist stark umstritten, welchen Voraussetzungen eine derartige staatliche Unterstützungshandlung genügen muss, um als begünstigungsfrei angesehen werden zu können, und daraus resultierend welche Auswirkungen dies auf die in Art. 88 Abs. 3 S. 1 EGV normierte Notifizierungspflicht, auf das Durchführungsverbot gemäß Art. 88 Abs. 3 S. 3 EGV und auch auf das Verhältnis zu Art. 86 Abs. 2 EGV hat.

---

[417] *Reuter, Alexander*, Die Projektfinanzierung öffentlich-rechtlicher Aufgaben aus dem Blickwinkel des Beihilferechts: Public-Private Partnerships nach EuGH-Ferring aus Bankensicht, ZIP 2002, S. 741.

Einerseits wird die sogenannte „Rechtfertigungslösung" vertreten, die vom grundsätzlichen Beihilfencharakter von Kompensationszahlungen für die öffentlichen Aufgaben ausgeht, diese jedoch als durch Art. 86 Abs. 2 EGV gerechtfertigt ansieht. Eine andere Lösung ist die der sogenannte „Tatbestandslösung", die auf dem Kompensationsgedanken basiert. Danach handelt es sich bei geldwerten Vorteilen oder anderen Zuwendungen der öffentlichen Hand an Unternehmen lediglich um eine Kompensation für die Belastungen, die einem Unternehmen durch die Erfüllung von gemeinwirtschaftlichen Dienstleistungen entstehen. Diese Lösung wird damit begründet, dass das Unternehmen in derartigen Fällen eine Gegenleistung erbringt, deren bloßer Ausgleich nicht als Vorteilsgewährung im Sinne des Beihilfenbegriffs angesehen werden kann. Danach liegt schon tatbestandlich keine Beihilfe vor, wodurch weder das Notifizierungsverfahren gemäß Art. 88 Abs. 3 S. 1 EGV noch das Durchführungsverbot gemäß Art. 88 Abs. 3 S. 3 EGV konsequenterweise zur Anwendung kommen.
Im Folgenden wird der Problemkreis hinsichtlich der dogmatischen Einordnung von staatlichen Finanzierungshilfen an Unternehmen der Daseinsvorsorge ausführlich dargestellt.

2. Rechtsprechung des EuG und Literatur

a) Rechtsprechung des EuG

(1) Beihilfe bei Einräumung spezifischer finanzieller Vorteile

(a) Rechtssache „FFSA"

In dem Fall „FFSA"[418] hatte das EuG über die gegenüber der französischen Post gewährte Steuererleichterung zu befinden, die dieser als Ausgleich für die Erfüllung im öffentlichen Interesse liegender Aufgaben gewährt wurde. Das EuG hatte in seiner Entscheidung das tatbestandliche Vorliegen einer Beihilfe gemäß Art. 92 EGV (Art. 87 EGV n.F.) be-

---

418 EuG, Rs T-106/95 (FFSA), Slg. 1997, II–229.

jaht und als Begründung darauf abgestellt, dass der Post durch den Staat spezifische finanzielle Vorteile eingeräumt worden seien, die anderen Unternehmen nicht zu Gute kämen. Diese Besserstellung durch die Steuererleichterung könne jedoch ausnahmsweise nach Art. 86 Abs. 2 EGV gerechtfertigt sein.[419] Nach dem EuG stellt Art. 86 Abs. 2 EGV hinsichtlich Beihilfen, die an ein mit Dienstleistungen von allgemeinem wirtschaftlichem Interesse betrautes Unternehmen gezahlt werden, eine „andere Bestimmung" im Sinne des Art. 87 Abs. 1 EGV dar.

(b) Rechtssache „SIC"

In dem Urteil des EuG in dem Fall „SIC"[420] ging es um Zahlungen Portugals zu Gunsten der öffentlich-rechtlichen Rundfunkanstalt RTP, die als Ausgleich für geringere Werbeeinnahmen gegenüber privaten Rundfunkanstalten gewährt wurden. Das EuG bekräftigte in diesem Entscheid seine eigene Rechtsprechung. Der Umstand, dass staatliche Stellen einem Unternehmen einen finanziellen Vorteil gewähren, um die Kosten auf Grund der von diesem Unternehmen übernommenen gemeinwirtschaftlichen Verpflichtungen auszugleichen, habe keine Auswirkungen darauf, dass diese Maßnahme als Beihilfe nach Art. 87 Abs. 1 EGV zu qualifizieren sei. Die Rechtmäßigkeit könne nur im Rahmen des Art. 86 Abs. 2 EGV geprüft werden.

(2) Beihilfe bei kaufmännisch unüblichem Vertrag (Rechtssache „BAI")

In dem Fall „BAI"[421] schloss eine regionale Gebietskörperschaft eines Mitgliedstaates mit dem privaten Betreiber einer Schifffahrtslinie einen mehrjährigen Vertrag über den Erwerb von Reisegutscheinen für Schiffsreisen im Verkehr mit einem anderen Mitgliedstaat ab. Die Reisegutscheine erwarb die Gebietskörperschaft für die Durchführung von sozialpolitisch motivierten Schiffsreisen. Der vereinbarte Preis lag über dem

---

[419] Die hiergegen von den Wettbewerbern eingelegte Berufung wurde vom EuGH, Rs. C-174/97 (FFSA II), Slg. 1998, I-1303ff. als offensichtlich unzulässig und unbegründet zurückgewiesen.
[420] EUG, Rs. T-46/97 (SIC), Slg.2000, II-2125, Rn. 84.
[421] EuG, Rs. T-14/96 (BAI), Slg. 1999, II-139, Rn. 75-80, worin auf den Charakter eines „normalen Handelsgeschäftes" abgestellt wird.

üblichen Handelstarif. Ebenso war die Buchung größerer Reisekontingente für mehrere Jahre im Voraus unüblich. Das EuG bezeichnete den Vertrag als „kaufmännisch unüblich“ und qualifizierte den übermäßig dotierten Beschaffungsvertrag damit als Beihilfe i.S.v. Art. 87 Abs. 1 EGV. Das Gericht betonte, dass Leistungsbeziehungen zwischen Staat und Unternehmen nur dann nicht von den Beihilfenvorschriften erfasst seien, wenn sie den „Charakter eines normalen Handelsgeschäfts“ [422] hätten.

(3) Ergebnis der EuG-Rechtsprechung

Nach dieser Rechtsprechung des EuG stellt grundsätzlich jede finanzielle Ausgleichszahlung, die eine öffentliche Körperschaft einem Unternehmen für die Erledigung öffentlicher Aufgaben gewährt, eine Begünstigung und damit eine Beihilfe i.S.v. Art. 87 Abs. 1 EGV dar. Die Kommission hat jedoch die Möglichkeit, Maßnahmen auf der Grundlage der Bereichsausnahme gemäß Art. 86 Abs. 2 EGV als für vereinbar mit dem Gemeinsamen Markt zu erklären. Die Maßnahme selbst bleibt allerdings gemäß Art. 88 Abs. 3 EGV notifizierungspflichtig. Diese Lösung wird als sogenannte „Rechtfertigungslösung“ bezeichnet. In derartigen Fällen verkehrt sich die Beweislast zu Lasten der Mitgliedstaaten, da nunmehr die materiellrechtliche Lösung dieser Fälle mit Hilfe von Art. 86 Abs. 2 EGV anstelle des Tatbestandsmerkmals der „Begünstigung“ gemäß Art. 87 Abs. 1 EGV gesucht wird. Diese Rechtsprechung ermöglicht und schreibt der Kommission vor, dass sie jedwede Form der Erfüllung gemeinwirtschaftlicher Aufgaben, für die öffentliche Mittel bereitgestellt wurden, beihilfenrechtlich hinterfragen darf und muss.
Die Rechtsprechung des EuG lässt sich anhand der Regelung des Art. 87 Abs. 3 lit. d EGV hinsichtlich genehmigungsfähiger Kulturbeihilfen stützen. Daran lässt sich aufzeigen, dass der Beihilfencharakter der Zuwendung nicht unbedingt ausgeschlossen wird, wenn der Zuwendungsempfänger eine Gegenleistung erbringt. In diesen Fällen ist der Beihilfenempfänger nämlich regelmäßig zur Erbringung kultureller „Gegenleistungen“ verpflichtet, was dem EGV zufolge eben nicht den Beihilfencharakter der Zuwendung ausschließt.

---

[422] EuG, Rs. T-14/96 (BAI/), Slg. 1999, II-139, Rn. 75.

Dieses weite Beihilfenverständnis, nach dem die Verpflichtung zu einer Gegenleistung nicht genügt, um staatliche Zuwendungen aus den Beihilfenregeln des Art. 87ff. EGV entlassen zu können, trägt dazu bei, dass sich keine Umgehungsmöglichkeiten für die „klassischen" Beihilfenkonstellationen ergeben. PPP können also gerade nicht mit dem Argument, dass sie defizitäre Aufgaben im Bereich der Dienstleistungen von allgemeinem wirtschaftlichem Interesse erfüllen, wie beispielsweise die Verpflichtung zur Erhaltung von Arbeitsplätzen[423] oder zur Verkürzung der Arbeitszeit[424], Zuwendungen des Staates fordern und diese anschließend am Beihilfenrecht vorbeischleusen.

b) Literatur

(1) Beihilfe bei faktischer Vorteilszuwendung

Nach der Literatur, welche die Ansicht des EuG teilt, ist nicht entscheidend, dass die angemessenen staatlichen Finanzierungshilfen die Kosten für die Erfüllung der öffentlichen Aufgabe ausgleichen, sondern dass einem Unternehmen faktisch eine finanzielle Zuwendung zu Gute kommt, die ihre Konkurrenten nicht erhalten. Allein die Tatsache, dass nur ein Ausgleich der Belastungen erfolgt und dem Unternehmen per Saldo kein Gewinn verbleibt, könne nicht ausreichen, um das Vorliegen einer Beihilfe tatbestandlich zu verneinen. Es komme vielmehr auf den Einzelfall an, inwieweit es sich um einen finanziellen Vorteil handelt, über den seine Mitbewerber nicht verfügen.[425]

---

[423] EuGH, Rs. C-241/94 (Kimberly Clark), Slg. 1996, I-4551, Rn. 21.

[424] *Gundel, Jörg*, Staatliche Ausgleichszahlungen für Dienstleistungen von allgemeinem wirtschaftlichem Interesse: Zum Verhältnis zwischen Art. 86 Abs. 2 EGV und dem EG-Beihilfenrecht, RIW 2002, S. 225; Kommission ABl. 1997 Nr. L 306/18: Die Tatsache, dass eine staatliche Beihilfe die Belastung der Unternehmen aus Tarifabschlüssen kompensiert, ändert nichts an der Einordnung als Beihilfe.

[425] *Magiera, Siegfried*, Gefährdung der öffentlichen Daseinsvorsorge durch das EG-Beihilfenrecht?, in: Ipsen, Jörn/Schmidt-Jortzig, Edzard (Hrsg.), Recht, Staat, Gemeinwohl, Festschrift für Dieter Rauschnig, S. 280f.; *Wallenberg, Gabriella von*, Die Vereinbarkeit der staatlichen Finanzierung öffentlich-rechtlicher Fernsehanstalten mit Art. 92 EGV, in: Randelzhofer, Albrecht (Hrsg.), Gedächnisschrift für Eberhard Grabitz, München 1995, S. 871f.

(2) Keine Beihilfe bei normaler geschäftlicher Transaktion

Eine Beihilfe scheidet dann aus, wenn eine normale „geschäftliche Transaktion" entgegen der Einordnung als Beihilfe angenommen werden kann. Das Unternehmen bringt im Regelfall eine „Gegenleistung". Ein beihilfenrechtlich „neutraler" wirtschaftlicher Austauschvorgang liegt oft nicht vor, da die vom Unternehmen zu erfüllenden Verpflichtungen und der gewährte Ausgleich im Regelfall vom Staat relativ einseitig fixiert werden.[426] Zudem sei die Qualifikation als wirtschaftlicher Leistungsaustausch problematisch, da es sich bei den dem Staat geschuldeten Dienstleistungen im allgemeinem wirtschaftlichem Interesse regelmäßig um Dienste ohne konkret greifbare Leistungsdefinition handelt.[427] Beispielsweise sei in der Bereithaltung und Zuverfügungstellung von Infrastruktur(-Angeboten) für Nutzer wegen der atypischen Nachfrageform eine marktübliche Gegenleistung schwer feststellbar.[428]

Daher ist festzuhalten, dass die staatlichen Ausgleichszahlungen für Unternehmen der Daseinsvorsorge nicht als „normaler geschäftlicher Vorgang" eingeordnet werden können und somit in den Ausgleichszahlungen eine Beihilfe i.S.v. Art. 87 Abs. 1 EGV vorliegt.

Eine fälschliche Einordnung der Public-Services-Ausgleichszahlungen als normaler geschäftlicher Vorgang und die daraus resultierende Ausklammerung aus dem Beihilfenbegriff kann zu erheblichen Wettbewerbsverzerrungen führen. Deshalb kann ein mit der Zuwendung verfolgtes öffentliches Interesse die Qualifikation der Zuwendung als Beihilfe nicht ausschließen, wenn dieses Interesse sich nicht in wettbewerbsneutraler

---

[426] *Gundel, Jörg*, Staatliche Ausgleichszahlungen für Dienstleistungen von allgemeinem wirtschaftlichem Interesse: Zum Verhältnis zwischen Art. 86 Abs. 2 EGV und dem EG-Beihilfenrecht, RIW 2002, S. 224; Entscheidung der Kommission, ABl. 1994 Nr. L 260/27, 30: „Die dem Unternehmen auferlegte (...) Verpflichtung ist mit einer einseitig vom Staat verordneten gesetzlichen Verpflichtung vergleichbar und kann nicht als frei zwischen zwei Parteien ausgehandelte vertragliche Verpflichtung gesehen werden".

[427] *Gundel, Jörg*, Staatliche Ausgleichszahlungen für Dienstleistungen von allgemeinem wirtschaftlichem Interesse: Zum Verhältnis zwischen Art. 86 Abs. 2 EGV und dem EG-Beihilfenrecht, RIW 2002, S. 225.

[428] *Gundel, Jörg*, Staatliche Ausgleichszahlungen für Dienstleistungen von allgemeinem wirtschaftlichem Interesse: Zum Verhältnis zwischen Art. 86 Abs. 2 EGV und dem EG-Beihilfenrecht, RIW 2002, S. 225; *Magiera, Siegfried*, Gefährdung der öffentlichen Daseinsvorsorge durch das EG-Beihilfenrecht?, in: Ipsen, Jörn/Schmidt-Jortzig, Edzard (Hrsg.), Recht, Staat, Gemeinwohl, Festschrift für Dieter Rauschnig, S. 280f.; siehe auch Schlussantrag des GA Fennelly zu EuGH, Rs. C-251/97 (Frankreich/Kommission), Slg. 1999, I-6639, Rn. 20ff.

Form umsetzen lässt. Anderenfalls wären als Beihilfe nur noch Fälle einzuordnen, in denen der Staat völlig zweckfrei „Geld verschenkt".[429]

3. Rechtsprechung des EuGH und Literatur

Im folgenden werden die Entscheidungen des EuGH und deren Einordnung in der Literatur im Zusammenhang mit der Frage nach der dogmatischen Einordnung von Kompensationsleistungen als Beihilfen im Sinne des Art. 87 Abs. 1 EGV näher dargestellt und bewertet. Daraus wird deutlich, dass sich die Ansicht des EuGH in den letzten Jahren weiterentwickelt hat und heute differenzierter ist, als noch in den ersten Urteilen.

a) Keine Beihilfe bei Ausgleichszahlungen (Rechtssache „Ferring/ACOSS")

Der EuGH ordnete in dem Urteil Ferring/ACOSS die Ausgleichsleistungen an Unternehmen, die Dienstleistungen von algemeinem wirtschaftlichem Interesse erfüllen, dogmatisch nicht als Begünstigung im Sinne des Art. 87 Abs. 1 EGV ein. Dieser Auffassung betreffend des Falles Ferring/ACOSS schliesst sich die Literatur größtenteils an.

(1) Sachverhalt

Dem Urteil des EuGH in der Rechtssache „Ferring/ACOSS"[430] lag folgender Rechtsstreit zu Grunde. In Frankreich wurden Pharmagroßhändler per Gesetz verpflichtet, die Lieferung bestimmter Arzneimittel an alle Kundenapotheken innerhalb von 24 Stunden sicherzustellen. Hierdurch wurde den Apotheken ermöglicht, ihren eigenen ebenfalls gesetzlich festgelegten Verpflichtungen nachzukommen. Darin liegen die, den Bedarf der Kunden für mindestens zwei Wochen jederzeit decken und jedes zu ihrem Sortiment zählende Arzneimittel spätestens 24 Stunden nach Bestellungseingang ausliefern zu können. Die Pharmahersteller,

[429] *Gundel, Jörg*, Staatliche Ausgleichszahlungen für Dienstleistungen von allgemeinem wirtschaftlichem Interesse: Zum Verhältnis zwischen Art. 86 Abs. 2 EGV und dem EG-Beihilfenrecht, RIW 2002, S. 225f.
[430] EuGH, Rs. C-172/00 (Ferring/ACOSS), Slg. 2001, I-9067, Rn. 27.

die unmittelbar, d.h. ohne den Umweg über den Großhandel, an die Apotheken lieferten, wurden von dieser im allgemeinen Interesse liegenden Pflicht nicht betroffen. Stattdessen unterlagen sie einer Direktverkaufsabgabepflicht von 2,5 Prozent ihres Umsatzes vor Steuern. Diese Abgabe war eingeführt worden, um zur Finanzierung der nationalen Krankenkasse beizutragen und die Bedingungen des Wettbewerbs zwischen den beiden Vertriebswegen für Arzneimittel aneinander anzugleichen. Der Erhebung der Direktverkaufsabgabe lag also der Gedanke zu Grunde, dass der Wettbewerb zwischen Pharmaherstellern und Pharmagroßhändlern ohne eine derartige Abgabe verfälscht werde. Die Ferring S.A. (Pharmahersteller) musste ihre Direktverkaufsabgabe an die ACOSS[431] begleichen. Sie begründete ihre Klage auf Rückzahlung der gezahlten Beträge damit, dass die Direktverkaufsabgabe eine staatliche Beihilfe i.S.d. Art. 87 Abs. 1 EGV darstelle und entgegen der Vorschrift des Art. 88 Abs. 3 EGV nicht ordnungsgemäß bei der Kommission notifiziert worden sei.

(2) Schlussanträge des Generalanwalts Tizzano

In seinen Schlussanträgen zum Ferring/ACOSS-Urteil vertrat Generalanwalt *Tizzano*[432] die Auffassung, dass die französische Direktverkaufsabgabe im Grundsatz die Tatbestandsmerkmale des Art. 87 Abs. 1 EGV erfülle. Dies gelte unabhängig von dem Umstand, dass den Pharmagroßhändlern bestimmte gemeinwirtschaftliche Pflichten auferlegt seien. Die Nichterhebung der Direktverkaufsabgabe von den Pharmagroßhändlern verschaffe ihnen einen einseitigen Vorteil i.S.d. Art. 87 Abs. 1 EGV. Dieser Vorteil werde zudem aus staatlichen Mitteln gewährt, weil die französischen Behörden zu Gunsten der Pharmagroßhändler auf die Erzielung von Einnahmen verzichteten. Die asymmetrische Erhebung der strittigen Abgabe sei geeignet, den Wettbewerb zu verzerren. Das Tatbestandsmerkmal der Beeinträchtigung des Handels zwischen den Mitgliedstaaten sei in Anbetracht des grenzüberschreitenden Vertriebs vieler Arzneimittel ebenfalls zu bejahen.

---

[431] Agence Centrale des organismes de securite sociale.
[432] Zum Folgenden vgl. Schlussantrag des GA Tizzano EuGH, Rs. C-53/00 (Ferring/ACOSS), Slg. 2001, I-9067, Rn. 33-49, 60-68, 77-83.

Des Weiteren beschäftigte sich der Generalanwalt mit der Frage, ob der besondere Umstand, dass die Pharmagroßhändler mit bestimmten gemeinwirtschaftlichen Aufgaben betraut seien und die streitige Abgabe dazu bestimmt sei, deren Wettbewerbsnachteile im Verhältnis zu den direktvertreibenden Pharmaherstellern auszugleichen, einen Einfluss auf die Qualifizierung der Maßnahme als unzulässige staatliche Beihilfe gemäß Art. 87 Abs. 1 EGV habe. Er ist diesbezüglich der Meinung, dass es gewichtige Argumente für die Verneinung des Beihilfencharakters von Maßnahmen der öffentlichen Hand gäbe, die dazu bestimmt seien, die Nettomehrkosten für die Erfüllung einer gemeinwirtschaftlichen Aufgabe auszugleichen. Diese Vorteile würden nämlich den Begünstigten keinen wettbewerbsrechtlichen Vorteil verschaffen, sondern seien vielmehr dazu bestimmt, eine ungerechtfertigte Benachteiligung im Vergleich zu anderen Wettbewerbern zu vermeiden. Die Auffassung, dass keine Beihilfe i.S.d. Art. 87 Abs. 1 EGV vorliege, sei daher „vorzugswürdig". Die Anwendung des Art. 86 Abs. 2 EGV komme nur dann in Betracht, wenn die streitige Maßnahme als staatliche Beihilfe eingeordnet werden könne. Für diese Beihilfen gälte zwar die Notifizierungspflicht nach Art. 88 Abs. 3 S. 1 EGV, jedoch entfalle das Durchführungsverbot des Art. 88 Abs. 3 S. 3 EGV. Eine Beibehaltung des Durchführungsverbots führe seiner Ansicht nach dazu, dass der Zweck des Art. 86 Abs. 2 EGV während der Entscheidungsfindung der Kommission vereitelt werden würde.[433]

(3) Urteilsgründe

Der EuGH entschied, dass eine staatliche Förderung, die lediglich die Zusatzkosten ausgleicht, die dem Empfänger der Unterstützung durch die Durchführung des Gemeinwohldienstes entstanden sind, schon tatbestandsmäßig keine Begünstigung i.S.d. Art. 87 Abs. 1 EGV darstellt.[434] Einer Rechtfertigung und damit einer Überprüfung der staatlichen Zuwendung am Maßstab des Art. 86 Abs. 2 EGV bedürfe es nicht mehr, wenn die staatlichen Zuwendungen geringer seien als die mit der Erfüllung derartiger mit gemeinwirtschaftlichen Verpflichtungen verbundenen

[433] Schlussantrag des GA Tizzano EuGH, Rs. C-53/00 (Ferring/ACOSS), Slg. 2001, I-9067, Rn. 83.
[434] So auch schon in seiner Altöl-Rechtsprechung, EuGH, Rs. 240/83 (ADBHU), Slg. 1985, I-531, Rn. 18.

Kosten oder diesen entsprächen. Eine Notifizierungspflicht gemäß Art. 88 Abs. 3 S. 1 EGV entfalle in derartigen Fällen. Diese Rechtsprechung wird als sogenannte „Tatbestandslösung" bezeichnet. Schließlich verlangt der EuGH keine Anwendung eines spezifischen Verfahrens zur Vermeidung von Überkompensationen. Erforderlich ist dem EuGH zufolge lediglich, dass tatsächlich eine Überkompensation ausgeschlossen werden kann.

(4) Literatur

Auch innerhalb der Literatur wird die Meinung vertreten, dass staatliche Ausgleichsleistungen als „Bezahlung" für die Erfüllung der den Unternehmen auferlegten Pflichten und nicht als Begünstigung aufzufassen seien.[435] Die Übertragung einer gemeinwirtschaftlichen Aufgabe stelle das betroffene Unternehmen regelmäßig im Vergleich zu den Wettbewerbern finanziell schlechter. Die gewährten staatlichen Mittel seien in derartigen Fallkonstellationen dazu da, das wettbewerbsrechtliche Gleichgewicht wiederherzustellen. Durch eine Ausgleichszahlung solle somit lediglich verhindert werden, dass dem mit gemeinschaftlichen Pflichten belasteten Unternehmen ein ungerechtfertigter Wettbewerbsnachteil entsteht. Zudem sei kein Grund ersichtlich, die Übertragung der gemeinwirtschaftlichen Leistungserbringung getrennt von der Kompensation der dadurch entstehenden Kosten zu betrachten, etwa indem die Kompensationsleistung im Kontext mit Art. 87 Abs. 1 EGV untersucht und die Kosten der Leistungserbringung bei Art. 86 Abs. 2 EGV berechnet werden würden.[436]

Staatliche Ausgleichsleistungen sind nach *Bartosch*[437] dann als Begünstigung i.S.v. Art. 87 Abs. 1 EGV einzuordnen, wenn der Beihilfenempfänger über den Ausgleich der Nettomehrkosten hinaus einen zusätzlichen Gewinn zu erwirtschaften vermag und diese Gewinne zur Quersubventionierung anderer Betätigungsfelder verwendet, die der Beihilfenempfänger ohne staatliche Betrauung im Wettbewerb mit anderen

---

[435] *Oppermann, Thomas*, Europarecht: Ein Studienbuch, 2. Auflage, München 1999, Rn. 1111; *ders.*, Deutsche Rundfunkgebühren und europäisches Beihilfenrecht, Berlin 1997, S. 34f.

[436] *Brevern, Daniel von*, Kommentar zur EuGH Ferring Entscheidung, EWS 2001, S. 587.

[437] *Bartosch, Andreas*, Der EuGH zieht der EG-Beihilfenkontrolle engere Schranken – das Urteil in der Rechtssache Ferring/ACOSS, NVwZ 2002, S. 175.

Wirtschaftsteilnehmern erbringt. Eine beihilfenrechtlich relevante Begünstigung läge wiederum nicht vor, wenn der Gewinn weiter zur Erfüllung der ihm übertragenen gemeinwirtschaftlichen Aufgabe eingesetzt würde. Nach *Gross*[438] verbleiben bei der praktischen Umsetzung des Ferring/ACOSS-Urteils Unsicherheiten insoweit, als eine teilweise vorverlagerte Prüfung des Art. 87 Abs. 1 EGV im Bereich des Art. 86 Abs. 2 EGV stattfindet, indem das beihilfenrechtliche Merkmal der Begünstigung zur Anwendung der Voraussetzungen des Art. 86 Abs. 2 EGV geprüft werden muss.
Die Vorgehensweise des EuGH, nur die zwingend erforderlichen Kosten als ausgleichsfähig anzusehen, scheint insoweit problematisch, als bei sonstigen Austauschgeschäften der öffentlichen Hand mit Privaten nicht die tatsächlichen, gegebenenfalls ineffizienten Kosten, sondern nur die marktüblichen Kosten geltend gemacht werden können.[439]

(5) Zwischenergebnis

PPP können nach dem Ferring/ACOSS-Urteil von der betreffenden Gebietskörperschaft Ausgleichsleistungen erhalten, ohne dass darin notwendigerweise eine Begünstigung und somit Beihilfe i.S.v. Art. 87 Abs. 1 EGV zu sehen ist. Dies gilt nur, soweit die staatlichen Zuwendungen die Höhe der Defizite ausgleichen, die bei der Erfüllung der öffentlichen Aufgaben entstehen. In dem Fall, dass die staatlichen Zuwendungen keine Beihilfen gemäß Art. 87 Abs. 1 EGV sind, müssen PPP folglich ihre Vorhaben nicht mehr gemäß Art. 88 Abs. 3 S. 1 EGV notifizieren. Ferner unterliegen die Vorhaben nicht dem Durchführungsverbot des Art. 88 Abs. 3 S. 3 EGV.
Wenn die PPP Dienstleistungen im allgemeinem wirtschaftlichem Interesse erbringen, scheint ihnen durch das Ferring/ACOSS-Urteil der „Kö-

---

[438] *Gross, Ivo*, Das Europäische Beihilfenrecht im Wandel – Probleme, Reformen, Perspektiven, Baden-Baden 2004, S. 162.
[439] *Koenig, Christian/Kühling, Jürgen*, Infrastrukturförderung im Ausschreibungsverfahren – EG-beihilferechtlicher Königsweg der Kompensation von gemeinwirtschaftlichen Pflichten, DVBl. 2003, S. 293; *Nettesheim, Martin*, Europäische Beihilfeaufsicht und mitgliedstaatliche Daseinsvorsorge, EWS 2002, S. 262f.

nigsweg"[440] gewiesen. Vorsicht ist in diesem Kontext jedoch insofern geboten, als die Feststellung schwierig sein kann, ob die staatliche Unterstützung für die PPP wirklich nur die Zusatzkosten des betreffenden Dienstes ausgleicht oder darin nicht doch eine beihilfenrelevante Überkompensation[441] gesehen werden kann.

Zu untersuchen ist des Weiteren, wie das aus der Tatbestandslösung resultierende Entfallen der Notifikationspflicht zu bewerten ist. Die Tatbestandslösung wird der Kommission nicht behagen, da sie nunmehr nicht mehr gemäß Art. 88 Abs. 1, 3 EGV jedes Vorhaben prüfen kann, so dass in bedenklichen Fällen somit das Beihilfenrecht umgangen werden könnte. Gleichzeitig schont die Lösung die knappen Ressourcen der Kommission, so dass sich diese auf die wirklich problematischen Fälle konzentrieren kann. Der positive Aspekt der Schonung der Ressourcen von der Kommission überwiegt, da der Kommission die bedenklichen Fälle meist sowieso nicht durch mitgliedstaatliche Notifikation, sondern durch Konkurrentenbeschwerden oder Medienberichterstattung zugetragen werden. Daher führt das Entfallen der Notifikationspflicht nicht unbedingt dazu, dass bedeutende Beihilfenfälle mit Verdacht auf einen Verstoß gegen das Beihilfenrecht gänzlich an einer Kontrolle der Kommission vorbeikommen können.

Fraglich ist, wie sich das Entfallen der Notifikationspflicht des Art. 88 Abs. 3 S. 1 EGV auf PPP-Vorhaben auswirkt. Es hat einen äußerst positiven Effekt auf PPP-Projektvorhaben, insoweit dass diese nunmehr nicht mehr darauf angewiesen sind, unter Umständen bis zu 18 Monaten auf die Kommissionsgenehmigung hinsichtlich der staatlichen Unterstützungsleistungen für ihr Vorhaben warten zu müssen. Das bislang für diese Fälle durchzuführende Prüfverfahren der Kommission konnte eine erhebliche Verzögerung des Projektbeginns im Rahmen einer PPP bewirken, so dass sich möglicherweise die ursprünglichen Kooperationsbedingungen vollständig verändert hätten. Dies hätte unter Umständen dazu führen können, dass das ganze PPP-Projekt gescheitert wäre.

---

[440] *Koenig, Christian/Kühling, Jürgen*, Infrastrukturförderung im Ausschreibungsverfahren – EG-beihilferechtlicher Königsweg der Kompensation von gemeinwirtschaftlichen Pflichten, DVBl 2003, S. 296.

[441] Siehe dazu später in Kapitel E., III., 4.

Dieser Ansatz kann sich für PPP jedoch dann problematisch auswirken, wenn sich bei späterer Überprüfung der Zuwendung durch die Kommission gemäß Art. 10ff. Verordnung Nr. 659/1999[442] herausstellt, dass es sich bei der Zuwendung entgegen der Meinung der PPP-Partner doch um eine genehmigungsbedürftige Beihilfe gehandelt hat.[443] Bei der daraus resultierenden Pflicht zur Rückerstattung der Beihilfe ist es dem Empfänger in den meisten Fällen verwehrt, sich auf Vertrauensschutzgesichtspunkte zu berufen.[444] Durch die Tatbestandslösung werden PPP daher von dem Risiko der Fehleinschätzung der Beihilfen stärker als bisher betroffen sein. Dieser Fehleinschätzungsgefahr kann die zuwendende Körperschaft, die selber durch eine ihrer Untergliederungen Teil der PPP ist, vorbeugen, indem sie auch diejenigen Zuwendungen, die aus ihrer Sicht keine anmeldungsbedürftigen Beihilfen sind, vorsorglich der Kommission anzeigt. Die Kommission kann ihr Vorprüfverfahren unter Umständen mit der autoritativen Feststellung abschließen, dass keine anmeldepflichtige Beihilfe vorliegt (Art. 4 II Verordnung Nr. 659/1999). Dieser Weg bleibt den Mitgliedstaaten auch nach dem Ferring/ACOSS-Urteil erhalten. Das Zugeständnis der öffentlichen Hand, die PPP-Gründung mit finanziellen Ausgleichszahlungen oder anderen Zuwendungen für die Erbringung von Daseinsvorsorgetätigkeiten zu unterstützen, hat großen Einfluss auf die Entscheidung der privaten Hand, an derartigen Projekten mitwirken zu wollen. Insbesondere im meist defizitären Segment der Dienstleistungen von allgemeinem wirtschaftlichem Interesse stellt dieses Zugeständnis oft eine notwendige Voraussetzung für die Beteiligungsentscheidung der privaten Hand dar. Eine Rückerstattung der Ausgleichszahlung infolge einer Fehleinschätzung durch den Mitgliedstaat hätte nicht nur fatale Auswirkungen für die betroffene PPP, sondern auch erheblichen negativen Einfluss auf die zukünftige Bereitschaft privater Investoren, PPP einzugehen.

Nach der „Tatbestandslösung" des EuGHs kann man bei der Planung von PPP-Vorhaben im Bereich der Daseinsvorsorge also grundsätzlich von der beihilfenrechtlichen Zulässigkeit staatlicher Unterstützungsmaß-

---

[442] Verordnung des Rates über besondere Vorschriften für die Anwendung von Art. 93 (jetzt Art. 88) des EG-Vertrags, ABl. 1999 Nr. L 83/1.

[443] *Kämmerer, Jörn A.*, Strategien zur Daseinsvorsorge, NVwZ 2004, S. 33.

[444] Vgl. EuGH, Rs. C-24/95 (Alcan), Slg. 1997, 1591 ff, siehe auch oben bei Rechtsfolgen unzulässiger Beihilfengewährung, Kapitel E., II., 3.

nahmen ausgehen, solange keine Überkompensation festgestellt werden kann. Bei der daraus resultierenden Befreiung von der Notifikationspflicht und dem Durchführungsverbot gemäß Art. 88 Abs. 3 EGV sollten die PPP allerdings bedenken, dass es bei Verdacht auf Überkompensation ratsam ist, die staatlichen Ausgleichszahlungen durch Notifizierung im Vorfeld von der Kommission billigen zu lassen.

b) Beihilfe infolge der Wirkung von Staatszahlungen (Rechtssache „GEMO SA")

In der nachfolgend dargestellten Rechtssache GEMO SA stellt der EuGH für die Einordnung von Kompensationsleistungen im Bereich der Erfüllung von Daseinsvorsorgedienstleistungen durch Unternehmen auf die Wirkung der Ausgleichleistungen ab.

(1) Sachverhalt

In seiner Entscheidung im Fall „GEMO SA" überprüfte der EuGH[445] die Vereinbarkeit einer französischen Fleischkaufabgabe mit dem EGV. Die Firma GEMO SA hatte auf Rückerstattung der zwischen 1.1.1997 und 31.12.1998 bezahlten Abgaben geklagt. Die französische Regierung hatte nach Bekanntwerden der BSE-Krise die Beseitigung der nicht mehr verwertbaren Tierkörper zur öffentlichen Aufgabe erklärt.[446] Ein öffentlicher Tierkörperbeseitigungsdienst wurde mit der Entsorgung beauftragt und dieser mit der Fleischkaufabgabe finanziert. Zur Bezahlung der Fleischkaufabgabe wurden nur die Betriebe des Einzelhandels, nicht jedoch die Viehzüchter und Schlachthöfe herangezogen.

(2) Schlussanträge des Generalanwalts Jacobs

In der Rechtssache „GEMO SA" sprach sich der Generalanwalt *Jacobs* in seinen Schlussanträgen gegen eine uneingeschränkte Fortführung der

---

[445] EuGH, Rs. C-126/01, (GEMO SA).
[446] Art. 264 Abs. 1 Code rural.

Ferring/ACOSS-Rechtsprechung aus..[447] Er schlug einen vermittelnden Ansatz in Form eines Modells des offensichtlichen und unmittelbaren Zusammenhangs zwischen Finanzierung und Leistungserbringung vor. Danach solle in den Fällen keine Beihilfe i.S.d. Art. 87 Abs. 1 EGV vorliegen, in denen der Zusammenhang zwischen der vom Mitgliedstaat gewährten Finanzierung und der auferlegten, klar definierten Gemeinwohlverpflichtung unmittelbar und offensichtlich sei. Dies gelte insbesondere für Verträge über die Erbringung öffentlicher Dienstleistungen, die nach der Durchführung eines objektiven, transparenten und nichtdiskriminierenden Ausschreibungsverfahrens abgeschlossen worden seien. Dabei sei sehr wohl zu berücksichtigen, dass die Kontrollbefugnisse der Kommission im Hinblick auf die Legitimität des Dienstleistungsauftrags bei Fortführung der Ferring/ACOSS-Rechtsprechung insoweit gering seien, als danach konsequenterweise eine beihilfenrechtliche Kontrolle über die vom Staat gewährten Ausgleichszahlungen durch die Kommission wegfalle.[448]

In Fällen hingegen, in denen der Zusammenhang zwischen der staatlichen Finanzierung und den auferlegten Gemeinwohlverpflichtungen nicht klar definiert sei, sei diese an Art. 87 Abs. 1 EGV zu messen. Demzufolge bestünde in solchen Fällen die Notifizierungspflicht und das Durchführungsverbot gemäß Art. 88 Abs. 3 EGV, und der Art. 86 Abs. 2 EGV bliebe der entscheidende Prüfstein.

(3) Urteilsgründe

Der EuGH stellte fest, dass das Gesetz zur Fleischkaufabgabe als eine staatliche Beihilfe anzusehen sei. Zwar verfolge die französische Regierung einen gesundheitspolitischen Zweck, der jedoch im Rahmen des Art. 92 EGV (Art. 87 EGV n.F.) unberücksichtigt bleiben müsse, da nach dieser Vorschrift nicht die Gründe und Ziele staatlicher Interventionsmaßnahmen, sondern ihre Wirkungen maßgebend seien. Der EuGH beurteilte bereits das Erheben der Abgabe als staatliche Beihilfe und prüfte

---

[447] Schlussantrag des GA Jacobs EuGH, Rs. C-126/01 (GEMO SA), Rn. 87ff.; so jetzt auch die GA Stix-Hackl in ihrem Schlussantrag EuGH, Rs. C-34/01 bis C-38/01 (Enirisorse), Slg. 2003, I-0000, Rn. 163ff.

[448] Schlussantrag des GA Jacobs EuGH, Rs. C-126/01 (GEMO SA), Rn. 116.

in diesem Zusammenhang gar nicht die Problematik der Ausgleichsleistung.

Das beihilfenrechtliche Problem in der Rechtssache GEMO SA lag darin, dass die Abgabe nicht von den Verursachern, sondern vom Einzelhandel getragen werden musste. Würde der Verursacher die Kosten der Entsorgung tragen, dann hätte man möglicherweise die Situation einer Ausgleichsmaßnahme für eine Dienstleistung im öffentlichen Interesse.[449]

c) Bei Kriterienerfüllung keine Beihilfe bei Ausgleichszahlungen (Rechtssache „Altmark Trans")

Im Rahmen der Einordnung von Kompensationsleisungen als Beihilfe im Sinne von Art. 87 Abs. 1 EGV stellt das Altmark-Trans-Urteil einen Kriterienkatalog auf, bei dessen Erfüllung keine Beihilfe vorliegt.

(1) Sachverhalt

Der EuGH musste in dem Fall Altmark Trans[450] entscheiden, ob öffentliche Zuschüsse zum öffentlichen Personennahverkehr (ÖPNV) als Beihilfe gemäß Art. 87 Abs. 1 EGV einzuordnen waren. Die Altmark Trans-GmbH erbrachte einen Liniendienst mit Omnibussen im Landkreis Stendal und erhielt DM 0,58 je Fahrplankilometer an Komplementärfinanzierung von der öffentlichen Hand.

(2) Schlussanträge des Generalanwalts Leger

Das Spannungsverhältnis zwischen der „Rechtfertigungslösung" (FFSA) und der „Tatbestandslösung" (Ferring/ACOSS) behandelt Generalanwalt *Léger* in seinen Schlussanträgen[451] vom 19.3.2002 und 14.1.2003. Er war der Auffassung, dass der im Urteil Ferring/ACOSS gefundene Aus-

[449] *Lackner, Raimund,* Staatlicher Ausgleichsmaßnahmen für Leistungen im öffentlichen Interesse, ecolex, 2004, S. 150; der Sachverhalt ist mit dem Fall des EuGH, Rs. 240/83 (ADBHU), Slg. 1985, I-531, Rn. 18, zu vergleichen, in dem der EuGH Abgaben, die für die Entsorgung verwendet werden, als Gegenleistung bewertet hat.

[450] EuGH, Rs. C-280/00 (Altmark Trans), Slg. 2003, I-7747.

[451] Schlussantrag des GA Léger v. 19.3.2002, EuGH, Rs. C-280/00 (Altmark Trans) Slg. 2003, I-7747, Rn. 77ff., bestätigt in seinem Schlussantrag vom 14.1.2003 nach Wiedereröffnung der mündlichen Verhandlung.

gleichsansatz geeignet sei, „Art. 86 II EG einen großen Teil seiner Nützlichkeit zu nehmen“[452]. Nach seinem stringenten Beihilfenansatz sind Zahlungen für „Verpflichtungen des öffentlichen Dienstes“ stets als Beihilfen anzusehen. Sie können jedoch nach präventiver Beihilfenkontrolle durch die Kommission mit dem Gemeinsamen Markt vereinbar sein. Indem er der Rechtfertigungslösung des EuG folgt, spricht er sich gleichzeitig gegen die Tatbestandslösung des EuGH aus. Er vertritt die Auffassung, dass das Verständnis, das der EuGH dem Art. 87 EGV beimesse, geeignet sei, Struktur und Systematik der Vertragsbestimmungen über staatliche Beihilfen tiefgreifend zu verändern. Der Ausgleichsansatz des EuGH berge die Gefahr einer Aufweichung des Art. 87 Abs. 1 EGV in sich. Dieser Ausgleichsansatz führe nämlich dazu, dass der Beihilfenbegriff um eine Prüfung der Ziele ergänzt werde, die ein Mitgliedstaat mit einer Vorteilsgewährung verbinde, was mit der Eigenschaft der Beihilfe als rechtlich „objektiver Begriff“ unvereinbar sei.

Des Weiteren habe die Tatbestandslösung zur Folge, dass „die Maßnahmen zur Finanzierung der öffentlichen Dienstleistungen der Kontrolle der Kommission entzogen werden“, weil die Meldepflichten des EG-Beihilfenrechts im Falle tatbestandsloser Vorteilsgewährung nicht einschlägig seien. Damit füge man dem Überwachungsauftrag der Kommission einen Schaden zu. Zwar habe die Kommission nach wie vor die Möglichkeit, die Ausgleichszahlungen ex post von Amts wegen auf die Vereinbarkeit mit den Wettbewerbsregeln hin zu untersuchen, doch eine solche Kontrolle sei naturgemäß weniger effektiv und nicht im gleichen Maße wie eine präventive Kontrolle in der Lage, eine einheitliche Anwendung des Gemeinschaftsrechts und einen Schutz des Wettbewerbs zu gewährleisten. *Léger* wies darauf hin, dass durch die Ferring/ACOSS-Rechtsprechung des EuGH im Bereich der staatlichen Beihilfe des Art. 86 Abs. 2 EGV weitestgehend seiner Wirksamkeit beraubt werde. Aus all diesen Gründen empfahl *Léger* ein Abrücken von der Ferring/ACOSS-Judikatur, indem er die Ausgleichszahlungen für die Erbringung von gemeinwirtschaftlichen Pflichten als Beihilfen einordnet.

[452] Erster Schlussantrag des GA Léger vom 19.3.2002, Rs. C-280/00, (Altmark Trans) Slg. 2003, I-7747, Rn. 79.

Nach *Léger* wäre also wegen der Annahme einer Beihilfe eine Notifizierung erforderlich, wenngleich die Ausgleichsmaßnahme nach Art. 86 Abs. 2 EGV regelmäßig genehmigungsfähig wäre.

(3) Urteilsgründe

Die „Tatbestandslösung“ des EuGH in der Rechtssache Ferring/ACOSS wurde entgegen den Schlussanträgen des Generalanwalts *Léger* vom EuGH in der Altmark Trans-Entscheidung[453] bestätigt und weiter spezifiziert. Danach hängt die Zulässigkeit der Kompensationsleistung für die Erfüllung von gemeinwirtschaftlichen Verpflichtungen von den Anforderungen der Art. 87, 88 EGV ab, die der EuGH in diesem Zusammenhang sehr restriktiv formuliert. Er verweist dabei sowohl auf das Ferring/ACOSS-[454] als auch auf das ADBHU-Urteil[455]. In seiner Entscheidung orientiert sich der EuGH an den Vorschlägen des Generalanwalts *Jacobs* in der Rechtssache GEMO SA, geht aber über das Gebot des unmittelbaren Zusammenhangs zwischen Finanzierung und klar definiertem Gemeinwohlauftrag hinaus.
Der EuGH führt in diesem Urteil vier einschränkende Bedingungen ein, die für die Verneinung eines Beihilfencharakters kumulativ vorliegen müssen und deren Vorliegen im Einzelfall von nationalen Gerichten zu prüfen sei. Bei den vier kumulativ vorliegenden erforderlichen Kriterien handelt es sich um:[456]

- *Betrauungsgrundsatz:* Das begünstigte Unternehmen muss mit der Erfüllung klar definierter gemeinwirtschaftlicher Verpflichtungen auf der Grundlage von Rechtsvorschriften bzw. Einzelrechtsakten i.S.v. Art. 86 Abs. 2 EGV betraut[457] sein.
- *Vorherigkeits- und Transparenzgebot*: Die Parameter anhand derer der Ausgleich berechnet wird, müssen zuvor objektiv und transparent aufgestellt werden.
- *Kostendeckungskontrolle*: Der finanzielle Ausgleich darf nicht den Betrag übersteigen, der erforderlich ist, um die Kosten der Erfüllung der

---

[453] Zum Folgenden vgl. EuGH, Rs. C-280/00 (Altmark Trans), Slg. 2003, I-7747, Rn. 87.
[454] EuGH, Rs. C-172/00, (Ferring/ACOSS), Slg. 2001, I-9067.
[455] EuGH, Rs. 240/83 (ADBHU), Slg. 1985, I-531, Rn. 18.
[456] EuGH, Rs. C-280/00 (Altmark Trans), Slg. 2003, I-7747, Rn. 88ff.
[457] Zu den Anforderungen an eine Betrauung siehe.Kapitel D. III. 2. b).

gemeinwirtschaftlichen Verpflichtungen unter Berücksichtigung der dabei erzielten Einnahmen und eines angemessenen Gewinns ganz oder teilweise zu decken.

- *Verfahrensadäquanz*: Die Höhe des Ausgleichs ist im Vergleich mit den Kosten zu bestimmen, die ein durchschnittliches Unternehmen zu tragen hätte. Dies gilt jedoch nur, wenn die Auswahl nicht im Rahmen eines Verfahrens zur Vergabe öffentlicher Aufträge erfolgt.

Liege eines der vier Kriterien nicht vor, so sei die staatliche Kompensationszahlung deshalb noch nicht rechtswidrig. Vielmehr sei sie dann, wie jede andere Finanzierungsleistung seitens des Staats, an dem Beihilfenverbot des Art. 87 Abs. 1 EGV zu messen und gegebenenfalls im zweiten Schritt an Art. 86 Abs. 2 EGV, wenn der Betrauungstatbestand vorliegt. Der EuGH geht davon aus, dass die Feststellung adäquaten Kostenausgleichs im Rahmen eines Verfahrens zur Vergabe öffentlicher Aufträge erfolgen kann.

(4) Literatur

(a) Mehr Rechtssicherheit durch das Urteil

Bartosch[458] ist der Auffassung, dass der EuGH durch die im Altmark Trans-Urteil aufgestellten Kriterien deutlich mehr Rechtssicherheit hinsichtlich der Problematik der beihilfenrechtlichen Bewertung staatlicher Ausgleichsmaßnahmen für gemeinwirtschaftliche Dienstleistungen geschaffen habe.

(b) Mangel an Rechtssicherheit durch Einhaltung aufgestellter Voraussetzungen

Gross[459] ist der Meinung, dass die Auslegung und korrekte Einhaltung von der im Altmark Trans-Urteil aufgestellten Kriterien insbesondere im Hinblick auf die Begriffe des „angemessenen Gewinns" und des „gut geführten Unternehmens" problematisch sei. Dies führe zu dem Schluss,

---

[458] *Bartosch, Andreas,* Die Kommissionspraxis nach dem Urteil des EuGH in der Rechtssache Altmark, EuZW 2004, S. 295ff.

[459] *Gross, Ivo,* Das Europäische Beihilfenrecht im Wandel – Probleme, Reformen, Perspektiven, Baden-Baden 2004, S. 162.

dass Rechtssicherheit für den Staat und das betroffene Unternehmen hinsichtlich der Frage, ob die Maßnahmen der Anmeldepflicht und dem Durchführungsverbot des Art. 88 Abs. 3 EGV unterlägen, erst durch eine Entscheidung der Kommission entsteht.

(c) Urteil führt zu Unsicherheiten, ist dabei aber richtungweisend

Werner/Köster[460] kritisieren, dass der EuGH es unterlassen habe, den beim vierten Kriterium aufgestellten Vergleichsmaßstab „durchschnittlich gut geführtes Unternehmen" näher zu konkretisieren. In der Praxis fehle diesbezüglich ein allgemein anerkannter Standard. Somit könne es zu Unsicherheiten dahingehend kommen, ob die betreffende staatliche Zuwendung sich im Rahmen dessen bewegt, was ein „durchschnittlich gut geführtes Unternehmen" an öffentlichem Zuschuss benötigt, um kostendeckend die gemeinwirtschaftliche Verpflichtung erfüllen und einen angemessenen Gewinn erzielen zu können. Insbesondere lasse sich darüber diskutieren, ob öffentliche Unternehmen oder die regelmäßig kostengünstiger arbeitenden Privatunternehmen als Vergleichsmaßstab heranzuziehen sind. Trotzdem werde das Urteil weitreichende Folgen (für den ÖPNV) in den Mitgliedstaaten der EU haben und sei insoweit richtungweisend. Die Grundsätze des Urteils beanspruchen stets Geltung, wenn die öffentliche Hand Augleichszahlungen als Gegenleistung für die Erfüllung gemeinwirtschaftlicher Verpflichtungen gewährt.

(d) EuGH verfolgt in seinem Urteil einen Mittelweg

Nach *Kühling/Wachtmeister*[461] geht die Rechtsprechung im Altmark Trans-Urteil einen Mittelweg. Diskussionswürdig erscheint ihnen, inwieweit die vom EuGH angeführten vier Kriterien wirklich dem Beihilfenrecht entstammen und des Weiteren, ob Wettbewerbsverzerrungen durch deren Einhaltung tatsächlich umfassend vermieden werden können.[462] Der neue objektive Maßstab des EuGH sei insofern begrüßenswert, als – wie

---

[460], *Werner, Jürgen/Köster, Thomas*, Anmerkung zum Altmark Trans-Urteil, EuZW 2003, S. 504.
[461] *Kühling, Jürgen/Wachinger, Lorenz*, Das Altmark-Trans-Urteil des EuGH – Weichenstellung für oder Bremse gegen mehr Wettbewerb im deutschen ÖPNV?, NVwZ 2003, S. 1203.
[462] Siehe zu dieser Diskussion, *Koenig, Christian/Kühling, Jürgen*, Infrastrukturförderung im Ausschreibungsverfahren – EG-beihilferechtlicher Königsweg der Kompensation von gemeinwirtschaftlichen Pflichten, DVBl 2003, S. 295.

auch bei sonstigen Austauschgeschäften der öffentlichen Hand mit Privaten – das die Leistung erbringende Unternehmen lediglich die marktüblichen Kosten, nicht aber die tatsächlich entstandenen bzw. entstehenden Kosten geltend machen könne.

(e) Teleologische Reduktion des Beihilfenbegriffs durch das Urteil

Nach *Kämmerer*[463] nimmt der EuGH in der Altmark Trans-Entscheidung eine teleologische Reduktion des Beihilfenbegriffs vor. Danach werden Beihilfen begrifflich nicht länger als freiwillige Zuwendung eines wirtschaftlichen Vorteils ohne marktgerechte Gegenleistung verstanden, sondern als Zuwendung eines wirtschaftlichen Vorteils, für den zum Zuwendungszeitpunkt keine marktgerechte Gegenleistung nachgewiesen wird. Dieses „neue" Beihilfenverständnis gebe Art. 86 Abs. 2 EGV als Abwägungsregelung zwischen Wettbewerbsfreiheit und daseinsvorsorgebezogener Finanzierungsnotwendigkeit im Beihilfenrecht nur noch einen schmalen Anwendungsbereich. Offen bliebe nach dem Urteil, wie gewährleistet und überprüft werden solle, dass die Finanzierung tatsächlich einer Dienstleistung von allgemeinem wirtschaftlichem Interesse zu Gute kommt und es sich eben nicht um eine versteckte Beihilfe handelt.

(f) Abkehr vom Nettoausgleichsprinzip

Baumeister[464] ist der Ansicht, dass der EuGH durch das vierte Kriterium eine grundlegende Abkehr vom bisher geltenden Nettoausgleichsprinzip vornehme. Nach dem Nettoausgleichsprinzip wurden die tatsächlich entstandenen Kosten eines Unternehmens ausgeglichen und zwar unabhängig davon, wie effizient das Unternehmen war.[465] Eine Beihilfe ist nicht gegeben, wenn ein Kostenausgleich bei „Verpflichtungen des öffentlichen Dienstes" nach dem Marktpreisvergleich vorliegt. Für das deutsche Recht müsse für eine wettbewerbsfreie Betrauung § 4 der Ver-

---

[463] *Kämmerer, Jörn A.*, Strategien zur Daseinsvorsorge, NVwZ 2004, S. 33; so auch im Ergebnis die Kritik von GA Léger in seinem Schlussantrag vom 14.1.2003, EuGH, Rs. C-280/00 (Altmark Trans) Slg. 2003, I-7747, Rn. 79f., 82ff.

[464] *Baumeister, Hubertus*, Der EuGH und die Finanzierung der kommunalen Daseinsvorsorge – vor allem des öffentlichen Nahverkehrs, NZBau 2003, S. 550.

[465] Dazu ausführlich, *Nettesheim, Martin*, Europäische Beihilfeaufsicht und mitgliedstaatliche Daseinsvorsorge, EWS 2002, S. 262f.

ordnung PR Nr. 30/53 über die Preise bei öffentlichen Aufträgen[466] herangezogen werden. Die vier Kriterien des EuGH führen nach Baumeister regelmäßig zu einem entgeltlichen Vertrag, der als Dienstleistungsauftrag oder Dienstleistungskonzession in einem wettbewerblichen Verfahren auszuschreiben ist.

Nach *Baumeister* ist zusammenfassend festzuhalten, dass es sich bei dem Urteil des EuGH um ein Grundsatzurteil handelt, womit der EuGH den Mitgliedstaaten bei ihren Zuwendungen für „Verpflichtungen des öffentlichen Dienstes" ein weitgehendes Selbstbestimmungsrecht im Zusammenhang mit den beihilfenrechtlichen Befugnissen der Kommission eingeräumt hat. Allerdings sieht *Baumeister* bei Nichteinhaltung eines der vier Kriterien erhebliche Risiken für die staatlichen Stellen, weil dritte Unternehmen gegen die Finanzierung als solche vorgehen könnten. Dies könne mit Hilfe einer Subventionsbeschwerde bei der Kommission, einer Unterlassungsklage gegen die Fortführung der beihilfenrechtswidrigen Finanzierung vor den nationalen Gerichten oder einer Untätigkeits- oder Nichtigkeitsklage vor dem EuG geschehen. Diese Risiken führen nach *Baumeister* letztlich zu einer deutlichen Stärkung des Vergaberechts, weil nur durch wettbewerbliche Ausschreibungen potenziell wettbewerbsverfälschende Beihilfen rechtssicher vermieden werden können.

(g) Urteil als „Modifizierte Tatbestandslösung"

Jennert[467] bezeichnet den Lösungsansatz des EuGH im Altmark Trans-Urteil als „modifizierte Tatbestandslösung". Auf Grund der Notwendigkeit der vorherigen transparenten und objektiven Aufstellung der Ausgleichsparameter werde eine bevorzugte Beihilfenvergabe durch ein subjektives Zuschneiden der Parameter auf ein bestimmtes Unternehmen erschwert. Damit erwirke der EuGH gleichsam den Wettbewerb in der Daseinsvorsorge „durch die Hintertür". Die Ausführungen des EuGH seien trotz dogmatischer Fragwürdigkeit begrüßenswert, insoweit als dass das Merkmal der Betrauung aus Art. 86 Abs. 2 EGV in den Tatbestand des Art. 87 Abs. 1 EGV hinübergezogen wurde. *Jennert* spricht sich gegen

---

[466] BAnz v. 21.11.1953, Nr. 244, zuletzt geändert durch Verordnung PR Nr.1/89 v.13.6.1989 (BGBl, 1094).

[467] *Jennert, Carsten*, Finanzierung und Wettbewerb in der Daseinsvorsorge nach Altmark Trans, NVwZ 2004, S. 426.

die Kostenanalyse auf Basis eines durchschnittlich gut geführten Unternehmens als viertes Kriterium zur Berechnung der Erforderlichkeit aus. Bisher entfiel eine Begünstigung im Rahmen des Art. 87 EGV nur, wenn eine angemessene Gegenleistung, d.h. der marktübliche Preis, für eine Leistung entrichtet wurde. Mit der nunmehr gewählten Form könne es durchaus in denjenigen Fällen zu Wettbewerbsverfälschungen kommen, in denen einem Unternehmen ein auf Basis der Durchschnittskosten berechneter Ausgleich gewährt wird, dieser jedoch wegen der effizienten Unternehmensführung über die tatsächlichen Kosten hinausginge. Mit dem Abstellen auf die Durchschnittskosten würde man öffentliche und privilegierte Unternehmen der Daseinsvorsorge gegenüber allen anderen Unternehmen, die ihre Leistungen dem Staat nur zum Marktpreis verkaufen dürfen, unter Verstoß gegen den Gleichbehandlungsgrundsatz des Art. 86 Abs. 1 EGV bevorzugen. Obwohl das Kriterium des durchschnittlich gut geführten Unternehmens zu erheblicher Rechtsunsicherheit führe, biete es gleichzeitig zu mehr Wettbewerb im Bereich der Dienstleistungen von allgemeinem wirtschaftlichem Interesse. Die Notifikation des Vorhabens durch die Mitgliedstaaten nach Art. 88 Abs. 3 S. 1 EGV solle nur in den Fällen unterlassen werden, in denen absolute Gewissheit darüber bestünde, dass die Ausgleichszahlungen nicht über die durchschnittlichen Kosten eines gut geführten Unternehmens hinausgingen.

(h) Meilenstein hinsichtlich eines Einklangs zwischen Daseinsvorsorge und europäischem Marktverfassungsrecht

Franzius[468] hielt das Urteil für überzeugend, da schon viel damit gewonnen sei, dass es nicht mehr ausreiche, entstehende oder erkannte Defizite erst nachträglich finanziell auszugleichen. Der Maßstab für die Auswahl des Unternehmens werde sich in Zukunft wohl stärker dem Marktpreis nähern. Das Urteil Altmark Trans sei ein Meilenstein in dem Bemühen, die mitgliedstaatliche Daseinsvorsorge mit dem europäischen Marktverfassungsrecht in Einklang zu bringen. Der EuGH verschiebe damit die bisher gestellten Anforderungen an die Rechtmäßigkeit einer Beihilfe in den Tatbestand des Art. 87 Abs. 1 EGV und entlaste hierdurch

---

[468] *Franzius, Claudio*, Auf dem Weg zu mehr Wettbewerb im ÖPNV – Zum „Altmark-Trans“ Urteil des EuGH, NJW 2003, S. 3030.

die Kommission, deren Kontrolle auf die problematischen Fälle reduziert werde. Der Kommission verbliebe jedoch noch die Möglichkeit, von Amts wegen ein Kontrollverfahren einzuleiten. Dieser Weg möge den ordnungspolitischen Leitvorstellungen gerade in Deutschland nicht entsprechen, wiese aber in die richtige Richtung einer kontrollierten Dezentralisierung des europäischen Beihilfenrechts. Das Europarecht respektiere die „Kompetenz“ der Mitgliedstaaten, die Rechtmäßigkeitsvoraussetzungen für den Dienstleistungsauftrag und die Finanzierung selber zu prüfen. Mit den Maßstabsvorgaben für den Kostenausgleich beuge der EuGH einer verminderten Rationalitätsgewähr hinreichend vor. Für *Franzius* ist nachvollziehbar, dass der EuGH die Lösung nicht unmittelbar über Art. 86 Abs. 2 EGV gesucht habe. Trotz seiner gewachsenen Bedeutung für die Daseinsvorsorge hinterlasse der Art. 86 Abs. 2 EGV infolge der extensiven Interpretation durch den EuGH den Eindruck einer „europarechtlichen Sphinx“. Die Zurückhaltung des EuGH hinsichtlich der Anwendung des Art. 86 Abs. 2 EGV sei zu begrüßen, da die Vorschrift weiterhin auch mittelbar der inhaltliche Maßstab für die Verarbeitung des Spannungsverhältnisses zwischen Wettbewerb und gemeinwirtschaftlichen Diensten sei.

(i) Sicherung des Freiraums der Mitgliedstaaten und Schutz des Wettbewerbs

Wernicke[469] ist der Ansicht, dass anders als im Fall Ferring/ACOSS[470], in dem der EuGH die Prüfung einer möglichen Rechtfertigung nach Art. 86 Abs. 2 EGV ablehnte, dem Art. 86 Abs. 2 EGV im Altmark Trans-Urteil wieder Bedeutung beigemessen werde. Obgleich die Mitgliedstaaten von einer ex-ante Kontrolle der Kommission befreit werden, leben die Kriterien des Art. 86 Abs. 2 EGV durch das Altmark Trans-Urteil insofern wieder auf, als die im Urteil genannten Bedingungen im wesentlichen seinen Tatbestandsvoraussetzungen entsprächen. Dies begründet *Wernicke* damit, dass beide eine tatsächliche Betrauung und eine klare Definition gemeinwirtschaftlicher Verpflichtungen als Voraussetzung effektiver ge-

---

[469] *Wernicke, Stephan,* Die Wirtschaftsverfassung der Gemeinschaft zwischen gemeinwirtschaftlichen Diensten und Wettbewerb, oder: Wer hat Angst vor Art. 86 II EG?, EuZW 2003, S. 481.
[470] EuGH, Rs. C-172/00, (Ferring/ACOSS), Slg. 2001, I-9067.

meinschaftlicher Kontrolle verlangen würden. Gleiches gelte für die objektiven, transparenten Parameter, die im Betrauungsakt dargelegt werden müssten. Die Bedingung, dass der Ausgleich nicht über das hinausgehen darf, was für die Erfüllung der gemeinwirtschaftlichen Verpflichtungen erforderlich ist, spiegele den Verhältnismäßigkeitsgrundsatz des Art. 86 Abs. 2 EGV wider.

Dem EuGH gelinge mit diesem Ansatz sowohl die Sicherung des Freiraums der Mitgliedstaaten zur Gestaltung der gesellschaftspolitischen Gemeinwohlbestimmung als auch der effektive Schutz des Wettbewerbs. Eben hierzu diene Art. 86 Abs. 2 EGV, der als Optimierungsgebot und nicht als eng begrenzte Ausnahmenorm auszulegen sei. Entsprechend würden auch im Grünbuch der Kommission[471] Dienstleistungen von allgemeinem Interesse als „notwendiger Bestandteil des europäischen Gesellschaftsmodells" verstanden werden.

(j) Fokus auf Wirkung der Maßnahme und nicht Gründe oder Ziele

Nach *Nettesheim*[472] verliert der Beihilfenbegriff nicht an Objektivität, wenn bei seiner Anwendung berücksichtigt wird, dass die Begünstigung lediglich die Lasten ausgleichet, die der Empfänger auf Grund eines Dienstleistungsauftrages zu tragen hat. Es gehe der Lösung im Altmark Trans-Urteil gerade nicht um eine unmittelbare Berücksichtigung der „Ziele" oder „Anliegen" des Mitgliedstaats, sondern um eine von objektiven Gesichtspunkten angeleitete Bewertung der wirtschaftlichen Stellung des Empfängers. Die Lösung zwinge nicht zu einer Berücksichtigung von Gründen oder Zielen staatlicher Maßnahmen, sondern knüpfe an deren Wirkungen an. Für die modifizierte Tatbestandslösung des EuGH spreche weiter, dass kein hinreichender Grund dafür ersichtlich sei, die Ausführungssperre des Art. 88 Abs. 3 S. 3 EGV schematisch und automatisch gegenüber Ausgleichsleistungen anzuwenden, da sonst die Gefahr bestünde, dass wichtige Dienstleistungen im öffentlichen Interesse beeinträchtigt werden würden.

---

[471] Siehe Grünbuch zu Dienstleistungen von allgemeinem Interesse v. 21.5.2003, KOM (2003) 270, S. 1ff.

[472] Zum Folgenden vgl. *Nettesheim, Martin*, Europäische Beihilfeaufsicht und mitgliedstaatliche Daseinsvorsorge, EWS 2002, S. 262f.

Nettesheim stimmt aber der modifizierten Tatbestandslösung des EuGH nicht vollständig zu. Nach seiner Meinung bedürfen die vier Anwendungsvoraussetzungen weiterer Qualifizierung. Dieser Lösungsansatz könne nur in den Fällen zur Anwendung kommen, in denen zum einen die Gemeinwohlpflicht hinreichend eindeutig definiert ist und zum anderen eine ausreichend enge Verbindung zwischen Gemeinwohlpflicht und Ausgleichsleistung bestehe. Mit Hilfe dieser Merkmale lasse sich der Gefahr begegnen, dass die Mitgliedstaaten versuchen, dem Aufsichtsverfahren nach Art. 88 EGV Subventionen zu entziehen, indem sie einen Bezug zu einer Gemeinwohlverpflichtung lediglich behaupten.

(5) Beurteilung des Altmark Trans-Urteils und dessen Wirkung auf PPP-Vorhaben

Die Entscheidung Altmark Trans bestätigt das Ferring/ACOSS-Urteil und führt es durch weitere Konkretisierungen fort. Es ist von dem Bemühen gekennzeichnet, den Ausnahmecharakter der Nichtanwendbarkeit des Art. 87 EGV zu betonen, also einen Automatismus der Befreiung von diesem zu vermeiden. Durch die Akzentuierung des Beihilfentatbestandes greift der EuGH den Wandel auf, der in Europa zu mehr Wettbewerb unter Beachtung der legitimen Interessen der Mitgliedstaaten an der Erfüllung gemeinwirtschaftlicher Dienstleistungen führen soll. Der Wettbewerb in der Daseinsvorsorge wird insoweit gestärkt, als dass die Ausgleichsleistungen für die Lasten des gemeinwohlorientierten Auftrages nicht als verbotene Beihilfen angesehen werden.

Eine Notifizierungspflichtigkeit der Beihilfe besteht nach dieser Entscheidung nur dann, wenn die vier Altmark Trans-Voraussetzungen für das Greifen der Ausnahme nicht zweifelsfrei kumulativ vorliegen und damit die in Frage stehenden staatlichen Zuwendungen anhand des Beihilfenverbots des Art. 87 EGV zu beurteilen sind. Dadurch, dass nur die objektiv erforderlichen Kosten als ausgleichsfähig angesehen werden, stellt das Urteil klar, dass die Beweislast für die Ausnahme von Art. 87 Abs. 1 EGV bei dem Auszahler bzw. Empfänger liegt. Die PPP müssen also den Beweis führen, dass die staatlichen Unterstützungsmaßnahmen objektiv erforderlich gewesen sind, um sie für die entstandenen Kosten bei der Übernahme von Daseinsvorsorgepflichten zu kompensieren.

Abzuwarten bleibt, wie sich diese neue Richtung in der Rechtsprechung für den Empfänger der Ausgleichszahlung, hier die PPP, auswirkt. Das Altmark Trans-Urteil hat signifikante Vorteile für die PPP-Praxis, birgt aber gleichzeitig auch – insbesondere bezüglich der Notifikationspflicht – Risiken. Ein Vorteil für Public Private Partnerships ist darin zu sehen, dass Klarheit darüber herrscht, dass staatliche Kompensationszuwendungen keine Beihilfen sind, wenn sie die vier Altmark Trans-Kriterien erfüllen. Die Kriterien geben dem staatlichen Partner ein gutes Verständnis davon, wie die Zuwendungen aussehen müssen, um den Beihilfenregeln nicht unterworfen zu sein und damit auch nicht der Notifizierungspflicht. Wie bereits beim Ferring/ACOSS-Urteil diskutiert, birgt das Entfallen der Notifikationspflicht neben dem großen Vorteil, dass die PPP-Vorhaben direkt beginnen können, auch die Gefahr hinsichtlich einer Fehleinschätzung der staatlichen Zuwendungen und daraus resultierend einer möglichen Rückerstattungspflicht seitens der PPP. Dadurch, dass die vier Altmark-Trans Kriterien nicht detailliert definiert sind und bislang wenig Rechtsprechung hinsichtlich ihrer Anwendung vorliegt, bleibt auch nach der Altmark Trans-Entscheidung ein Risiko der Fehleinschätzung der Notifikationsnotwendigkeit. Es bestehen Bedenken, dass die Mitgliedstaaten die vom EuGH eingeleitete „kontrollierte Dezentralisierung des europäischen Beihilfenrechts“[473] zum Anlass nehmen, um pauschal Abstand von Notifikationen zu nehmen, weil sie die neue Rechtsprechung als eine Art Bestandsschutzgarantie für jedweden Mechanismus des daseinsvorsorgebezogenen Lastenausgleichs missdeuten könnten.[474]

d) Beihilfe mangels Erfüllung der Altmark Trans-Kriterien (Rechtssache „Enirisorse“)

Wie oben dargestellt wurde durch das Altmark-Trans Urteil ein Kriterienkatalog aufgestellt, der die Einordnung von möglichen Beihilfen weiter konkretisiert. Das folgende Urteil macht die Anwendung dieses Katalogs in jüngerer Rechtsprechung deutlich.

---

[473] *Franzius, Claudio,* Auf dem Weg zu mehr Wettbewerb im ÖPNV – Zum „Altmark-Trans“ Urteil des EuGH, NJW 2003, S. 3031.
[474] *Kämmerer, Jörn A.,* Strategien zur Daseinsvorsorge, NVwZ 2004, S. 33.

(1) Sachverhalt

In der Rechtssache „Enirisorse“[475] ging es um eine Regelung, bei der der betreffende Mitgliedstaat das Be- und Entladen von Waren in seinen Häfen mit einer Abgabe belegte. Diese Abgabe floss zu einem großen Teil bestimmten, wirtschaftlich tätigen, öffentlichen Einrichtungen (sog. Azienda) zu. Die Klägerin, die im Hafen von Cagliari inländische und ausländische Waren mit eigenen personellen und sachlichen Mitteln be- und entlud, ohne die Leistungen der dort tätigen Azienda in Anspruch zu nehmen, machte gegen die Zahlungsbescheide des Hafens geltend, dass dieses System eine unerlaubte Beihilfe darstelle.

(2) Schlussanträge der Generalanwältin Stix-Hackl

Die Generalanwältin *Stix-Hackl* folgte in ihren Schlussanträgen vom 7.11.2002[476] der vermittelnden Auffassung des Generalanwalts *Jacobs* und ließ den Ausschluss des Art. 87 Abs.1 EGV daran scheitern, dass die Gemeinwohlverpflichtung der öffentlichen Einrichtungen der Azienda nicht hinreichend klar definiert worden sei. Das betreffende italienische Gesetz hatte gemeinsam mit der Regelung der teilweisen Zuweisung der Hafenabgabe an diejenigen Händler, die die Häfen zum Be- und Entladen nutzten, die Aufgabe der Verwaltung der Hafeneinrichtungen übertragen.

(3) Urteilsgründe

Der EuGH folgte den Schlussanträgen der Generalanwältin *Stix-Hackl* und ließ die zu Gunsten der Azienden abgegebene Hafenabgabe daran scheitern, dass die den Begünstigten übertragenen gemeinwirtschaftlichen Aufgaben nicht klar genug definiert waren. Die vagen Angaben der italienischen Regierung zu der Berechnung der Höhe der Hafenabgabe genüge dem Erfordernis des zweiten Altmark Trans-Kriteriums nicht, welches besagt, dass die Parameter anhand derer der Ausgleich berechnet werden muss, zuvor in objektiver und transparenter Weise fest-

---

[475] EuGH, verb. Rs. C-34/01 bis C-38/01, (Enirisorse), Slg. 2003, I-0000.
[476] Schlussantrag der GA Stix-Hackl, EuGH, verb. Rs. C-34/01 bis C-38/01, (Enirisorse), Slg. 2003, I-0000, Rn. 153ff.

gelegt sein müssen. Der dem Begünstigten gewährte Ausgleich dürfe nämlich nicht über das erforderliche Maß hinausgehen. Damit wendet der EuGH in seiner Urteilsfindung die Altmark Trans-Kriterien an.

4. Kommissionspraxis

Wie oben besprochen verlangt das dritte Altmark Trans-Kriterium, dass der finanzielle Ausgleich nicht den Betrag übersteigen darf, der erforderlich ist, um die Kosten der Erfüllung der gemeinwirtschaftlichen Verpflichtungen unter Berücksichtigung der dabei erzielten Einnahmen und eines angemessenen Gewinns ganz oder teilweise zu decken. Das vierte Kriterium verlangt, dass die Höhe des Ausgleichs nur dann im Vergleich mit den Kosten zu bestimmen sei, die ein durchschnittliches Unternehmen zu tragen hätte, wenn die Auswahl nicht im Rahmen eines Verfahrens zur Vergabe öffentlicher Aufgaben erfolgt sei.

Eine Überkompensation, beispielsweise durch überhöhtes Entgelt bzw. Betriebszuschüsse, könnte also effektiv dadurch vermieden werden, dass der private Betreiber für die Einrichtung oder den Betrieb der PPP durch ein öffentliches und diskriminierungsfreies Auswahlverfahren[477] ausgewählt würde. Die Vorteile dieses Verfahrens lägen darin, dass die Auflagen an den privaten Betreiber im Hinblick auf die Erhaltung, Instandsetzung oder Verbesserung der fraglichen Anlagen einerseits und die Qualität der damit angebotenen Leistungen andererseits genau spezifiziert werden könnten. Das im günstigsten Angebot geforderte Entgelt bzw. der für erforderliche Arbeiten verlangte Zuschuss wäre damit dann als marktgerechter Preis anzusehen, weil durch die Ausschreibung ein Markt geschaffen worden ist.[478]

[477] Kommission, Fall N 514/2001, Universal Banking Service, Rn. 27.

[478] *Eilmansberger, Thomas*, Beihilfenrechtliche Fragen von Public Private Partnerships, in: Holoubek, Michael/Potacs, Michael (Hrsg.), Public Private Partnership, Wien 2003, S. 104.

a) Der Ausschreibungswettbewerb in der Kommissionspraxis

(1) Wesentliche Anforderungen an die Gestaltung eines Ausschreibungswettbewerbs

Durch ein Ausschreibungsverfahren wird für die erbrachte Leistung ein Marktpreis hergestellt, der den Nachweis der Äquivalenz zwischen staatlich finanziertem Ausgleich und den Nettomehrkosten des öffentlichen Auftrages maßgeblich erleichtern soll.[479] Nach den Anforderungen der Kommission muss ein solches Ausschreibungsverfahren allen potenziellen Investoren zugänglich sein. Dazu muss es in internationalen Publikationen bekannt gemacht und durch international tätige Makler verbreitet werden. Das Angebot selbst muss alle finanziellen Leistungen der öffentlichen Hand an das Kooperationsunternehmen sowohl in der Errichtungs- als auch in der Betriebsphase des Projekts enthalten.[480]

Darüber hinaus muss jedem fachlich qualifizierten Unternehmer die Möglichkeit der Investition gegeben werden.[481] Schließlich ist als Mitgesellschafter im Rahmen der PPP derjenige Privatinvestor auszuwählen, der über die Erfüllung der Rahmenanforderungen der Ausschreibung hinaus die höchsten eigenen Leistungen zu erbringen bereit ist. Die Zuschlagskriterien wären damit die von den Interessenten für die Leistungserbringung geforderten Unterstützungsleistungen einerseits und der Preis bzw. die Qualität der erbrachten Leistung andererseits. Dadurch, dass jede zusätzliche Zuschussleistung die Leistungsbereitschaft der Privatinvestoren entsprechend erhöht, ist gewährleistet, dass die Höhe der staatlichen Finanzierungshilfe im Vergleich zur privaten Gegenleistung angemessen ist.[482]

---

[479] In diesem Zusammenhang sind Marktpreis und Kostenpreis gleichzusetzen, siehe *Reuter, Alexander*, Die Projektfinanzierung öffentlich-rechtlicher Aufgaben aus dem Blickwinkel des Beihilferechts: Public-Private Partnerships nach EuGH-Ferring aus Bankensicht, ZIP 2002, S. 745.

[480] *Gas, Tonio/Rücker, Martin*, Die Finanzierung von Public Private Partnerships, DÖV 2004, S. 63.

[481] Mitteilung der Kommission betreffend Elemente staatlicher Beihilfe bei Verkäufen von Bauten oder Grundstücken durch die öffentliche Hand, ABl. 1997 Nr. C 209/3ff.; *Koenig, Christian*, Funktionen des Bietverfahrens im EG-Beihilferecht, EuZW 2001, S. 746.

[482] *Reuter, Alexander*, Die Projektfinanzierung öffentlich-rechtlicher Aufgaben aus dem Blickwinkel des Beihilferechts: Public-Private Partnerships nach EuGH-Ferring aus Bankensicht, ZIP 2002, S. 742; *Koenig, Christian*, Funktionen des Bietverfahrens im EG-Beihilferecht, EuZW 2001, S. 742.

(2) Bedingter Ausschreibungswettbewerb (Rechtssache „Centrale Latte di Roma“)

In dem Fall „Central Latte di Roma“[483] hatte der Verkäufer ein Bietverfahren durchführen lassen und den Käufer berücksichtigt, der das höchste Gebot abgegeben hatte. Das Bietverfahren war nicht bedingungsfrei, insofern als dass der Käufer sich verpflichten musste, 80 Prozent des Milchbedarfs des Centrale del Latte durch Milcherzeuger im benachbarten Latium zu decken. Die Kommission war zunächst skeptisch hinsichtlich der lediglich regionalen Bekanntmachung des Privatisierungsvorhabens und des Umstandes der nicht bedingungsfreien Ausschreibung.
Unter Bezugnahme auf ihre kurz zuvor veröffentlichte Mitteilung zu Grundstücksverkäufen[484] vertrat die Kommission schließlich die Auffassung, dass die Auftraggeber nicht stets verpflichtet seien, förmliche öffentliche Ausschreibungen durchzuführen oder die Vergaberichtlinien der Gemeinschaft sinngemäß anzuwenden. Es solle zudem auch die Option bestehen, öffentliche Vermögenswerte im Rahmen direkter Verhandlungen verkaufen zu können. Voraussetzung für eine derartige Vorgehensweise sei nach ihrer Ansicht, dass der Marktwert der Vermögensgegenstände zuvor von unabhängigen Sachverständigen ermittelt worden sei und damit der Verkaufspreis dem sachverständig festgestellten Betrag im wesentlichen entspreche.
Festzuhalten ist, dass die fehlende Bedingungslosigkeit eines Bietverfahrens für die Kommission nicht das ausschlaggebende Kriterium für das Vorliegen eines Beihilfenelements ist. Entscheidend ist für sie in diesem Zusammenhang, dass der Marktpreis des Verkaufsobjekts durch eine sachverständige Bewertung entweder durch den Markt oder durch Experten zustande gekommen ist und somit trotz nicht bedingungsfreien Bietverfahrens der Verkaufspreis keine Beihilfe im Sinne von Art. 87 Abs. 1 EGV ist.

[483] Kommission ABl. 2000 Nr. L 265/15 (Centrale Latte di Roma).
[484] Mitteilung der Kommission betreffend Elemente staatlicher Beihilfen bei Verkäufen von Bauten oder Grundstücken der öffentlichen Hand, ABl. 1997 Nr. C 209/3.

b) Literatur zum Ausschreibungswettbewerb

Laut *Koenig/Kühling*[485] wäre es nicht praktikabel, das gesamte Vergabewesen im Bereich marktüblicher Leistungen einer EG-beihilfenrechtlich begründeten Kontrolle durch die Kommission zu unterwerfen und diese letztlich zur Obervergabeprüfstelle mutieren zu lassen. Existiere kein funktionsfähiger, privater Vergleichsmarkt, da es sich ausschließlich um vom Staat nachgefragte Leistungen handele, so sei die Schaffung eines Bietermarktes für die Erbringung der Leistung der beste Weg, um den angemessenen Preis zu ermitteln. Dieser Weg sei auch dem der Kostenermittlung durch unabhängige Gutachten oder Institutionen unter Heranziehung von Benchmarking-Analysen vorzuziehen.

Nach *Koenig/Kühling* ist daher das qualifizierte Ausschreibungsverfahren als sicherste Methode einzustufen, wenn eine Begünstigung in Form einer Überkompensation durch staatliche Zuwendungen vermieden werden soll. Das Ausschreibungsverfahren gewährleiste durch die Schaffung eines Wettbewerbs, dass das angebotene Produkt im Leistungs- und Gegenleistungsverhältnis angemessen sei, und schließte folglich etwaige Begünstigungen von Unternehmen aus. In Fällen des Austausches marktüblicher Leistungen, wie etwa von Grundstücken oder bei Pachtverträgen im Rahmen von Investitionsprojekten, führe das qualifizierte Ausschreibungsverfahren dazu, dass der Beihilfentatbestand ausgeschlossen werden könne und damit auch keine Notifizierung erforderlich sei.

c) Keine Beihilfe bei Wertermittlung durch Sachverständigen (Rechtssache „CDA Albrechts“)

Im Fall „CDA Albrechts“[486] war die Kommission der Auffassung, dass der Verkauf von Unternehmensbestandteilen nicht als staatliche Beihilfe anzusehen sei. Begründet wurde dies damit, dass die Wertermittlung für die zu übernehmenden Wirtschaftsgüter anhand mehrerer Wertgutachten, nämlich von einem öffentlich bestellten und einem vereidigten Sach-

[485] *Koenig, Christian/Kühling, Jürgen*, Infrastrukturförderung im Ausschreibungsverfahren – EG-beihilferechtlicher Königsweg der Kompensation von gemeinwirtschaftlichen Pflichten, DVBl 2003, S. 293.

[486] Kommission ABl. 2000 Nr. L 318/62, (CDA Albrechts).

verständigen, vollzogen wurde und somit das Anlage- und Umlaufvermögen zu Verkehrswerten übertragen worden sei.

d) Früherer Rechtfertigungsansatz der Kommission

Ursprünglich ging die Kommission bereits vor der Rechtsprechung zu den FFSA-Urteilen davon aus, dass die als Gegenleistung für die Kosten der gemeinwirtschaftlichen Leistungserbringung gewährten staatlichen Zuwendungen Beihilfen und daher im Rahmen des Art. 87 Abs. 1 EGV zu berücksichtigen seien.[487]
Die Kommission argumentierte wie der EuG im Fall „BAI" hinsichtlich staatlicher Beihilfen für den Luftverkehr[488] mit dem Erfordernis der „neutralen geschäftlichen Transaktion"[489], um den Begünstigungscharakter staatlicher Zuwendungen im Bereich der Daseinsvorsorge abzulehnen. Sie wendete dieses Kriterium unabhängig von der Frage an, ob eine Beihilfe grundsätzlich vorliegt oder ausgeschlossen ist. Das Kriterium der neutralen Transaktion sah die Kommission als erfüllt an, wenn ein Ausschreibungsverfahren durchgeführt wird, da es ihrer Ansicht nach die beste Gewähr dafür bietet, dass staatliche Finanzierungshilfen dem EG-Beihilfenrecht entsprechen.[490] Daraus lassen sich folgende Schlussfolgerungen ableiten:

- Als Begünstigung könnten nach der Kommission auch angemessene staatliche Ausgleichszahlungen für die Erfüllung gemeinschaftlicher Aufgaben angesehen werden, wenn die gemeinschaftliche Aufgabenerfüllung von vorneherein auf ein bestimmtes Unternehmen übertragen wird.
- Eine Begünstigung trotz staatlicher Ausgleichszahlungen wird nicht angenommen, wenn die Übernahme der die Ausgleichszahlungen

---

[487] Kommission ABl. 1995 Nr. C 262/11, 15 (FFSA).
[488] Siehe insbes. die Verordnung 2408/92/EWG des Rates über den Zugang von Luftfahrtunternehmen der Gemeinschaft zu Strecken des innergemeinschaftlichen Flugverkehrs, ABl. 1992 Nr. L 240/5.
[489] Siehe Kommissionsmitteilung „Anwendung der Art. 92 und 93 des EGV sowie des Art. 61 des EWG-Abkommens auf staatliche Beihilfen im Luftverkehr", ABl. 1994 Nr. C 350/5, Rn. 18: vertiefend *Koenig, Christian/Kühling, Jürgen*, Infrastrukturförderung im Ausschreibungsverfahren – EG-beihilferechtlicher Königsweg der Kompensation von gemeinwirtschaftlichen Pflichten, DVBl 2003, S. 291.
[490] Vgl. Europäische Kommission, XXIX Bericht über die Wettbewerbspolitik 1999/720 endg., Rn. 235; dem folgend *Koenig, Christian*, Funktionen des Bietverfahrens im EG-Beihilfenrecht, EuZW 2001, S. 742; *ders.*, Daseinsvorsorge durch Wettbewerb, EuZW 2001, S. 481ff.

begründenden Aufgaben theoretisch jedem interessierten Unternehmen offen steht. Voraussetzung dafür ist die offene Auftragsvergabe im Wege der Ausschreibung.

Die Kommission stufte also generell die Ausgleichsleistungen, die Unternehmen zur Erfüllung von Daseinsvorsorgeleistungen durch den Staat gewährt werden, als Beihilfen ein.[491]

In der Mitteilung der Kommission über Leistungen der Daseinsvorsorge in Europa[492] heißt es unter Berufung auf das EuG, dass der Ausgleich, den ein Staat einem Unternehmen für die Erfüllung von Gemeinwohlverpflichtungen gewähre, eine staatliche Beihilfe im Sinne des Art. 87 Abs.1 EGV darstelle, die unter Umständen nach Art. 86 Abs. 2 EGV mit dem Gemeinsamen Markt vereinbar sei. Eine derartige Vereinbarkeit treffe dann zu, wenn alle Voraussetzungen dieser Vorschrift erfüllt seien, insbesondere wenn der Ausgleich nicht über die mit der anvertrauten Aufgabe verbundenen Nettomehrkosten hinausgehe. In den Fällen, in denen ein solcher Ausgleich im Anschluss an ein offenes, transparentes und nicht diskriminierendes Verfahren festgesetzt werde, könne von der Einhaltung der beihilfenrechtlichen Vorschriften ausgegangen werden.

Diesen Standpunkt wiederholte die Kommission in der „Mitteilung über die Anwendung der Vorschriften über Staatliche Beihilfen auf den öffentlich-rechtlichen Rundfunk“[493]. Darin heißt es, dass jeder Transfer staatlicher Mittel an ein bestimmtes Unternehmen als staatliche Beihilfe anzusehen zu sei, auch wenn damit die Nettokosten für die aus den dem öffentlich-rechtlichen Auftrag erwachsenden Verpflichtungen gedeckt werden.

---

[491] So auch Mitteilung der Kommission zur Daseinsvorsorge in Europa, ABl. 2001 Nr. C 17/4, Rn. 26ff.; der Mitteilung „über die Anwendung der Vorschriften über staatliche Beihilfen auf den öffentlich-rechtlichen Rundfunk“, ABl. 2001, Nr. C 320/5, Rn. 17ff., Kommission ABl. 1999, Nr. C 238/3 (Kinderkanal/Phoenix) und Kommission ABl. 2000 Nr. C 78/3 (BBC News 24) zur Finanzierung öffentlich-rechtlicher Rundfunkprogramme: Die Kommission hat diese Finanzierung hier jeweils als Beihilfe gewertet, sie aber als durch Art. 86 Abs. 2 EGV gerechtfertigt gesehen; Richtlinie der Kommission zur Änderung der Richtlinie 80723/EWG über die Transparenz der finanziellen Beziehungen zwischen den Mitgliedstaaten und den öffentlichen Unternehmen, ABl. 2000 Nr. L 193/52.

[492] Mitteilung der Kommission zur Daseinsvorsorge in Europa, ABl. 2001 Nr. C 17/4ff.

[493] Mitteilung der Kommission über die Anwendung der Vorschriften über Staatliche Beihilfen auf den öffentlich-rechtlichen Rundfunk, ABl. 2001 Nr. C 320/5ff., Rn. 19.

e) Neue Kommissionspraxis – Anwendung der Altmark Trans-Kriterien (Rechtssache „BBC Digital Curriculum“)

In dem Fall „BBC Digital Curriculum“[494] hatte die Kommission erstmals Gelegenheit, die Altmark Trans-Rechtsprechung des EuGH praktisch umzusetzen. Inhaltlich ging es in der Rechtssache um die Gebührenfinanzierung eines auf den häuslichen und schulischen Gebrauch ausgerichteten Online-Dienstes der BBC. Infolge unzureichender Informationen seitens der Behörde des Mitgliedstaates, um die bei einem durchschnittlich geführten Unternehmen anfallenden Kosten ermitteln zu können, war aus Kommissionssicht das vierte Altmark Trans-Kriterium nicht erfüllt. Des Weiteren sei das Erbringen des Online-Dienstes nicht im Wege eines Verfahrens zur Vergabe öffentlicher Aufträge ausgewählt worden. Nach Anwendung der vom EuGH aufgestellten kumulativen vier Altmark-Kriterien und der Bejahung des Begünstigungsmerkmals des Art. 87 Abs. 1 EGV wandte die Kommission im zweiten Schritt Art. 86 Abs. 2 EGV an.

f) Ergebnis

Die neuere Kommissionspraxis weist darauf hin, dass die Kommission zur Untersuchung eines möglichen Beihilfencharakters einer Maßnahme der Tatbestandslösung des EuGH folgt und die Altmark Trans-Kriterien anwendet. In diesem Kontext kommen dem Ausschreibungswettbewerb und der Wertermittlung durch Sachverständige besondere Bedeutung zu.

Fest steht, dass eine generell notifizierungspflichtige Beihilfe im Rahmen von staatlichen Ausgleichszahlungen für Unternehmen der Daseinsvorsorge nur dann sicher ausgeschlossen werden kann, wenn ein offenes, transparentes und faires Ausschreibungsverfahren durchgeführt wurde, auf Grund dessen der private Investor als Mitgesellschafter der PPP ausgewählt wird. Dementsprechend kann nach der Kommission[495] beispielsweise beim Verkauf eines Beteiligungsunternehmens durch eine

---

[494] Kommission, Fall N 37/2003 (BBC Digital Curriculum).

[495] Europäische Kommission, XXXIII. Bericht über die Wettbewerbspolitik 1993, Rn. 403; Kommission ABl. 1995 Nr. C 156/5 Rn. 59ff. (Stardust).

öffentliche Körperschaft dessen marktgerechter Wert im Wettbewerb von Investoren durch ein Ausschreibungsverfahren an Unternehmen, aber auch durch einen Börsengang ermittelt werden.
Für den privaten Partner einer PPP hat das Ausschreibungsverfahren Vor- und Nachteile. Positiv ist zu bewerten, dass der durch ein Ausschreibungsverfahren gewählte private Partner einer PPP davon ausgehen kann, dass die möglichen Ausgleichsleistungen nicht als Beihilfe i.S.v. Art. 87 Abs. 1 EGV eingeordnet werden und demzufolge das Risiko einer Fehleinschätzung und daraus resultierender Rückerstattungspflicht als niedrig einzustufen ist. Nachteilig wirkt sich auf Private der erhöhte Wettbewerb aus.
Für die öffentliche Hand als Partner einer PPP hat das Ausschreibungsverfahren neben dem Effekt eines Mehraufwandes zur Vorbereitung und Durchführung des Auswahlverfahrens überwiegend Vorteile. Ebenso wie der private Partner profitiert sie von dem positiven Effekt, dass das Fehleinschätzungsrisiko ihrer Kompensationsleistungen infolge des Verfahrens gering ist. Darüber hinaus bewirken das Ausschreibungsverfahren und der daraus resultierende Wettbewerb, dass sie die Ausgleichsleistungen so niedrig wie möglich halten.

IV. Ausschluss des Beihilfentatbestandes durch den Private Investor Test

Kapitalzuführungen der öffentlichen Hand an private oder öffentliche Unternehmen beurteilen die Kommission[496] und der EuGH[497] beihilfenrechtlich seit langem anhand des „Private Investor Test“ („PIT“). Nach dem PIT ist eine staatliche Finanzierungshilfe dann keine Begünstigung, wenn ein hypothetischer privater Investor bei Berücksichtigung marktwirtschaftlicher Kriterien die Mittel ebenso bereit gestellt hätte.[498] Ein privater Investor wird sich langfristig von Rentabilitätserwartungen leiten

[496] Mitteilung der Kommission an die Mitgliedstaaten betreffend die Anwendung der Artikel 92 und 93 EWG-Vertrag und des Artikels 5 der Kommissionsrichtlinie 80/723/EWG über öffentliche Unternehmen in der verarbeitenden Industrie, ABl. 1993 Nr. C 307/3, Rn. 3.
[497] EuGH, Rs. C-305/89 (Alfa Romeo), Slg. 1991, I-1603, Rn. 21; EuG, Rs T-11/95 (BP Chemicals), Slg. 1998, II-3235.
[498] Mitteilung der Kommission an die Mitgliedstaaten betreffend die Anwendung der Artikel 92 und 93 EWG-Vertrag und des Artikels 5 der Kommissionsrichtlinie 80/723/EWG über öffentliche Unternehmen in der verarbeitenden Industrie, ABl. 1993 Nr. C 307/3, Rn. 3, 11 und 16.

lassen. Umgekehrt formuliert liegt dann eine Begünstigung i.S.v. Art. 87 Abs. 1 EGV vor, wenn die Maßnahme zu Konditionen erfolgt, die für einen privaten Kapitalgeber unter Marktbedingungen nicht annehmbar wäre.

Der EuG hat beispielsweise in der Rechtssache „Neue Maxhütte“[499] nach dem PIT entschieden. In dem Fall ging es um den Verkauf von Anteilen an der „Neue Maxhütte“ durch den Freistaat Bayern. Das EuG entschied, dass der Verkauf einer Unternehmensbeteiligung der öffentlichen Hand zu einem symbolischen Preis unter gleichzeitiger Übernahme von Darlehensverbindlichkeiten nicht dem Verhalten eines marktwirtschaftlichen Investors entspräche. Daraus lässt sich herleiten, dass der PIT nicht erlaubt, die Kosten öffentlicher Aufgaben oder Lasten (z.B. durch Arbeitslosenunterstützung, Sozialhilfe, regionale Folgekosten) zu berücksichtigen, die der öffentlichen Körperschaft entstehen, wenn sie die Veräußerung und Weiterführung des Beteiligungsunternehmens nicht durch einen Zuschuss („negativer Kaufpreis“[500]) ermöglicht.[501] Bei Einschlägigkeit der vom EuGH und der Kommission für die Privatisierung öffentlicher Unternehmen entwickelten PIT-Regeln sind Zusagen der öffentlichen Hand im Zusammenhang mit Projektfinanzierungen öffentlicher Aufgaben im Rahmen von PPP dann keine Beihilfen im Sinne von Art. 87 Abs. 1 EGV, wenn sich ein marktwirtschaftlicher Investor wie die öffentliche Hand verhalten würde.[502]

Der PIT erlaubt demnach auszuschließen, dass eine Beihilfe vorliegt, wenn seine Kriterien erfüllt sind. Daraus kann allerdings nicht umgekehrt geschlossen werden, dass bei Nichterfüllung eine Beihilfe vorliegt. Bei den von PPP zu erfüllenden öffentlichen Aufgaben handelt es sich häufig um Dienstleistungen von allgemeinem wirtschaftlichem Interesse, die sich nur unwirtschaftlich erfüllen lassen und somit den PIT nicht beste-

---

[499] EuG, verb. Rs. T-129/95 u. 2/96 u. 97/96 (Maxhütte), Slg. 1999, II-239, Rn. 17.

[500] Unter dem wirtschaftlichen Begriff des „negativen Kaufpreises“ versteht man, dass der Verkäufer dem Käufer dafür etwas zahlt, dass der Käufer das Unternehmen übernimmt.

[501] *Reuter, Alexander*, Die Projektfinanzierung öffentlich-rechtlicher Aufgaben aus dem Blickwinkel des Beihilferechts: Public-Private Partnerships nach EuGH-Ferring aus Bankensicht, ZIP 2002, S. 741.

[502] Siehe auch *Gas, Tonio/Rücker, Martin*, Die Finanzierung von Public Private Partnerships, DöV 2004, S. 58; *Reuter, Alexander*, Die Projektfinanzierung öffentlich-rechtlicher Aufgaben aus dem Blickwinkel des Beihilferechts: Public-Private Partnerships nach EuGH – Ferring aus Bankensicht, ZIP 2002, S. 741.

hen würden. Trotzdem liegt in solchen Fällen, wie oben gezeigt, nicht unbedingt eine Beihilfe vor.

V. Verhältnis des Art. 86 Abs. 2 EGV zu den Beihilfenregelungen der Art. 87ff. EGV

1. Verhältnis des Art. 86 Abs. 2 EGV zu Art. 87 EGV

a) Einführung

Die Frage nach dem Verhältnis zwischen Art. 86 Abs. 2 EGV und Art. 87 Abs. 1 EGV[503] hat in den letzten Jahren, vor allem durch die schrittweise Öffnung zahlreicher zuvor monopolistisch geordneter Wirtschaftssektoren in der Gemeinschaft,[504] zunehmend an Bedeutung gewonnen.

Art. 87 Abs. 1 EGV und Art. 86 Abs. 2 EGV können nicht unabhängig voneinander betrachtet werden, was beispielsweise – wie oben ausführlich erörtert – im FFSA-Urteil des EuG durch die Anwendung der Ausnahmebestimmung des Art. 86 Abs. 2 EGV auch auf die Beihilfenordnung deutlich wird und durch die Rechtsprechung des EuGH zu FFSA bestätigt wurde.

Zwangsläufig stellt sich daher die Frage, inwieweit sich Art. 86 Abs. 2 EGV als zusätzlicher Ausnahmetatbestand in die Ausnahmesystematik des Art. 87 EGV und in die weiteren Grundstrukturen und Prinzipien der Beihilfenordnung einfügen lässt.[505]

Steht im Rahmen des Art. 86 Abs. 2 S. 1 EGV die Rechtfertigung einer staatlichen Beihilfe in Frage, die zum Ausgleich der einem betrauten Unternehmen aus der „besonderen Aufgabe" entstehenden Defizite gewährt wurde, so gilt es im Rahmen der Erforderlichkeitsprüfung festzustellen, ob sich die Höhe der Beihilfe auf den Ausgleich des dem Unter-

---

[503] Siehe auch ausführlich zu der Frage des Verhältnisses von Artikel 86 Abs. 2 EGV zu den Artikeln 87, 88 EGV *Jennert, Carsten*, Zum Verhältnis von europäischem Beihilfenrecht und mitgliedstaatlicher Daseinsvorsorge, Berlin 2005, S. 264ff.

[504] Guten Überblick siehe bei *Paulweber, Michael/Weinand, Armin*, Europäische Wettbewerbspolitik und liberalisierte Märkte, EuZW 2001, S. 232ff.

[505] *Erhardt, Kai*, Beihilfen für öffentliche Dienstleistungen: Das Verhältnis zwischen Art. 87 und Art. 86 EG, Baden-Baden 2003, S. 29.

nehmen aus der Aufgabenerfüllung entstehenden Nettoverlusts beschränkt.[506]

Hinsichtlich der Anwendung des Art. 86 Abs. 2 EGV auf Beihilfen gilt, dass eine Beihilfe nach diesen Anforderungen gerechtfertigt ist, wenn der dem Unternehmen gewährte Ausgleich nicht über die mit der anvertrauten Aufgabe verbundenen Nettomehrkosten hinausgeht.[507] Dies ist immer dann gegeben, wenn der finanzielle Ausgleich im Anschluss an ein offenes, transparentes und nicht diskriminierendes Ausschreibungsverfahren für einen angemessenen Zeitraum festgesetzt wurde. Ist dies zu bejahen, so ist die Möglichkeit einer wettbewerbsverfälschenden unternehmensinternen Quersubventionierung wettbewerblicher Aktivitäten aus staatlichen Mitteln gedanklich auszuschließen.[508]

b) Interdependenzen der Ausnahmeregelung des Art. 86 Abs. 2 EGV und Art. 87 EGV

Zu klären ist, wie Art. 87 EGV und Art. 86 Abs. 2 EGV bei Anwendung auf beihilfenrechtliche Fragen im Zusammenhang stehen.

In der Rechtssache „Banco Exterior de Espana"[509] hatte der EuGH implizit über diese Frage entschieden. In dem Sachverhalt ging es darum, ob die im spanischen Gesetz über die Organisation und die Rechtsstellung des öffentlichen Kreditwesens normierte Befreiung der öffentlichen Kreditinstitute von jeder Art von Abgaben an den Staat, die Provinzen, die Gemeinden und sonstige Körperschaften und Einrichtungen des öffentlichen Rechts einen Verstoß gegen Art. 82 EGV und zugleich eine verbotene Beihilfe gemäß Art. 87 Abs. 1 EGV darstellt. Der EuGH beurteilte den Sachverhalt ausschließlich nach den Beihilfenvorschriften und ging

---

[506] Siehe *Schweitzer, Heike*, Daseinsvorsorge, service public, Universaldienst, Art. 86 Abs. 2 EG-Vertrag und die Liberalisierung in den Sektoren Telekommunikation, Energie und Post, Baden-Baden, 2002, S. 112; vgl. EuG, Rs T-106/95 (FFSA), Slg. 1997, II-229, 280, Rn. 180.

[507] EuGH hat diesen Grundsatz bereits mit dem Kriterium „Erforderlichkeit" aufgestellt. Im Fall EuGH, Rs. C-320/91 (Corbeau), Slg. 1993, I-2533, Rn. 14, hieß es, dass eine Abweichung von den Vorschriften des Vertrages i.S.d. Art. 86 Abs. 2 EGV nur erlaubt ist, „soweit Wettbewerbsbeschränkungen oder sogar der Ausschluss jeglichen Wettbewerbs von seiten anderer Wirtschaftsteilnehmer erforderlich ist, um die Erfüllung der den Unternehmen übertragenen, besonderen Aufgabe sicherzustellen".

[508] EuG, Rs T-106/95 (FFSA), Slg. 1997, II-229, 281, Rn. 183; EuGH, Rs. C-174/97 (FFSA II), Slg. 1998, I-1303, 1304, 2. LS.; ebenso Bekanntmachung der Kommission über die Anwendung der Wettbewerbsregeln auf dem Postsektor, ABl. 1998 Nr. C 39/2.

[509] EuGH, Rs. C-387/92 (Banco Exterior de Espana), Slg. 1994, I-877, 905, Rn. 4.

im Rahmen seiner Prüfungen ohne Weiteres davon aus, dass Art. 86 Abs. 2 EGV auf Art. 87 Abs. 1 EGV Anwendung findet.[510]

Nach Meinung von Generalanwalt *Lenz* in seinen Schlussanträgen zu dem Fall[511] lässt sich Art. 86 Abs. 2 EGV „seiner Natur nach" den Ausnahmen des Art. 87 Abs. 2, 3 EGV zuordnen. Dies leitet er aus dem fehlenden Ermessen der Mitgliedstaaten bei der Anwendung des Art. 86 Abs. 2 EGV[512] und der Vergleichbarkeit der Kompetenzen der Kommission aus Art. 86 Abs. 3 und Art. 88 EGV[513] her.

Nach *Jennert*[514] spricht der Wortlaut des Art. 86 Abs. 2 EGV von einer Unanwendbarkeit der Wettbewerbsregeln im Falle der Aufgabenverhinderung, woraus zu schließen ist, dass die Norm eine Freistellungsregel und nicht eine Vereinbarkeitsregelung enthält, da bei letzterer die Vorschriften des Vertrages ja grundsätzlich anwendbar bleiben. Insoweit könne man Art. 86 Abs. 2 EGV eher mit Art. 36 EGV, als mit den Art. 87 Abs. 2, 3 und Art. 73 EGV vergleichen. Für diese Sichtweise spreche zudem, dass die Entscheidungskompetenz der Kommission aus Art. 86 Abs. 3 EGV im Bereich des Beihilfenrechts leer liefe, wenn Art. 86 Abs. 2 EGV im Verfahren nach Art. 88 EGV zu prüfen wäre. Da Art. 86 Abs. 2 EGV die Unanwendbarkeit des Wettbewerbsrecht, wozu auch Art. 88 EGV zählt, rechtfertigt, wäre dies systematisch inkonsistent.

Gundel[515] ist der gleichen Auffassung wie Generalanwalt *Tizzano* in den Schlussanträgen zum Ferring/ACOSS-Urteil[516], indem er eine Berufung auf Art. 86 Abs. 2 EGV jedenfalls zur Befreiung vom Durchführungsverbot des Art. 88 Abs. 3 S. 3 EGV bejaht. Noch weiter geht die Auffassung

---

510 EuGH, Rs. C-387/92 (Banco Exterior de Espana), Slg. 1994, I-877, 907, Rn. 11: "Wie sich aus Art. 90 EWG-Vertrag (jetzt Art.86 EGV-Verf.) ergibt, erfasst Art. 92 (jetzt Art.87 EGV) – mit dem alleinigen Vorbehalt in Artikel 90 Absatz 2 (jetzt Art. 86 Abs. 2 EGV) – sämtliche privaten und öffentlichen Unternehmen mit allen ihren Produktionszeigen.".

511 GA Lenz in seinem Schlussantrag, EuGH, Rs. C-387/92 (Banco Exterior de Espana), Slg. 1994, I-877.

512 EuGH, Rs. 41/83 (Italien/Kommission), Slg. 1985, 873, Rn. 30.

513 EuGH, verb. Rs. C-48/90 u. C-66/90 (Eilkurierdienste), Slg. 1992, I-565, Rn. 31f.

514 *Jennert, Carsten*, Finanzierung und Wettbewerb in der Daseinsvorsorge nach Altmark-Trans, NVwZ 2004, S. 429.

515 *Gundel, Jörg*, Staatliche Ausgleichszahlungen für Dienstleistungen von allgemeinem wirtschaftlichem Interesse: Zum Verhältnis zwischen Art. 86 Abs. 2 EGV und dem EG–Beihilfenrecht, RIW 2002, S. 229f.

516 So auch GA Tizzano in seinen Schlussanträgen EuGH, Rs. C-53/00 (Ferring/ACOSS), Slg. 2001, I-9067.

Magieras[517], der eine Befreiung vom Beihilfenverbot des Art. 87 EGV durch Art. 86 Abs. 2 EGV annimmt.
Die Literatur[518] verweist auf das Urteil „Banco Exterior de Espana", um zu erklären, dass Art. 86 Abs. 2 EGV gegenüber den Genehmigungstatbeständen des Art. 87 EGV nachrangig ist.
Die überwiegende Meinung im Schrifttum[519] geht mit der Kommission[520] von einer Vorgreiflichkeit des Art. 87 Abs. 2, 3 EGV und teilweise[521] auch des Art. 88 Abs. 2 EGV gegenüber Art. 86 Abs. 2 EGV aus. Nach ihnen ist eine Ausnahme nach Art. 86 Abs. 2 EGV lediglich in den Fällen erforderlich, in denen eine Vereinbarkeit der in Rede stehenden Beihilfe mit dem Gemeinsamen Markt nach den Beihilfenvorschriften nicht erreicht werden kann. Grund für diese Ausnahme liegt darin, sicherzustellen, dass die Aufgabenerfüllung nicht durch die Anwendbarkeit der Beihilfenvorschriften verhindert wird. Auch die Verfahrensvorschriften des Beihilfenrechts werden für vorrangig anwendbar gehalten, wobei teilweise Art. 86 Abs. 2 EGV im Rahmen des Art. 88 EGV geprüft wird.[522] Vertreten wird demgegenüber auch die Meinung, dass Beihilfen an Unternehmen i.S.v. Art. 86 Abs. 2 EGV im Rahmen von Art. 86 Abs. 3 EGV zu prüfen sind.[523]

---

[517] *Magiera, Siegfried*, Gefährdung der öffentlichen Daseinsvorsorge durch das EG-Beihilfenrecht?, in: Ipsen, Jörn/Schmidt-Jortzig, Edzard (Hrsg.), Recht, Staat, Gemeinwohl, Festschrift für Dieter Rauschnig, S. 283.
[518] So z.B. *Hochbaum, Ingfried F./Klotz, Robert*, Kommentierung, in: Groeben, Hans von der/Schwarze, Jürgen (Hrsg.), Kommentar zum Vertrag über die Europäische Union und zur Gründung der Europäischen Gemeinschaft, Band 2, 6. Auflage, Baden-Baden 2003, Art. 86 Rn. 63.
[519] *Mestmäcker, Ernst-Joachim*, Kommentierung, in: Immenga, Ulrich/Mestmäcker, Ernst-Joachim (Hrsg.), Kommentar zum EG-Wettbewerbsrecht, Band 2, München 1997, Art. 37, 90 D (Art. 31, 86 n. F.) Rn. 28; *Hochbaum, Ingfried F./Klotz, Robert*, Kommentierung, in: Groeben, Hans von der/Schwarze, Jürgen (Hrsg.), Kommentar zum Vertrag über die Europäische Union und zur Gründung der Europäischen Gemeinschaft, Band 2, 6. Auflage, Baden-Baden 2003, Art. 86 Rn. 63ff.; *Pernice, Ingolf/Wernicke, Stephan*, Kommentierung, in: Grabitz, Eberhard/Hilf, Meinhard (Hrsg.), Das Recht der Europäischen Union, Kommentar zur Europäischen Union, Band 1, Loseblattsammlung, München 2005, Art. 86 Rn. 53.
[520] Bekanntmachung der Kommission über die Anwendung der Wettbewerbsregeln auf den Postsektor und über die Beurteilung bestimmter staatliche Maßnahmen betreffend Postdienste, ABl. 1998 Nr. C 39/2 Nr.7.
[521] Vgl. *Burchard, Friedrich von*, Kommentierung, in: Schwarze, Jürgen (Hrsg.), EU-Kommentar, Baden-Baden 2000, Art. 86 Rn. 71.
[522] *Hochbaum, Ingfried F./Klotz, Robert*, Kommentierung, in: Groeben, Hans von der/Schwarze, Jürgen (Hrsg.), Kommentar zum Vertrag über die Europäische Union und zur Gründung der Europäischen Gemeinschaft, Band 2, 6. Auflage, Baden-Baden 2003, Art. 86 Rn. 108.
[523] Vgl. *Pernice, Ingolf/Wernicke, Stephan*, Kommentierung, in: Grabitz, Eberhard/Hilf, Meinhard (Hrsg.), Das Recht der Europäischen Union, Kommentar zur Europäischen Union, Band 1, Loseblattsammlung, München 2005, Art. 86 Rn. 66.

c) Ergebnis

EuGH und Literatur gehen davon aus, dass Art. 86 Abs. 2 EGV gegenüber Art. 87 EGV nachrangig ist. Weiter kann als Ergebnis festgehalten werden, dass Art. 86 Abs. 2 EGV als von den Mitgliedstaaten anzuwendende, der speziellen Kontrolle der Kommission nach Art. 86 Abs. 3 EGV unterliegende Legalausnahme anzusehen ist.
Der EuGH äußert sich in der Rechtssache Altmark Trans nicht konkret zum Verhältnis von Art. 87 Abs. 1 EGV und Art. 86 Abs. 2 EGV. Dennoch wirft die Lösung des EuGH im Altmark Trans-Fall auch die Frage nach dem Verhältnis von Art. 86 Abs. 2 EGV zu Art. 87, 88 EGV hinsichtlich staatlicher Ausgleichszahlungen für Leistungen der Daseinsvorsorge in zwei Konstellationen auf. Zum einen, wenn der jeweilige Kostenausgleich entgegen den Vorgaben des EuGH nachträglich erfolgt und zum anderen, wenn er über die durchschnittlichen Kosten eines gut geführten Unternehmens hinausgeht, aber die tatsächlich entstandenen und insoweit i.S.v. Art. 86 Abs. 2 EGV erforderlichen Kosten des jeweiligen Unternehmens nicht überschreitet.[524]
Unabhängig von der Altmark Trans-Lösung ergeben sich erhebliche Handlungsspielräume für die Mitgliedstaaten, im Speziellen für die Kommunen, bei der Finanzierung der Dienstleistungen von allgemeinem wirtschaftlichem Interesse. Unter Berufung auf den Art. 86 Abs. 2 EGV ist nämlich ohne Anmeldung bei der Kommission auch ein nachträglicher Kostenausgleich bis in Höhe der tatsächlich durch die auferlegten Gemeinwohlverpflichtungen entstandenen Nettomehrkosten zulässig. Voraussetzung hierfür ist eine Betrauung der jeweiligen Unternehmen mit Dienstleistungen von allgemeinem wirtschaftlichem Interesse. An dem Erfordernis der Transparenz führt somit in beiden Fällen kein Weg vorbei. Auf Grund der drastischen Folgen im Falle einer Überkompensation bedarf es einer sorgsamen Prüfung der staatlichen Finanzierungshilfen.

---

[524] Vgl. EuG, Rs T-106/95 (FFSA), Slg. 1997, II-229. Danach sind Ausgleichszahlungen, die über die Erstattung der tatsächlich entstandenen Mehrkosten hinausgehen, allgemein nicht als von Art. 86 Abs. 2 EGV gedeckt angesehen, mangels Erfüllung des Merkmals der Erforderlichkeit.

2. Verhältnis des Art. 86 Abs. 2 EGV zu Art. 88 Abs. 3 EGV

a) Erreichung beihilfenrechtlicher Sicherheit für PPP

Für Public Private Partnerships ist die Erlangung von Rechtssicherheit bezüglich der möglichen Einordnung von staatlichen Zuwendungen als Beihilfen oder ihrer möglichen Einordnung als Unternehmen der Daseinsvorsorge bereits in der Implementierungsphase von großer Bedeutung, da sich ein privater Investor an einer PPP nur beteiligen wird, wenn Klarheit über diese Parameter besteht. Eine praktisch ausreichende Sicherheit wäre gewonnen, wenn sich frühzeitig nach Anmeldung des Vorhabens eine Kommissionsgenehmigung erreichen ließe. Damit würden die PPP ein starkes Indiz für die Zulässigkeit ihres PPP-Vorhabens erlangen. Notfalls ließe sich die Klagefrist des Vorprüfungsverfahrens von zwei Monaten nach Veröffentlichung der Entscheidung im Amtsblatt[525] abwarten. In der Praxis zeigt sich allerdings, dass eine frühzeitige Anmeldung keine schnellere Kommissionsgenehmigung bewirkt. Unter Umständen wird diese erst durch das Hauptprüfungsverfahren nach 12 bis 18 Monate erteilt. Die Kommission nutzt bei ihren Entscheidungsprozessen die gesetzlich normierte Entscheidungsfrist von 18 Monaten sehr häufig vollständig aus, wodurch sich die Finanzierung von PPP oftmals bis zu 18 Monaten hinauszögert. In diesem für das Projektvorhaben im Rahmen von PPP langen Zeitraum können sich die Grundlagen und das Umfeld des Projekts wieder geändert haben, so dass daraus resultierend die Projekte den neuen Bedingungen angepasst werden müssen und sogar ein erneuter Anmeldungskreislauf eröffnet werden muss. Der Art. 87 Abs. 3 EGV gewährt danach keine praktische Hilfe. Deswegen ist es für die Finanzierung von PPP von entscheidendem Vorteil, wenn nicht nur ein materieller Verstoß gegen das EG-Beihilfenrecht ausgeschlossen, sondern auch die Notifizierungspflicht für staatliche Finanzierungshilfen vermieden werden kann. Aus Sicht von PPP sollte die Überprüfung idealerweise gar nicht erst in den Zuständigkeitsbereich der Kommission

---

[525] Art. 230 Abs. 5 EGV.

fallen, sondern allein nach nationalem Recht beurteilt werden.[526] Dies kann erreicht werden, indem Gebietskörperschaften Finanzierungshilfen gewähren, die keine Beihilfen i.S.v. Art. 87 Abs. 1 EGV sind, wodurch dann die Notifizierungspflicht gemäß Art. 88 Abs. 3 S. 1 EGV entfallen würde.[527]

In der Praxis ließe sich demnach die Umsetzung von PPP-Vorhaben sowohl durch den Entfall der Anmeldepflicht als auch den Ausschluss eines Beihilfenrechtsverstoßes erheblich vereinfachen.

Dies kann erreicht werden, wenn

- sich der Tatbestand einer Beihilfe im Sinne von Art. 87 Abs. 1 EGV von vorneherein ausschließen lässt, oder
- die Voraussetzungen des Art. 86 Abs. 2 EGV einschlägig sind, so dass kein Ermessen der Kommission hinsichtlich der Beihilfenbeurteilung besteht, sondern die Gestaltungsfreiheit allein den Mitgliedstaaten obliegt, deren Entscheidung dann von der Kommission akzeptiert werden muss[528], oder
- die Finanzierung einer Gruppenfreistellungsverordnung (z.B. „de minimis"-Beihilfen[529]) unterfällt.

Sind all diese Möglichkeiten nicht einschlägig, so müssen das Ausnahmeverfahren angestrengt und die oben dargestellten Verfahrensunzuträglichkeiten in Kauf genommen werden.

b) Notifikationspflicht des Art. 88 Abs. 3 Satz 1 EGV ist unabhängig von Art. 86 Abs. 2 EGV

Der Fall „CELF"[530] hatte staatliche Ausgleichsleistungen für Großhandelsdienste im Kultursektor zum Inhalt. Betroffen war die finanzielle Unterstützung durch den französischen Staat für die Vereinigung von Verlegern, die sich die Abwicklung von unrentablen Kleinmengenbestellungen von französischer Literatur aus dem Ausland zur Aufgabe gemacht hatte. Der EuGH ging in dieser Entscheidung explizit davon aus, dass

---

[526] *Koenig, Christian/Kühling, Jürgen*, Infrastrukturförderung im Ausschreibungsverfahren – EG-beihilferechtlicher Königsweg der Kompensation von gemeinwirtschaftlichen Pflichten, DVBl. 2003, S. 289, mit Nachweisen zur intensiven Kontrolltätigkeit der Kommission.
[527] Vgl. Art. 1 lit. a VO Nr. 659/1999, ABl. 1999 Nr. L 83/1.
[528] Mitteilung der Kommission zur Daseinsvorsorge, ABl. 2001 Nr. C 17/4 Rn. 22.
[529] Siehe oben „de minimis"-Beihifen im Kapitel E., II.,1., c.), (3).
[530] Zum Folgenden vgl. EuGH, Rs. C-332/98 (CELF), Slg. 2000, I-4833, insbes. Rn. 28, 31.

die Notifikationspflicht des Beihilfenrechts auf diese Zuwendungen unabhängig davon Anwendung finde, ob sie durch Art. 86 Abs. 2 EGV gerechtfertigt seien oder gerechtfertigt werden könnten. Implizit wurde in dem Urteil auch die Einordnung als Beihilfe bejaht.
Nach der CELF-Entscheidung sind staatliche Ausgleichsleistungen als Beihilfen dem Anmeldeverfahren zu unterwerfen und vor einer Entscheidung der Kommission nicht durchzuführen, auch wenn die Zuwendungen die Voraussetzungen des Art. 86 Abs. 2 EGV erfüllen sollte. Unbestreitbar ist, dass die Notifikationspflicht allein der Aufgabenerfüllung nicht im Wege stehen kann, indem sie diese verhindern würde. Diesbezüglich obliegt es dem Ermessen der Kommission, zu beurteilen, inwieweit diese Beihilfen als illegal einzustufen sind und somit von den Gerichten der Mitgliedstaaten rückgängig zu machen sind. Diese Sanktion kann schwerwiegende Folgen für die gerade neu gegründete PPP haben. Die Anwendung des Art. 86 Abs. 2 EGV durch die Mitgliedstaaten wird von einer vorangehenden Genehmigung deutlich eingeschränkt.[531]

c) Ausschluss des Durchführungsverbots des Art. 88 Abs. 3 Satz 3 EGV durch Art. 86 Abs. 2 EGV

Problematischer liegt der Fall hinsichtlich des Durchführungsverbots für nicht genehmigte oder nicht gemeldete Beihilfen. Im Folgenden stellt sich die Frage, ob Art. 86 Abs. 2 EGV das formelle Durchführungsverbot ausschließen kann, wenn PPP-Dienstleistungen im allgemeinem wirtschaftlichem Interesse erbringen.
Die reine Einordnung als Beihilfe i.S.v. Art. 87 Abs. 1 EGV bedeutet nämlich nicht zwingend, dass auch das Beihilfenverbot einschlägig ist. Gemäß dem Wortlaut des Art. 87 Abs. 1 EGV gilt dieses Verbot ausdrücklich nur „soweit in diesem Vertrag nichts anderes bestimmt ist".[532] Dieser Vorbehalt spricht ebenfalls gegen die „Tatbestandslösung" des EuGH, nach der nämlich bereits auf der Ebene der Beihilfendefinition eine Verengung des Beihilfenbegriffs zur Ermöglichung der „Dienste von

[531] *Gundel, Jörg*, Staatliche Ausgleichszahlungen für Dienstleistungen von allgemeinem wirtschaftlichem Interesse: Zum Verhältnis zwischen Art. 86 Abs. 2 EGV und dem EG-Beihilfenrecht, RIW 2002, S. 229.
[532] So auch *Burchard, Friedrich von*, Kommentierung, in: Schwarze, Jürgen (Hrsg.), EU-Kommentar, Baden-Baden 2000, Art. 86 Rn. 54.

allgemeinem wirtschaftlichem Interesse“ vorzunehmen ist.[533] Art. 86 Abs. 2 EGV kommt als solche anderweitige Regelung in Betracht, die von jeder anderen Bestimmung des Vertrags soweit erforderlich freistellen kann, um die Erfüllung der übertragenen Aufgaben zu gewährleisten.[534]
Eine Anwendung des Durchführungsverbots des Art. 88 Abs. 3 S. 3 EGV auf die Fälle des Art. 86 Abs. 2 EGV erscheint auch der Literatur insoweit unangemessen, als die Entscheidung der Kommission hier eine an Aufgaben der Daseinsvorsorge gebundene ist.[535] Eine Beibehaltung des Durchführungsverbotes führe dazu, dass die dem Mitgliedstaat eingeräumte Befugnis zur Sicherstellung derjenigen Dienstleistungen, die dieser als „von allgemeinem wirtschaftlichem Interesse“ betrachtet, ausgehöhlt werden würde.[536] Mitgliedstaaten ist nämlich selbst überlassen, zu beurteilen, welche Aufgaben im Zusammenhang mit Art. 86 Abs. 2 EGV als Aufgaben von allgemeinem wirtschaftlichem Interesse aufzufassen sind.[537]
Diese Argumente sprechen dafür, Sinn und Zweck von Art. 86 Abs. 2 EGV und Art. 88 Abs. 3 EGV dadurch zu verbinden, dass zwar die Notifizierungspflicht auch für Beihilfen, die im Rahmen von Art. 86 Abs. 2 EGV gewährt werden sollen, anwendbar bleibt, von einem Durchführungsverbot hingegen abgesehen wird.[538]

---

[533] *Gundel, Jörg*, Staatliche Ausgleichszahlungen für Dienstleistungen von allgemeinem wirtschaftlichem Interesse: Zum Verhältnis zwischen Art. 86 Abs. 2 EGV und dem EG-Beihilfenrecht, RIW 2002, S. 228.
[534] EuGH, Rs. 159/94 (Kommission/Frankreich), Slg.1997, I-5815, Rn. 95.
[535] *Gas, Tonio/Rücker, Martin*, Die Finanzierung von Public Private Partnerships, DÖV 2004, S. 64.
[536] *Gundel, Jörg*, Staatliche Ausgleichszahlungen für Dienstleistungen von allgemeinem wirtschaftlichem Interesse: Zum Verhältnis zwischen Art. 86 Abs. 2 EGV und dem EG-Beihilfenrecht, RIW 2002, S. 229.
[537] Siehe das Grünbuch zu Dienstleistungen von allgemeinem Interesse vom 21.5.2003, KOM (2003) 270, Rn. 15-26; Mitteilung der Kommission zur Daseinsvorsorge in Europa, ABl. 2001 Nr. C 17/4 Rn. 22.
[538] *Gas, Tonio/Rücker, Martin*, Die Finanzierung von Public Private Partnerships, DöV 2004, S. 64; so auch im Ergebnis GA Tizzano in seinem Schlussantrag EuGH, Rs. C-53/00 (Ferring/ACOSS), Slg. 2001, I-9067.

F. Fünfter Teil: Beihilfenrechtliche Fragestellungen zu ausgewählten PPP-Modellen

I. Einführung

Im fünften und letzten Teil der Arbeit werden beihilfenrechtliche Einzelfragen zu ausgewählten PPP-Modellen zur Betreibung öffentlicher Leistungen behandelt. Untersucht werden dabei insbesondere beihilfenrechtliche Fragen des gemischtwirtschaftlichen Unternehmens und des Konzessionsmodells. Diese Modelle werden bislang vorwiegend als Unternehmensstruktur für PPP gewählt, da sie zur Erbringung von Dienstleistungen von allgemeinem wirtschaftlichem Interesse besonders geeignet sind. Durch diese Eigenschaft erlangen die Modelle für die vorliegende Arbeit eine besondere Relevanz.

Wie bereits oben ausführlich erläutert[539] darf zum Ausgleich für die auf gemeinwirtschaftlichen Verpflichtungen begründeten Belastungen unter Anwendung der Altmark Trans-Kriterien eine entsprechende staatliche Unterstützung an PPP gewährt werden.

Ein solcher Ausgleich kann in unterschiedlicher Form erfolgen, wie beispielsweise durch direkte Ausgleichszahlungen (z.T. im öffentlichen Nahverkehr), durch Gewährung eines Monopols für bestimmte rentabel zu betreibende Tätigkeiten (Postwesen[540]), durch Umlage eines Teils der Kosten auf alle Nutzer einer Einrichtung (öffentlicher Rundfunk[541]) oder durch Übernahme von Staatsgarantien für Bestand und Verbindlichkeiten eines Unternehmens (die bisherige Anstaltslast und Gewährträgerhaftung für die öffentlich-rechtlichen Kreditinstitute in Deutschland[542]).

---

[539] Siehe oben Kapitel E.

[540] Hierzu etwa *Basedow, Jürgen*, Europarechtliche Grenzen des Postmonopols: Zur Öffnung des Marktes für Massensendungen, EuZW 1994, S. 359ff.

[541] So z.B. *Wallenberg, Gabriela von*, Die Vereinbarkeit der staatlichen Finanzierung öffentlichrechtlicher Fernsehanstalten mit Art. 92 EGV, in: Randelzhofer, Albrecht/Scholz, Rupert/Wilke, Dieter (Hrsg.), Gedächtnisschrift für Grabitz, München 1995, S. 867-878; *Bartosch, Andreas*, Öffentlichrechtliche Rundfunkfinanzierung und EG-Beihilfenrecht: eine Zwischenbilanz, EuZW 1999, S. 176ff.

[542] *Möschel, Wernhard*, Banken und Wettbewerb, in: Schmidt, Karsten (Hrsg.), Festschrift für Raisch, Köln 1995, S. 469ff.; *Koenig, Christian*, Die Privilegien öffentlich-rechtlicher Einstandspflichten zugunsten der Landesbanken vor den Schranken der EG-Beihilfenaufsicht, EWS 1998, S. 149ff.; *Friesen, Alexander von*, Umgestaltung des öffentlichen Banksektors angesichts des Europäischen Beihilfenrechts, EuZW 1999, S. 581ff.

In diesem Teil der Arbeit werden anhand der ausgewählten Rechtsformen für PPP beihilfenrechtliche Einzelfragen behandelt. Es werden verschiedene Zuwendungen finanzieller und nichtfinanzieller Natur analysiert und anhand der in dem vierten Teil dargestellten Rechtspraxis beihilfenrechtlich gelöst.

II. Problembereich: PPP in Form des gemischtwirtschaftlichen Unternehmen

Wie bereits oben erläutert wurde[543] ist für gemischtwirtschaftliche Unternehmen kennzeichnend, dass sich der öffentliche und private Partner an der Gesellschaft finanziell beteiligen, wobei weder der eine noch der andere Anteilseigner einen beherrschenden Einfluss hat. Eine PPP in Form eines gemischtwirtschaftlichen Unternehmens kann auf zwei Arten errichtet werden. Zum einen durch den Verkauf von Gesellschafteranteilen an einem öffentlichen Unternehmen und zum anderen durch gemeinsame Neugründung durch die öffentliche Hand und den privaten Partner. Bei der Errichtung gemischtwirtschaftlicher Unternehmen kommen zwei potenzielle Beihilfenempfänger in Frage – einerseits das Gemeinschaftsunternehmen selbst und andererseits der private Anteilseigner.

1. PPP und private Anteilseigner als Beihilfenempfänger

a) PPP als mögliche Beihilfenempfänger

Zunächst wird untersucht, inwiefern die PPP in Form des gemischtwirtschaftlichen Unternehmens als Beihilfenempfänger beihilfenrechtlich betroffen ist.

---

[543] Näheres zum Begriff des gemischtwirtschaftlichen Unternehmen, siehe Kapitel A. V. 4. b.) (3).

(1) Beihilfenformen bei PPP in Form von gemischtwirtschaftlichen Unternehmen

Einer PPP in Form des gemischtwirtschaftlichen Unternehmens können Beihilfen vor der Errichtungsphase, im Zuge seiner Errichtung, nach seiner Errichtung oder während der Betriebsphase gewährt werden.

(a) Beihilfen durch großzügige Erstausstattung

(i) Verkauf von Gesellschafteranteilen an einem existierenden öffentlichen Unternehmen

(a) Erstausstattung

Eine typische Beihilfenthematik kann in der Erstausstattung liegen, die das öffentliche Unternehmen vor dem Verkauf von Anteilen an Private erhalten hat. Die beihilfenrechtliche Zulässigkeit der Zuwendungen bestimmt sich nach dem „Private Investor Test". Es muss eine realistische Möglichkeit bestehen, dass das Unternehmen mit den betreffenden Ressourcen Erträge erzielt, die jene Zinserträge übersteigen, die mit dem zugeführten Kapital bzw. mit dem in den Sachmitteln gebundenen Kapital hätten erzielt werden können.[544] Als ein wichtiges Indiz für das Vorliegen einer Beihilfe kann der Verkaufspreis angeführt werden.[545] Damit die Erstausstattung bei PPP nicht als Beihilfe gilt, muss der Verkaufspreis den PIT bestehen.

(b) Zuwendungen zur Beseitigung oder Verringerung von Überschuldung

Ebenfalls als Beihilfen gewertet werden können Zuwendungen, die der Eigentümer einer auszugliedernden Einrichtung oder einem zu (teil-) privatisierenden Unternehmen zukommen lässt, um eine allfällig bestehende Überschuldung zu beseitigen oder zu verringern.

---

[544] *Eilmansberger, Thomas*, Beihilfenrechtliche Fragen von Public Private Partnerships, in: Holoubek, Michael/Potacs, Michael (Hrsg.), Public Private Partnership, Wien 2003, S. 93.
[545] Vgl. Kommission ABl. 2003 Nr. L 14/56, Rn. 79 (Koninklijke Schelde Groep).

Zu fragen ist in diesem Zusammenhang auch wieder, ob dieselben Maßnahmen auch von privaten Marktteilnehmern durchgeführt worden wären (PIT). Bejaht wird diese Frage in der Praxis, wenn die Liquidationskosten höher gewesen wären als die im Vorfeld der Ausgliederung vorgenommenen Schuldentilgungsmaßnahmen.[546] Wichtig ist dabei, zwischen den Aufwendungen zu unterscheiden, die der Staat als Anteilseigner und denen, die er als Hoheitsträger gewährt.[547] Der PIT wird nicht angewendet, wenn die Schwierigkeiten nicht auf Grund einer normalen Geschäftstätigkeit, sondern infolge hoheitlich auferlegter Sonderkosten entstanden sind.[548]

(ii) Neugegründete PPP in Form von gemischtwirtschaftlichen Unternehmen

Der oben ausgeführte Beihilfenverdacht wird im Regelfall nicht auf durch gemeinsame Neugründung entstandene gemischtwirtschaftliche Unternehmen fallen, solange die Einlagen der Kapitalgeber zu gleichen Konditionen erfolgen. Als Beweis dafür, dass die Mittelzufuhr dem PIT entspricht, wird der Umstand gewertet, dass der private Partner im gleichen Umfang und zu den gleichen Bedingungen Mittel einbringt wie die Mutter des öffentlichen Unternehmens.[549]

(b) Beihilfen nach Errichtung des PPP-Unternehmens

Auch die beihilfenrechtliche Zulässigkeit von Unterstützungsleistungen, die das gemischtwirtschaftliche Unternehmen von den öffentlichen Anteilseignern nach seiner Errichtung erhält, richtet sich nach dem PIT. Daraus lässt sich schließen, dass Zuwendungen des öffentlichen Partners dann als unbedenklich einzustufen sind, wenn sie vom privaten Partner im gleichen Umfang und zu den gleichen Bedingungen vorgenommen worden wären.[550]

---

[546] Siehe beispielsweise Kommission ABl. 1999 Nr. L 292/27 (Gröditzer Stahlwerke).
[547] EuGH, verb. Rs. C-278/92 u. C-279/92 u. C-280/92 (Hytasa), Slg. 1994, I-4013, Rn. 26.
[548] Kommission ABl. 2003 Nr. L 14/56, Rn. 78 (Koninklijke Schelde Groep).
[549] EuG, Rs. T-358/94 (Air France/Kommission), Slg. 1996, II-2109, Rn. 148f.; EuG, Rs. T-296/97 (Alitalia), Slg. 2000, II-3871, Rn. 81.
[550] EuG, Rs. T-358/94 (Air France/Kommission), Slg. 1996, II-2109, Rn. 148f.; EuG, Rs. T-296/97 (Alitalia), Slg. 2000, II-3871, Rn. 81.

Bei manchen PPP wird eine asymmetrische Form der Unterstützung dann angenommen werden können, wenn die öffentliche Mutter ihr Tochterunternehmen nur mit bestimmten Maßnahmen unterstützen kann und somit keine Symmetrie möglich ist. Eine solche Unterstützung kann beispielsweise in der Gestattung der Nutzung sachlicher oder personeller Ressourcen liegen, wenn der private Partner diese Ressourcen gerade nicht zur Verfügung stellt. Häufig verfolgen die öffentliche Hand und der private Partner mit der Gründung einer PPP in Form einer gemischtwirtschaftlichen Gesellschaft den Zweck, die für die Erbringung einer öffentlichen Aufgabe geschaffenen Ressourcen auch kommerziell verwerten zu können. Oftmals ist es jedoch schwierig, die betreffenden Ressourcen ganz in die gegründete PPP einzubringen, da diese zum Teil weiterhin der Erfüllung der Staatsaufgabe dienen müssen.

Beispielhaft können hier Personal und technische Einrichtungen einer Universität angeführt werden. Auch wenn die Universität eine Kooperation mit einem privaten Unternehmen eingegangen ist, um Forschungseinrichtungen oder Forschungsleistungen kommerziell verwerten zu können, werden sowohl Personal als auch technische Einrichtungen weiterhin für die Aufrechterhaltung des normalen Universitätsbetriebes benötigt.[551]

In derartigen Fällen wird dem ausgegliederten und anschließend teilprivatisierten Unternehmen ein Recht zur Nutzung und Verwertung der betreffenden Ressourcen eingeräumt. Diese Vorgehensweise ist grundsätzlich so lange zulässig, wie das dafür in Rechnung gestellte Entgelt angemessen ist. Ist das dafür zu entrichtende Entgelt als zu niedrig einzustufen, so handelt es sich um eine beihilfenrechtlich unzulässige (Quer-) Subvention.[552]

Nach welchen Maßstäben die beihilfenrechtliche Adäquanz derartiger Nutzungsentgelte zu berechnen ist, ist noch nicht abschließend geklärt. Die Kommission hat bislang in ihren Entscheidungen[553] die leistungsspezifischen Zusatzkosten als Maßstab dafür angewendet, dass ein angemessenes Entgelt vorlag.

---

[551] *Eilmansberger, Thomas*, Beihilfenrechtliche Fragen von Public Private Partnerships, in: Holoubek, Michael/Potacs, Michael (Hrsg.), Public Private Partnership, Wien 2003, S. 94.

[552] Mehr zum Thema Quersubvention in Kapitel F., I., 2, a), (c).

[553] Kommission ABl. 1998 Nr. L 164/37 (SFMI-Chronopost); Kommission ABl. 2001 Nr. L 125/27 (Deutsche Post).

(c) Beihilfen in der Betriebsphase durch Quersubventionen

(i) Quersubventionen bei PPP

Im Zusammenhang mit PPP in Form von gemischtwirtschaftlichen Unternehmen kann sich das Problem der sogenannten Quersubvention stellen. Eine Quersubvention kann typischerweise darin gesehen werden, dass dem auch auf einem Wettbewerbsmarkt tätigen gemischtwirtschaftlichen Unternehmen Zugang zu Ressourcen der öffentlichen Muttergesellschaft gewährt wird und es dafür keinen oder nicht adäquaten Kostenersatz leisten muss.[554] Das Postunternehmen bietet beispielsweise neben der unrentablen flächendeckenden Zustellung von Briefen auch rentable Paketdienstleistungen an. Ein weiteres Beispiel sind Verkehrsunternehmen, die im öffentlichen Nahverkehr zwar Verluste machen, aber dafür auch rentable Fernverkehrsverbindungen offerieren. Öffentliche Rundfunkanstalten senden neben nicht vermarktungsfähigen Kultur- und Informationssendungen auch Spielfilme oder Sportsendungen, die durch Werbung finanzierbar sind. Bei den oben aufgezählten Beispielen handelt es sich um mögliche Fälle der Quersubventionierung.

In den wenigsten Fällen erfolgt eine kostenmäßige Ausweisung der mit dem öffentlichen Auftrag verbundenen Lasten ebenso wenig wie eine effektive bilanzielle Trennung der gemeinwohlgebundenen und der kommerziellen Geschäftsbereiche. Dadurch ist häufig schwer feststellbar, ob und in welcher Höhe die Erfüllung einer gemeinwirtschaftlichen Verpflichtung überhaupt Kosten verursacht. Daraus resultiert die beihilfenrechtliche Gefahr, dass die Kosten der gemeinwirtschaftlichen Verpflichtungen überkompensiert und die „überschüssigen" Mittel zur Quersubventionierung der marktbezogenen Tätigkeiten eingesetzt werden können.[555] Dabei macht es keinen Unterschied, dass die Subventionsbe-

---

[554] Bei Konzessionsmodellen kann sich ein vergleichbares Problem ergeben für den Fall, dass der Konzessionär gleichzeitig auf einem Wettbewerbsmarkt und einem reservierten Markt tätig ist und die, von der öffentlichen Hand als Gegenleistung für die Leistungserbringung subventionierten, betrieblichen Einrichtungen sowohl für die Erbringung von Daseinsvorsorgeleistungen als auch für die Wettbewerbsaktivitäten nutzt.

[555] *Lübbig, Thomas*, Neuere Entwicklungen im Beihilfenrecht der Europäischen Gemeinschaften, WuW 1999, S. 253; *Schnelle, Ulrich/Bartosch, Andreas*, Um-fang und Grenzen des EG-wettbewerbsrechtlichen Verbots der Querfinanzierung, EWS 2001, S. 412f.; *Eilmansberger, Thomas*,

ziehung in dieser Konstellation nicht zwischen zwei rechtlich selbstständigen Unternehmen, sondern zwischen zwei Tätigkeitsbereichen (Profit-Centern) innerhalb eines Unternehmens besteht. Vielmehr wäre es falsch, nur auf das rein organisatorische Merkmal der rechtlichen Selbstständigkeit des Beihilfenempfängers abzustellen. Es ist nämlich kein Grund ersichtlich, warum die einer Tochtergesellschaft gewährte Unterstützung als Beihilfe i.S.v. Art. 87 Abs. 1 EGV gelten soll, nicht aber die Unterstützung eines de facto vielleicht in gleichem Umfang unabhängigen „Profit-Centers" ebenso einzuordnen ist.[556]
Zudem kann man auch der Meinung sein, dass der Beihilfengeber nicht das Unternehmen selbst ist, sondern dessen Kapitaleigner, weil dieser hinnimmt, dass Gelder unwirtschaftlich genutzt werden und damit auch sein Ertrag geschmälert wird.[557] Im Beihilfenverfahren gegen die Deutsche Post[558] hat die Kommission diesen Standpunkt vertreten.

(ii) Wettbewerbsrechtliche Problematik von Quersubventionen

Die wettbewerbliche Problematik von Quersubventionen liegt darin, dass Wettbewerber auf dem subventionierten Markt durch Angebote aus dem Markt verdrängt werden können, die nicht auf höhere Leistungsfähigkeit oder Effizienz zurückzuführen sind. Die Beihilfen im Kontext solcher Quersubventionen können nach Art. 86 Abs. 2 EGV gerechtfertigt sein, indem das Unternehmen auf dem reservierten Markt Leistungen im Allgemeininteresse erfüllt und diese ohne die Unterstützung der öffentlichen Hand eben nicht zu annehmbaren wirtschaftlichen Bedingungen erbracht werden könnten. Der Umstand, dass das Unternehmen seine Ressourcen auch noch anderweitig marktwirtschaftlich nutzt, muss Rückwirkungen auf die zulässige Höhe der in Frage stehenden Beihilfen haben. Gerade in diesen Fällen ist besonders streng darauf zu achten, dass durch die Beihilfen keine Überkompensation für die im Allgemeininteresse liegende Leistung erfolgt. Eine solche Überkompensation ist zum

---

Quersubventionen, markt-wirtschaftlich handelnde Kapitalgeber und das EG-Wettbewerbsrecht, RIW 2001, S. 902ff.

[556] *Hancher, Leigh/Buendia, Sierra*, Cross-Subsidization und EC Law, CMLR 1998, S. 928.

[557] *Eilmansberger, Thomas*, Beihilfenrechtliche Fragen von Public Private Partnerships, in: Holoubek, Michael/Potacs, Michael (Hrsg.), Public Private Partnership, Wien 2003, S. 112.

[558] Kommission ABl 2002 Nr. L 247/27, Rn. 92 (Beihilfen zugunsten der Deut-schen Post AG).

einen deshalb problematisch, weil Beihilfen grundsätzlich immer nur im unbedingt erforderlichen Ausmaß gewährt werden dürfen. Zum anderen muss verhindert werden, dass durch die Überkompensation eine mehr oder weniger direkte Subventionierung anderer Marktaktivitäten bewirkt wird, die so zu Verzerrungen der Marktes führt und damit den wettbewerbsrechtlichen Zielen der EU bezüglich eines Marktes entgegenläuft.

(iii) Beihilfenrechtliche Beurteilung von Quersubventionen

(a) Beurteilung nach dem EuG

Die Rechtmäßigkeit von Quersubventionen im Gemeinschaftsrecht bestimmt sich in erster Linie nach dem Beihilfenverbot des Art. 87 EGV. Da öffentliche Unternehmen als Beihilfengeber nach Art. 87 EGV in Betracht kommen,[559] ist das Beihilfenverbot gemäß Art. 87 EGV auch auf solche Unterstützungen anwendbar, die ein öffentliches Unternehmen einer seiner Tochtergesellschaften gewährt.[560]

Nach Ansicht des EuG in der „Ufex"-Entscheidung[561] soll es bei der beihilfenrechtlichen Beurteilung von Quersubventionen darauf ankommen, ob die verrechneten Kosten die Faktoren reflektieren, die ein unter normalen Marktbedingungen tätiges Unternehmen bei der Festsetzung der Vergütung für die von ihm erbrachten Dienstleistung hätte berücksichtigen müssen. Dabei sei zudem zu prüfen, ob die empfangene Gegenleistung mit derjenigen vergleichbar ist, die eine private Finanzgesellschaft oder eine private Unternehmensgruppe gefordert hätte, die keine Monopolstellung hat und eine längerfristige globale oder sektorale Strukturpolitik verfolgt.[562]

Das „Chronopost-Urteil"[563] ist von großer Bedeutung für die zukünftige Beihilfenkontrolle von Quersubventionen, da es die Anwendung des

[559] *Häring, Jörg*, Die Vereinbarkeit von Sanierungsengagements der öffentlichen Hand mit dem EG-Beihilfennverbot, Tübingen 1998, S. 87 mit ausführlicher Begründung.
[560] EuGH, Rs. C-39/94 (SFEI), Slg. 1996, I-3547, Rn. 54ff.
[561] EuG, Rs T-613/97 (Ufex), Slg. 2000, II-4055, Rn. 75.
[562] Kommission, Mitteilung über öffentliche Unternehmen, ABl. 1993 Nr. C 307/3, Rn. 29; EuGH, Rs. C-39/94 (SFEI), Slg. 1996, I-3547, Rn. 75; Näher zu diesem Problemkreis siehe bei *Eilmansberger, Thomas*, Quersubventionen, marktwirtschaftlich handelnde Kapitalgeber und das EG-Wettbewerbsrecht, RIW 2001, S. 908f.
[563] EuGH, verb. Rs. C-83/01, C-93/01 und C-94/01 (Chronopost), Slg. 2003, I-6993.

Prinzips des marktwirtschaftlich handelnden Investors im Zusammenhang von Mittelflüssen innerhalb eines Unternehmensverbundes konkretisiert. Im Kern gelten hier keine anderen Regeln als im einfachen Verhältnis der öffentlichen Hand zu einem ihrer öffentlichen Unternehmen ohne Nebeneinander von reservierten und liberalisierten Märkten. Entscheidend ist, dass die öffentliche Hand, soweit sie, bzw. die von ihnen unterstützten Töchter, auf Wettbewerbsmärkten tätig werden, Einrichtungen oder Mittel genauso einsetzen, wie es auch ein privates Unternehmen täte. Dabei ist grundsätzlich unerheblich, dass ein öffentliches Unternehmen auf einem reservierten Markt tätig sein kann, da auch private Unternehmen eine Monopolstellung einnehmen können. Die Entscheidung trägt zum einen wesentlich zur Gleichbehandlung öffentlicher und privater Unternehmen bei, zum anderen bestärkt es die unternehmerische Freiheit öffentlicher Unternehmen, auf Wettbewerbsmärkten tätig zu werden, und verdeutlicht, dass das gemeinschaftliche Beihilfenrecht bei richtiger Auffassung auch zu Gunsten der wirtschaftlichen Betätigungsfreiheit öffentlicher Unternehmen wirkt.[564]

(b) Beurteilung nach der Kommission

Die Novelle der Transparenzrichtlinie[565] besagt, dass Zuwendungen an Unternehmen seitens der öffentlichen Hand für gemeinwirtschaftliche Aktivitäten nur in absolut notwendigem Ausmaß gewährt werden dürfen. Ausgangspunkt der Berechnung der Überkompensation sind die Kosten der Erbringung des Universaldienstes. Art. 2 Abs. 1 lit. d der Transparenzrichtlinie bestimmt, dass in den fraglichen öffentlichen Unternehmen eine getrennte Buchführung eingeführt werden muss. Eine derartige Buchführung stellt einen erheblichen Schritt zur Unterbindung bzw. Aufdeckung von Quersubventionen dar.

Nach Art. 2 Abs. 1 lit. d der Transparenzrichtlinie gelten Ausnahmen für:

- Unternehmen, die ausschließlich Leistungen der Daseinsvorsorge erbringen,

[564] *Leibenath, Christoph*, Anmerkung zum Chronopost Urteil, in: EuZW 2003, S. 509.

[565] Änderung der Transparenzrichtlinie (Richtlinie 2000/52/EG der Kommission zur Änderung der Richtlinie 80/723/EWG über die Transparenz der finanziellen Beziehungen zwischen den Mitgliedstaaten und den öffentlichen Unternehmen), ABl. 2000, Nr. L 193/75.

- Sektoren, für die eine getrennte Kostenrechnung bereits in sektorspezifischen Regelungen vorgesehen ist,[566]
- Unternehmen, bei denen der Ausgleich für die Erbringung der Leistungen der Daseinsvorsorge im Rahmen der offenen Ausschreibung für einen begrenzten Zeitraum festgelegt wurde[567] sowie
- Unternehmen unterhalb bestimmter Umsatzschwellen oder ohne grenzüberschreitende Bedeutung.

Bei korrekter Berechnung der Kosten für die Erbringung von Gemeinwohlverpflichtungen wäre eine Überkompensation weitestgehend ausgeschlossen und somit auch die Unterstützung sekundärer Aktivitäten des Unternehmens mit der Zuwendung. Zu beachten ist jedoch, dass gerade PPP als gemischtwirtschaftliche Unternehmen der Daseinsvorsorge gemäß der Vorschrift des Art. 2 Abs. 1 lit. d der Transparenzrichtlinie von der getrennten Buchführungspflicht befreit sind.

(c) Wirkung der Transparenzrichtlinie auf die Art. 16 EGV und Art. 86 Abs. 2 EGV

Fraglich ist, inwieweit sich die Vorschriften über die getrennte Rechnungsauslegung im Rahmen der Art. 16 und Art. 86 Abs. 2 EGV halten.[568] Sie beschneiden nicht das Recht der Mitgliedstaaten, öffentliche Aufgaben zu definieren sowie Unternehmen mit ihrer Wahrnehmung zu beauftragen und hierfür einen angemessenen finanziellen Ausgleich zu gewähren. Die Richtlinie folgt dem in Art. 16 EGV niedergelegten und in der Mitteilung der Kommission zu den Leistungen der Daseinsvorsorge aufgenommenen Auftrag, die Grundsätze und Bedingungen für das Funktionieren dieser Dienste so zu gestalten, dass sie ihren Aufgaben nachkommen können. Die getrennte Ausweisung der Kosten ermöglicht es zu ermitteln, welcher Finanzbedarf für die Erbringung von Dienstleistungen von allgemeinem wirtschaftlichem Interesse besteht.

---

[566] Dies ist der Fall für Postdienste, Telekommunikation, Teile des öffentlichen Verkehrs, Elektrizität und Gas, siehe näher dazu *Gross, Ivo*, Das Europäische Beihilfenrecht im Wandel – Probleme, Reformen, Perspektiven, Baden-Baden 2004, S. 120.

[567] Art. 4 Abs. 2 c) Transparenzrichtlinie.

[568] Zum Folgenden vgl. *Gross, Ivo*, Das Europäische Beihilfenrecht im Wandel – Probleme, Reformen, Perspektiven, Baden-Baden 2004, S. 121.

Der in diesen Regelungen gegebene Spielraum kann allerdings von den Mitgliedstaaten ausgenutzt werden, um Ausmaß und Höhe der den beauftragten Unternehmen gewährten Unterstützung zu verschleiern oder die von den jüngsten Liberalisierungen betroffenen Sektoren weiterhin vor Wettbewerb zu schützen. Solche Überkompensationen und Quersubventionierungen sind naturgemäß von außen nur schwer erkennbar und tragen damit zur mangelnden Transparenz der Subventionierung bei.

(iv) Ergebnis zur Quersubventionierung

Die beihilfenrechtlich bedenkliche Quersubvention ist dann ausgeschlossen, wenn die Ressourcen eines rechtlich unabhängigen Rechtsträgers genutzt werden bzw. wenn mit der Wettbewerbsaktivität die Vollkosten verrechnet werden.[569] Zur Ermittlung von Quersubventionen kommt es also entscheidend auf die Frage an, welche Kosten durch den Preis einer Leistung mindestens abgedeckt sein müssen, damit keine Quersubvention vorliegt. Daraus folgt, dass eine Beihilfe für ein auch erwerbswirtschaftlich tätiges Unternehmen genau so niedrig bemessen werden muss, dass es gerade für die Finanzierung der öffentlichen Aufgabe genügt.

Quersubventionierungen sind dann besser feststellbar, wenn eine getrennte Buchführung die Kosten und Erlöse der Leistungen der Daseinsvorsorge einerseits und der wettbewerblichen Aktivitäten andererseits gesondert ausweist. Festzuhalten ist, dass die angestrebte Transparenz durch den Erlass der Richtlinien alleine noch keineswegs durchgesetzt wurde. Die Kommission wird nämlich durch diese nicht vor falschen oder unvollständigen Informationen durch die Mitgliedstaaten geschützt. Des Weiteren erfährt sie eher durch Beschwerden oder aus der Presse als durch Angaben der Mitgliedstaaten von beihilfenrechtlich relevanten finanziellen Transaktionen. Zugute gehalten werden kann der Richtlinie neben ihrem eigentlichen Zweck, dass sie in Verdachtsfällen die Beweisführung erleichtert, da die Mitgliedstaaten sich bei einem konkreten Aus-

[569] *Eilmansberger, Thomas*, Beihilfenrechtliche Fragen von Public Private Partnerships, in: Holoubek, Michael/Potacs, Michael (Hrsg.), Public Private Partnership, Wien 2003, S. 113.

kunftsverlagen nicht auf die Unverfügbarkeit der betreffenden Informationen zurückziehen können.
PPP sind als gemischtwirtschaftliche Unternehmen im Bereich der Daseinsvorsorge nicht zur getrennten Buchführung verpflichtet, weil die Kommission in ihrer Transparenzrichtlinie für solche Unternehmen eine Ausnahme von dem Erfordernis der getrennten Buchführung vorsieht. Dadurch wird die gewünschte Transparenz in der Daseinsvorsorge nicht erreicht, wodurch insbesondere in diesem Bereich Quersubventionen schwerer aufzudecken sind.

(2) Kleine und mittlere Unternehmen (KMU) als besondere gemischtwirtschaftliche Unternehmen

Zu prüfen ist, ob eine PPP in Form des gemischtwirtschaftlichen Unternehmens unter die Gruppenfreistellungsverordnung[570] für kleine und mittlere Unternehmen (KMU) fallen können. Dabei ist hinsichtlich des privaten Partners, des öffentlich rechtlichen Teilhabers und der PPP selber zu differenzieren. KMU genießen bei der Anwendung der EU-Wettbewerbsvorschriften bestimmte Privilegien, die sich in einer eigenen Gruppenfreistellungsverordnung[571] manifestiert haben. Bei Gründung einer PPP wäre es demnach sehr vorteilhaft, wenn diese unter die KMU-Ausnahme fiele, weil KMU-Beihilfen durch die Gruppenfreistellungsverordnung automatisch als genehmigt gelten. Dies bedeutet, dass die staatlichen Zuwendungen, die sie für ihre Aufgabenerfüllung im Bereich der Daseinsvorsorge erhalten, keine Beihilfen im Sinne des Art. 87 Abs. 1 EGV sind, folglich die PPP-Vorhaben nicht von der Kommission nach Art. 88 Abs. 3 EGV notifiziert werden müssen und damit auch nicht dem Durchführungsverbot unterliegen.[572]
Überprüfenswert ist daher, welche Voraussetzungen vorliegen müssen, damit es sich bei einer PPP in Form eines gemischtwirtschaftlichen Un-

---

[570] Vertiefend zu dem Thema Gruppenfreistellung ist auf *Bartosch, Andreas*, Die neuen Gruppenfreistellungsverordnungen im EG-Beihilfenrecht, NJW 2001, S. 921ff. zu verweisen.
[571] Freistellungsverordnung 70/2001 über die Anwendung der Artikel 87 und 88 EGV auf staatliche Beihilfen an kleine und mittlere Unternehmen, ABl. 2001 Nr. L 10/33.
[572] Art. 3 der VO 70/2001 über die Anwendung der Artikel 87 und 88 EGV auf staatliche Beihilfen an kleine und mittlere Unternehmen, ABl. 2001 Nr. L 10/33.

ternehmens überhaupt um ein KMU handelt, auf das die KMU-Ausnahme Anwendung finden könnte.

(v) Vorliegen der KMU-Voraussetzungen für PPP

Die KMU-Freistellungsverordnung folgt der Empfehlung der EU-Kommission.[573] Danach wird ein Unternehmen als KMU definiert, wenn die Anzahl der Beschäftigten nicht 250 übersteigt, der Jahresumsatz höchstens 40 Mio. Euro beträgt und die Bilanzsumme maximal bei 27 Mio. Euro liegt. Basierend auf dieser Definition könnten PPP in Form von gemischtwirtschaftlichen Unternehmen als KMU qualifiziert werden.
Ein weiteres Kriterium für das Einordnen einer PPP als KMU gemäß Art. 1 Abs. 3 der KMU-Empfehlung[574] ist die Unabhängigkeit des in Frage stehenden Unternehmens. Als unabhängig gelten Unternehmen, die nicht zu 25 Prozent oder mehr des Kapitals oder der Stimmanteile im Besitz von einem Unternehmen oder einem Unternehmenskonsortium stehen, welche die Definition der KMU nicht erfüllen. Dieses Unabhängigkeitskriterium wird auf PPP in Form von gemischtwirtschaftlichen Unternehmen hinsichtlich des privaten Partners sorgfältig zu prüfen sein, da es sich bei diesen regelmäßig um Unternehmen handelt, die die KMU-Kriterien nicht erfüllen.[575] Der Staat braucht starke und zuverlässige Partner für PPP, und KMU können oft die Suche des Staates nach großer Stabilität nicht erfüllen. Zudem KMU wohl oft nicht die Infrastruktur haben, um größere PPP-Projekte ideal begleiten zu können.

(vi) Öffentlich-rechtliche Anteilsinhaber als Unternehmen i.S.v. Art. 1 Abs. 3 der KMU-Empfehlung

Sollte der private Partner die KMU-Voraussetzungen erfüllen, ist weiterhin zu prüfen, ob der Anteilsbesitz durch eine öffentlich-rechtliche Körperschaft gegen den KMU-Status spricht. Häufig handelt es sich nämlich

---

[573] Empfehlung 96/280/EG betreffend die Definition der kleinen und mittleren Unternehmen, ABl. 1996 Nr. L 107/4, nunmehr ersetzt durch die Empfehlung 2003/361/EG betreffend die Definition der Kleinstunternehmen sowie der kleinen und mittleren Unternehmen, ABl. 2003 Nr. L 124/36.
[574] Empfehlung 2003/361/EG betreffend die Definition der Kleinstunternehmen sowie der kleinen und mittleren Unternehmen, ABl. 2003 Nr. L 124/36.
[575] *Eilmansberger, Thomas*, Beihilfenrechtliche Fragen von Public Private Partnerships, in: Holoubek, Michael/Potacs, Michael (Hrsg.), Public Private Partnership, Wien 2003, S. 96.

bei diesen Körperschaften hinsichtlich der Kriterien der Umsatz- und Mitarbeiterzahlen eindeutig nicht um KMU. In diesem Zusammenhang ist zunächst zu untersuchen, ob der öffentlich-rechtlichen Anteilsinhaber ein Unternehmen im Sinne der Unabhängigkeitsklausel des Art. 1 Abs. 3 der KMU-Empfehlung ist.

Nach dem im EU-Wettbewerbsrecht maßgeblichen funktionalen Unternehmensbegriff[576] müsste man die Unternehmenseigenschaft wohl verneinen.[577] Danach umfasst der Begriff des Unternehmens „unabhängig von der Rechtsform und der Art der Finanzierung jede eine wirtschaftliche Tätigkeit ausübende Einheit“[578]. Der öffentlich-rechtliche Anteilsinhaber einer PPP ist aber in der Regel nicht wirtschaftlich tätig. Teleologische Erwägungen sprechen jedoch dafür, den öffentlich-rechtlichen Anteilsinhaber eines gemischtwirtschaftlichen Unternehmens als Unternehmen gemäß des Artikels 1 Abs. 3 der KMU-Empfehlung anzusehen. Dies lässt sich mit Hilfe der Präambel der Empfehlung von 1996 begründen. Danach soll die Unabhängigkeitsklausel sicherstellen, dass nicht solche Unternehmen in den Einzugsbereich des Beihilfenprivilegs kommen, die durch Zugehörigkeit zu einer Unternehmensgruppe einen besonderen Zugang zu Finanzmitteln und Unterstützungen haben. Diese Voraussetzung ist gerade bei der gesellschaftsrechtlichen Verbindung mit einer öffentlich-rechtlichen Körperschaft gegeben, weil sich durch diese ein bevorzugter und vereinfachter Zugang zu Finanzmitteln ergibt. Gegen diese teleologische Auslegung spricht auch nicht der Umstand, dass die Muttergesellschaft bei der Unterstützung ihrer Tochtergesellschaften beihilfenrechtlichen Schranken unterliegt, da den Tochterunternehmen selbst bei Anwendung des PIT durchaus namenhafte Zuwendungen zukommen können.[579]

Das bedeutet, dass PPP generell nicht unter die KMU-Ausnahme fallen, da der Anteilseigner öffentliche Hand in seiner Natur dem Gedanken der Gruppenfreistellungsverordnung entgegensteht, in gemischtwirtschaftli-

---

576 Siehe Erläuterungen zum funktionalen Unternehmensbegriff in Kapitel C., III., 1.,a.), (1).

577 *Eilmansberger, Thomas*, Beihilfenrechtliche Fragen von Public Private Partnerships, in: Holoubek, Michael/Potacs, Michael (Hrsg.), Public Private Partnership, Wien 2003, S. 96.

578 Seit EuGH, Rs. C-41/90 (Höfner-Elsner/Macrotron GmbH), Slg. 1991, 1979, 2016; EuGH, verb. Rs. C-159/91 und C–169/91 (Poucet/Pistre), Slg.1993, 637, 664 ff; EuGH, Rs. C-244/94 (CCMSA), Slg. 1995, 4013, 4028.

579 *Eilmansberger, Thomas*, Beihilfenrechtliche Fragen von Public Private Partnerships, in: Holoubek, Michael/Potacs, Michael (Hrsg.), Public Private Partnership, Wien 2003, S. 96.

chen Unternehmen aber mindestens die erforderlichen 25 Prozent halten muss.

(vii) Unabhängigkeit als Voraussetzung zur Klassifikation als KMU

Zu untersuchen ist, wie die Unabhängigkeit des gemischtwirtschaftlichen Unternehmens geschaffen werden kann, um die KMU-Kriterien zu erfüllen. Dies ist durch die direkte Beteiligung von Unternehmen möglich, die keine KMU sind.[580] Die Unabhängigkeitsklausel könnte man dadurch umgehen, dass man zwischen den oder die Anteilseigner und das gemischtwirtschaftliche Unternehmen ein weiteres Unternehmen schiebt, das die KMU-Voraussetzungen erfüllt. Das Kriterium für die Annahme eines KMU nach den KMU-Kriterien wäre dadurch formal erfüllt, und des Weiteren spricht für die Zulässigkeit dieser Vorgehensweise der Wortlaut in der betreffenden Empfehlung. Allerdings spricht die ratio legis der KMU-Freistellungsverordnung dagegen, dass durch lediglich formale Erfüllung des Unabhängigkeitskriteriums dieses einfach ausgehebelt werden kann.[581]

b) Private Anteilseigner als mögliche Beihilfenempfänger

Wie einleitend erwähnt, kommt als Beihilfenempfänger neben der PPP auch der private Anteilseigner selbst in Betracht. In diesem Kontext wird sich der Beihilfenverdacht auf die Bedingungen beschränken, zu denen dieser die Anteile an der PPP erworben hat. Insbesondere der Kaufpreis ist hier von Bedeutung.

Die Kommission löst die Frage nach der Angemessenheit des Kaufpreises für den Verkauf öffentlicher Unternehmen in erster Linie mit Hilfe des öffentlichen Ausschreibungsverfahrens.[582] Als alternative Methode dazu hat sie auch Sachverständigengutachten zur Ermittlung des marktge-

---

[580] *Eilmansberger, Thomas*, Beihilfenrechtliche Fragen von Public Private Partnerships, in: Holoubek, Michael/Potacs, Michael (Hrsg.), Public Private Partnership, Wien 2003, S. 97.

[581] *Koenig, Christian/Kühling, Jürgen*, Beihilfen an kleine und mittlere Unternehmen (KMU) unter Berücksichtigung der geplanten EG-Verordnung für KMU, DVBl 2000, S. 1030. Dieses Ergebnis wird durch Art. 3 Abs. 3 des Anhangs in der Empfehlung 2003/361 /EG betreffend die Definition der Kleinstunternehmen sowie der kleinen und mittleren Unternehmen, ABl. 2003 Nr. L 124/36 bestätigt.

[582] Mitteilung der Kommission zur Daseinsvorsorge in Europa, ABl. 2001 Nr. C 17/4, Rn. 26; EuGH, Rs. C-482/99 (Stardust), Slg. 2002, I-4397, Rn. 24; Kommission ABl. 2001 Nr. L 44/39 (Kali u. Salz): siehe Näheres zum Ausschreibungswettbewerb in Kapitel E., IV., 4., a).

rechten Preises für Privatisierungsobjekte toleriert.[583] Darin sieht die Kommission Möglichkeiten, das Vorliegen eines Beihilfenelements im Kaufpreis auf verlässliche Weise auszuschließen.

2. Anteilseigner öffentliches Unternehmen als Beihilfengeber

Eine wesentliche Fragestellung bei der Einordnung möglicher Beihilfen ergibt sich dann, wenn es sich bei dem öffentlichen Teil der PPP um eine Einrichtung handelt, die nicht unmittelbar der staatlichen Verwaltung zuzurechnen ist. Bei derartigen Einrichtungen handelt es sich um ein öffentliches Unternehmen oder allgemein um eine rechtlich verselbständigte Einrichtung des Staates.

Nach der bisherigen Rechtsprechung wurde das Tatbestandsmerkmal der staatlichen Herkunft einer begünstigenden Maßnahme bereits dadurch erfüllt, dass die fraglichen Mittel unter der Kontrolle und damit Verfügungsgewalt des Staates stehen.[584] Man konnte ohne weiteres davon ausgehen, dass auch all jene Unterstützungsmaßnahmen vom Beihilfentatbestand des Art. 87 Abs. 1 EGV erfasst sind, die von einem öffentliche Unternehmen bzw. ganz allgemein von einem unter dem beherrschenden Einfluss des Staates stehender Einrichtungen ergriffen wurden.[585] Die oben angerissene beihilfenrechtliche Frage würde sich nach der bisherigen Rechtsprechung nicht stellen.

Durch das „Stardust"-Urteil des EuGH wurde die bisherige Rechtsprechung allerdings in Frage gestellt. Nach Auffassung des EuGH in dem Urteil „Stardust"[586] reicht es für die Anwendbarkeit von Art. 87 Abs. 1 EGV nicht mehr aus, dass die Beihilfen unmittelbar oder mittelbar aus staatlichen Mitteln gewährt werden, sondern die betreffende Maßnahme muss den staatlichen Behörden zurechenbar sein. Diese Zurechenbarkeit ergebe sich nicht allein aus dem Umstand, dass es sich bei dem Beihilfengeber um ein öffentliches Unternehmen oder eine rechtlich verselbstständigte Staatseinrichtung handele. Zwar könne der Staat öffentliche Unternehmen kontrollieren und beherrschen, woraus jedoch nicht

---

[583] So etwa Sachverständigengutachten über den Kaufpreis, vgl. Kommission ABl 2003 Nr. L 14/56, Rn. 79 (Koninklijke Schelde Groep).
[584] EuGH, Rs. C-39/94 (SFEI), Slg. 1996, I-3547, Rn. 62; siehe dazu bereits im Kapitel E. II. 1 a.).
[585] Kommission Fall N 514/2001, Rn. 27. (Universal Banking Service).
[586] EuGH, Rs. C-482/99 (Stardust), Slg. 2002, I–4397, Rn. 50ff.

ohne weiteres vermutet werden könne, dass diese Kontrolle im konkreten Fall tatsächlich stattgefunden habe. Daher müsse nunmehr im Einzelfall geprüft werden, inwieweit und ob überhaupt die staatliche Behörde am Erlass der Beihilfenmaßnahme in irgendeiner Form beteiligt gewesen ist. Diesbezüglich erachtet der EuGH den Anscheinsbeweis für ausreichend. Als mögliches Indiz für die Zurechenbarkeit einer Beihilfenmaßnahme an den Staat sei neben der Eingliederung des Unternehmens in die Strukturen der öffentlichen Verwaltung nach Ansicht des EuGH auch „die Art seiner Tätigkeit und deren Ausübung auf dem Markt unter normalen Bedingungen des Wettbewerbs mit privaten Wirtschaftsteilnehmern" heranzuziehen.[587]

Durch dieses Urteil ist der Anwendungsbereich des EG-Beihilfenrechts deutlich eingeengt worden,[588] insbesondere hinsichtlich der Anwendung von Art. 87 EGV auf Beihilfenmaßnahmen zu Gunsten gemischtwirtschaftlicher Tochterunternehmen. Damit wird die Bekämpfung von verdeckten Beihilfen und Quersubventionen im öffentlichen sowie gemischt öffentlich-privaten Unternehmensverbund erschwert. Durch das geringe Erfordernis des Anscheinsbeweises ist vorstellbar, dass der Nachweis der staatlichen Einflussnahme soweit herabgesetzt wird, dass nur in ganz seltenen Fällen Maßnahmen öffentlicher Unternehmen als autonom und damit nicht als mögliche Beihilfe betrachtet werden können.[589] Dies wiederum führt dazu, dass Art. 87 EGV vermehrt zum Einsatz kommt.

Das Urteil kann insoweit zu erheblichen Rechtsunsicherheiten führen, als es zweifelhaft erscheint, ob der Beihilfenempfänger von außen erkennen kann, ob der Staat an der betreffenden Maßnahme in irgendeiner Weise beteiligt gewesen ist und die Maßnahme demzufolge den Art. 87ff. EGV unterliegt. Zudem wird es für Wettbewerber schwierig sein, etwa im Rahmen einer Beschwerde, eine dem Staat zurechenbare Maßnahme darlegen zu können.[590] Da der EuGH durch diese Entscheidung die Effizienz der Beihilfenkontrolle wesentlich geschwächt hat, ist durchaus denkbar, dass Mitgliedstaaten vermehrt versuchen werden, durch die

---

[587] EuGH, Rs. C-482/99 (Stardust), Slg. 2002, I–4397, Rn. 53ff.

[588] *Soltesz, Ulrich/Makowski, Gösta C.*, Die Nichtdurchsetzung von Forderungen der öffentlichen Hand als staatliche Beihilfen i.S.v. Art. 87 I EG, EuZW 2003, S. 78.

[589] *Eilmansberger, Thomas*, Beihilfenrechtliche Fragen von Public Private Partnerships, in: Holoubek, Michael/Potacs, Michael (Hrsg.), Public Private Partnership, Wien 2003, S. 101.

[590] *Soltesz, Ulrich/Makowski, Gösta C.*, Die Nichtdurchsetzung von Forderungen der öffentlichen Hand als staatliche Beihilfen i.S.v. Art. 87 I EG, EuZW 2003, S. 78.

Gründung gemischtwirtschaftlicher PPP-Unternehmen die Beihilfenvorschriften zu umgehen.

3. Abgrenzung staatlicher Beihilfen an öffentliche Unternehmen von staatlichen Investitionen

Eine einheitliche Anwendung der Beihilfenvorschriften auf öffentliche und private Unternehmen ist durch den Gleichheitsgrundsatz geboten, denn ebenso wenig wie Art. 295 EGV[591] eine Benachteiligung öffentlicher Unternehmen zulässt, kann er zur Rechtfertigung ihrer Privilegierung angeführt werden. Aus Art. 295 EGV geht hervor, dass eine „echte" unternehmerische Tätigkeit des Staates erlaubt ist. Der Staat darf daher Eigentümer von Unternehmen sein und sich als solcher ebenso betätigen wie jeder Private. Damit wird deutlich, dass von staatlicher Seite gewährte Vorteile, die bei einem vollständig privaten Unternehmen ohne Zweifel als Beihilfen einzuordnen wären, bei einem ganz oder teilweise in Staatsbesitz befindlichen Unternehmen auch als unternehmerische Investition erscheinen können.[592]

In der Konstellation der Miteigentümerschaft des Staates an einer PPP in privater Rechtsform ergibt sich ein Problem in der tatsächlichen Ermittlung relevanter Beihilfenvorgänge durch die Kommission. Ein Grund dafür ist die limitierte Veröffentlichungspflicht, denn Unternehmen, die sich ganz oder teilweise in Staatsbesitz befinden, sind ebenso wenig wie vollständig private Unternehmen zur Offenlegung ihres Anteilseigentums oder der Höhe solcher Beteiligungen verpflichtet. Die eigentumsrechtlichen Beziehungen der Mitgliedstaaten zu ihren öffentlichen Unternehmen sind dabei in der Praxis ebenso vielgestaltig wie die verschiedenen Modalitäten ihrer Minderheitsbeteiligungen.[593] Es ist zu erwarten, dass der Mitgliedstaat diesbezüglich regelmäßig davon ausgehen wird, dass es sich bei einer Maßnahme um eine unternehmerische Entscheidung

[591] Art. 295 EGV lautet: „Dieser Vertrag lässt die Eigentumsordnung in den verschiedenen Mitgliedstaaten unberührt".

[592] *Nicolaysen, Gert*, Subventionen für öffentliche Unternehmen und Wettbewerb im Gemeinsamen Markt, in: Börner, Bodo/Neudörfer, Konrad (Hrsg.), Recht und Praxis der Beihilfen im Gemeinsamen Markt, Köln 1984, S. 130.

[593] *Gross, Ivo*, Das Europäische Beihilfenrecht im Wandel – Probleme, Reformen, Perspektiven, Baden-Baden, 2004, S. 76.

handelt und nicht um eine Beihilfe. Demzufolge wird er eine nach Art. 88 Abs. 3 S. 1 EGV erforderliche Anmeldung unterlassen.
Aus diesem Grund ist es gerade bei PPP für die Kommission oft schwierig, Kenntnis von Vorgängen zwischen einem Unternehmen und seinem staatlichen (Mit-)Eigentümer zu erlangen, obwohl es sich bei diesen unter Umständen um verbotene Beihilfen handeln könnte. Allenfalls erhält die Kommission Kenntnis von diesen Vorgängen durch die Presse oder Klagen durch Wettbewerber.
Ausgehend von der Annahme, dass die Kommission Kenntnis von einer Maßnahme erlangt hat, stellt sich eine weitere beihilfenrechtliche Frage hinsichtlich der rechtlichen Abgrenzung staatlicher Beihilfen von solchen Zuwendungen bzw. Investitionen, die der Staat dem Unternehmen wie ein privater Eigentümer gewährt.[594] Erforderlich wäre hier eine strikte Trennung zwischen den Eigenschaften des Staates als öffentliche Hand einerseits und als Anteilseigner andererseits.[595] Die Kommission wendet auch hier den PIT an. Der Test ist zwar bei der Zufuhr von Fremdkapital in Form eines Darlehens zum jeweiligen Marktzinssatz einfach durchzuführen, nicht aber bei der Zufuhr von Eigenkapital. Zur Bewertung der Eigenkapitalzufuhr kann nur auf die Werthaltigkeit und die Risikointensität des finanziellen Engagements rekurriert werden. Nicht zuletzt hängt die Bewertung beider Parameter von dem zukünftig zu erwartenden Geschäftsverlauf ab und erfordert damit wirtschaftliche Prognoseentscheidungen, deren Nachprüfung es durch die Kommission bedarf. Das gleiche Problem stellt sich bei der Quantifizierung des Beihilfenelements. Hierzu müssten wiederum die Gesellschaftsanteile wirtschaftlich bewertet werden können. Um den Problemen einer solchen Bewertung zu entgehen, ist die Kommission mittlerweile dazu übergegangen, den gesamten Betrag der Beteiligung als Beihilfenelement anzusehen.[596] Dabei bleibt jedoch die Einzelfallgerechtigkeit zu Gunsten der Rechtssicherheit

[594] Siehe *Nicolaysen, Gert*, Subventionen für öffentliche Unternehmen und Wettbewerb im Gemeinsamen Markt, in: Börner, Bodo/Neudörfer, Konrad (Hrsg.), Recht und Praxis der Beihilfen im Gemeinsamen Markt, Köln 1984, S. 122.
[595] Vgl. *Gross, Ivo*, Das Europäische Beihilfenrecht im Wandel – Probleme, Reformen, Perspektiven, Baden-Baden, 2004, S. 76.
[596] Kommission ABl. 1994 Nr. L 154/37 (Merco).

auf der Strecke.[597] Nach Vermutungen der Kommission betragen die nicht angemeldeten Beihilfen an öffentliche Unternehmen wertmäßig dem Zehnfachen derjenigen an private Unternehmen,[598] so dass diese Problematik durchaus bedeutsam für die Durchführung der Beihilfenkontrolle ist.

III. Problembereich: PPP in Form des Konzessionsmodells

1. Einordnung des Konzessionsmodells bei PPP-Vorhaben

Public Private Partnerships im Rahmen von Konzessionsmodellen sind dadurch charakterisiert, dass der Private berechtigt und/oder verpflichtet wird, bestimmte Güter oder Leistungen der Öffentlichkeit anzubieten. Es handelt sich dabei meistens um Aufgaben im Bereich der Daseinsvorsorge. Die beihilfenrechtliche Besonderheit dieses Modells liegt darin, dass der Private sein Entgelt für die Leistungserbringung auch oder sogar ausschließlich von den Kunden erhält, d.h. denjenigen, die die betreffende Daseinsvorsorgeleistung konkret in Anspruch nehmen. Zu den Kunden können auch staatliche Einrichtungen gezählt werden.
Eine wichtige Variante von PPP im Bereich der Dienstleistungen von allgemeinem wirtschaftlichem Interesse ist die Kombination zwischen Konzessions- und Betreibermodell, in dem die Konzession mit einer Einrichtung des öffentlichen Partners, die dieser für die Erfüllung der gemeinwirtschaftlichen Verpflichtung zur Verfügung stellt, ausgeübt wird.
PPP werden von den beihilfenrechtlichen Vorschriften dann nicht tangiert, wenn der Konzessionsnehmer, der private Partner der PPP, für die Errichtung und den Betrieb der Anlagen oder Einrichtung, mit der die Staatsaufgabe erbracht werden soll, keinerlei Unterstützung benötigt. Dabei sind die Austauschbeziehungen zwischen der öffentlichen Hand und dem als Konzessionär handelnden Privaten auf ihre Marktüblichkeit hin zu bewerten. Die Übertragung einer Konzession und die Einräumung

---

[597] *Nicolaysen, Gert*, Subventionen für öffentliche Unternehmen und Wettbewerb im Gemeinsamen Markt, in: Börner, Bodo/Neudörfer, Konrad (Hrsg.), Recht und Praxis der Beihilfen im Gemeinsamen Markt, Köln 1984, S. 122.

[598] Schätzungen der Kommission für den Zeitraum von 1985 bis 1990 gehen von 15 Milliarden ECU gegenüber 1,5 Milliarden für private Unternehmen aus, vgl. *Soukup, Karl*, Die Mittelzuführungen an öffentliche Unternehmen im Rahmen der Beihilfeaufsicht der EU-Kommission ZögU 1995, S. 17.

eines Exklusivrechts für die Erbringung der betreffenden Tätigkeit können in diesem Fall als beihilfenrechtlich unproblematisch eingestuft werden. Da sich der Staat insbesondere an Projekten beteiligen sollte, die dessen Unterstützung tatsächlich bedürfen, wird man bei den meisten PPP in der Form von Konzessionsmodellen Elemente staatlicher Unterstützungen vorfinden, die hinsichtlich ihrer beihilfenrechtlichen Zulässigkeit regelmäßig nach Art. 87 EGV zu prüfen sind. Dem Beihilfenrecht gemäß Art. 87ff. EGV unterliegt dabei daher jedwede staatliche Unterstützung hinsichtlich der Errichtung und des Betriebs jener Einrichtungen, mit denen die Konzession zukünftig ausgeübt werden soll. Als mögliche Unterstützungsmaßnahmen des öffentlichen Partners kommen beispielsweise Mindestabnahmegarantien, Investitionszuschüsse, Auslastungsgarantien, die Übernahme von Haftungszusagen und Bürgschaften oder die günstige Überlassung von Infrastruktureinrichtungen in Betracht.
Im Folgenden werden Beihilfenformen bei Konzessionsmodellen näher erörtert, die typischerweise im Zusammenhang mit PPP-Vorhaben gewährt werden.

2. Spezifische Beihilfenformen bei PPP im Rahmen des Konzessionsmodells

a) Verbilligte Überlassung von Grundstücken und Gebäuden

Bei Public Private Partnerships in Form von kombinierten Konzessions- und Betreibermodellen stellt sich die Überlassung von Immobilien durch Verpachtung oder Verkauf als ein besonders häufig vorkommendes und beliebtes Instrument in der kommunalen Wirtschaftsförderung dar. Der private Betreiber soll das bestimmte Grundstück und die unter Umständen bereits darauf errichteten Anlagen für die Erbringung einer bestimmten Leistung nutzen oder sie für diesen Zweck entsprechend adaptieren.

Im Fall „Daimler-Benz/Rastatt“[599] widmete sich die Kommission der Frage, inwieweit ein Grundstücksverkauf unter Verkehrswert als Beihilfe angesehen werden kann. Grundsätzlich sieht die Kommission den Verkauf eines Grundstücks unter Verkehrswert als Beihilfe an, da auf diese Weise ein bestimmtes Unternehmen begünstigt wird. Für die verbilligte Vermietung von Grundstücken und Gebäuden gelten entsprechende Grundsätze.[600]

Dieser Ansatz wurde in späteren Fällen[601] bestätigt und liegt auch einer Mitteilung der Kommission zu den Kriterien bei der Prüfung von Grundstücksverkäufen der öffentlichen Hand[602] zu Grunde. Voraussetzung für die beihilfenrechtliche Unbedenklichkeit eines Grundstücksverkaufs ist, dass entweder ein öffentliches Bietverfahren stattgefunden hat, oder dass der Kaufpreis mindestens dem Wert entspricht, der in einem unabhängigen Verkehrswertgutachten ermittelt wurde.[603] In allen anderen Fällen kann das Vorliegen einer Beihilfe nicht von vorneherein ausgeschlossen werden, so dass die Kommission auf eine Anmeldung gemäß Art. 88 Abs. 3 S. 1 EGV besteht bzw. bei einer bereits durchgeführten Maßnahme nachträglich ein Prüfverfahren einleitet.

Bei der Anwendung dieser Grundsätze auf PPP ergeben sich einige spezifische Fragestellungen. Beispielsweise bildet die Überlassung eines Grundstücks oftmals nur einen Teil der Kooperationsbeziehung zwischen dem Privaten (Konzessionär) und dem öffentlichen Partner, so dass eine allein auf den Grundstücksverkauf bezogene Ausschreibung in diesen Fällen wenig Sinn macht. In diesen Fällen wird man daher die beihilfenrechtlichen Anforderungen erst dann als erfüllt ansehen können, wenn eine Ausschreibung für das gesamte Projekt erfolgt ist.[604] Diese deckt

---

[599] Kommission ABl. 1986 Nr. C 336/4 (Daimler-Benz/Rastatt), XVI. Wettbewerbsbericht 1986, Rn. 278; das Beihilfenvorhaben wurde zurückgezogen, so dass es in diesem Fall nicht zu einer förmlichen Entscheidung gekommen ist (XVII. Wettbewerbsbericht 1987, Rn. 220).

[600] Kommission ABl. 1987 Nr. L 295/25 (Seeadler).

[601] Kommission ABl. 1992 Nr. L 6/36 (Toyota/Derbyshire); Kommission ABl. 1992 Nr. L 263/15 (Daimler-Benz/Potsdamer Platz); Kommission ABl. 1996 Nr. L 283/43 (Stadt Mainz).

[602] Mitteilung der Kommission betreffend Elemente staatlicher Beihilfen bei Verkäufen von Bauten oder Grundstücken durch die öffentliche Hand, ABl. 1997 Nr. C 209/3; für einen Überblick über den Inhalt vgl. *Bär-Bouyessière, Bertold,* Kommentierung, in: Schwarze, Jürgen (Hrsg.), EU-Kommentar, Baden-Baden 2000, Art. 87 Rn. 42.

[603] Vgl. Mitteilung der Kommission betreffend Elemente staatlicher Beihilfen bei Verkäufen von Bauten oder Grundstücken durch die öffentliche Hand, ABl. 1997 Nr. C 209/3, Abschnitt II.

[604] *Eilmansberger, Thomas,* Beihilfenrechtliche Fragen von Public Private Partnerships, in: Holoubek, Michael/Potacs, Michael (Hrsg.), Public Private Partnership, Wien 2003, S. 108.

das Angebot der Interessenten für die Konzessionen und das damit verbundene Grundstück ab. In diesem Zusammenhang sind wertmindernde Bedingungen, die den Betriebsverkauf betreffen, unzulässig. Wie bereits oben herausgearbeitet, kann der Verkaufspreis auch durch einen unabhängigen Sachverständigen im Vorfeld ermittelt werden.[605]
Der von betroffenen Regierungen und begünstigten Unternehmen oftmals vorgebrachte Einwand, es würden zusätzliche Verpflichtungen übernommen, die preismindernd zu berücksichtigen seien, rechtfertigt nach Kommissionsmeinung unter Umständen eine Herabsetzung des Kaufpreises. Eine derartige Herabsetzung kann aber nicht in Form eines pauschalen Abschlages erfolgen, sondern darf nur maximal der Höhe der tatsächlichen finanziellen Belastung durch solche Pflichten entsprechen. Die Kommission prüft zudem genau, ob die Herabsetzung des Kaufpreises (d.h. die Übernahme eines Risikos oder gewisser Kosten durch den Verkäufer) den üblichen Gepflogenheiten entspricht.[606] Außerdem müssen solche Verpflichtungen von jedem potenziellen Käufer erfüllbar sein, um eine willkürliche Einengung des Kaufpreises verhindern zu können.[607]

b) Planerischer Wandel bei einhergehender Wertvernichtung

Häufig liegt der Fall vor, dass eine Kommune aus städtebaulichen Gründen eine Umnutzung eines bestimmten städtischen Gebiets vornehmen möchte und daher bereit ist, nach der gegenwärtigen Planung zwar nutzbare, gemäß der künftigen Planung aber nutzlose Gebäude auf eigenen oder angekauften Grundstücken abzureißen.[608] Zu prüfen ist im Zusammenhang mit dieser Konstellation, ob die öffentliche Hand in Bezug auf das zum Verkauf stehende Grundstück wertmindernde Maßnahmen vornehmen kann, ohne den Grundstückskäufer, hier die PPP, dadurch zu begünstigen.

---

[605] Siehe Ausführungen im Kapitel E., III.,4., a.), (2), Kommission ABl. 2000 Nr. L 265/15 (Central Latte di Roma).
[606] Siehe Erwägungen Kommission ABl. 1992 Nr. L 263/15 (Stadt Mainz); Kommission ABl. 1996 Nr. L 283/43 (Seeadler), XXIII. Wettbewerbsbericht der Kommission 1993, Rn. 393.
[607] Mitteilung der Kommission, ebenda, Abschnitt II 2 c.); Kommission, ABl. 1992 Nr. L 6/36 (Toyota/Derbyshire); Kommission ABl. 1992 Nr. L 263/15 (Daimler-Benz/Potsdamer Platz); Kommission ABl. 1996 Nr. L 283/43 (Stadt Mainz).
[608] *Koenig, Christian/Kühling, Jürgen*, Grundstücksveräußerungen der öffentlichen Hand, planerischer Wandel und EG-Beihilfenrecht, NZBau 2001, S. 413.

Die Kommission hat zu dieser Frage in der Sache „Fort Malakoff“[609] entschieden. In dem Fall ging es um den Verkauf eines Grundstücks, das die Stadt Mainz zu einem höheren Wert gekauft und dann bebaut hatte, um es anschließend unbebaut und zu einem geringeren Wert weiter zu verkaufen. Zudem übernahm die Stadt nach dem Kaufvertrag die Kosten für die Sanierung bzw. den Abriss des Gebäudes.

Die Kommission führte diesbezüglich aus, dass die Stadt als Eigentümerin des Grundstücks das Recht gemäß § 903 BGB habe, die Gebäude abzureißen, um ein unbebautes Grundstück verkaufen zu können. Dies gelte auch dann, wenn sich der Wert des Grundstücks dadurch verringere. Die öffentliche Hand könne solche Entscheidungen aus Gründen der städtebaulichen Entwicklung und Planung treffen, und diese dürfe die Kommission gemäß Art. 295 EGV nicht anfechten. Das Vertragsziel gemäß Art. 3 Abs. 1 lit. g EGV, den Wettbewerb auf Investorenmärkten oder nachgelagerten Märkten vor Verfälschungen zu schützen, wird durch den erweiterten Spielraum der Kommunen, eine Umnutzung vornehmen zu können, nicht beeinträchtigt, da dem Entreicherungsnachteil der Kommune kein Bereicherungsvorteil des Investors entspricht.[610] Eine derartige Bewertung der Fallkonstellation ist insofern richtig, als sonst die Gestaltungsfreiheit der Kommune, die gemäß Art. 28 Abs. 2 S. 1 GG als Kernelement der kommunalen Selbstverwaltungsgarantie geschützt ist, nachhaltig beeinträchtigt werden würde. Die Kommission weist auch zu Recht auf Art. 295 EGV hin, der die Wahrung der mitgliedstaatlichen Eigentumsordnung vorsieht, zu der auch die freie planerische Verfügung über das Eigentum gehört. Somit steht es der öffentlichen Hand beihilfenrechtlich offen, Werte auf einem ihrer Grundstücke, die für eine gegenwärtige Nutzung zwar wertvoll, für eine beabsichtigte jedoch wertlos sind, zu vernichten.[611]

Würde man die Wertvernichtung als Begünstigung des Käufers einstufen, dann könnte die Kommune eine Umnutzung von Grundstücken in ihrem Eigentum nur dann vornehmen, wenn die auf dem Grundstück befindlichen Gebäude einen so geringen Wert darstellen, dass der poten-

---

[609] Im Folgenden dazu, Kommission ABl. 1996 Nr. L 283/43 (Fort Malakoff).

[610] *Koenig, Christian/Kühling, Jürgen*, Grundstücksveräußerungen der öffentlichen Hand, planerischer Wandel und EG-Beihilfenrecht, NZBau, 2001, S. 414.

[611] *Koenig, Christian/Kühling, Jürgen*, Grundstücksveräußerungen der öffentlichen Hand, planerischer Wandel und EG-Beihilfenrecht, NZBau 2001, S. 413.

zielle Investor ihren Erwerb und Abriss auf seine Kosten für das beabsichtige Vorhaben in Kauf nehmen würde. Die Errichtung von wertvollen Gebäuden auf kommunalen Grundstücken würde damit die künftige Nutzbarkeit des Grundstücks für andere Zwecke durch private Investoren weitgehend beschränken.

Hervorzuheben ist weiter, dass in der Entscheidung der Kommission „Fort Malakoff" keine Vergleichbarkeit mit einem unter normalen marktwirtschaftlichen Bedingungen handelnden Vergleichsverkäufer (PIT) gegeben ist, da dieser ja nicht Ziele „der städtebaulichen Entwicklung und Planung" verfolgt und dafür die Vernichtung von Sachwerten einzusetzen bereit ist. Der Beihilfentatbestand ist also demnach nicht einschlägig, wenn der Verkehrswert des „umgenutzten" Grundstücks als Mindestkaufspreis zu Grunde gelegt wird.

c) Auslastungsgarantien und Kontingentzusagen

Zur Fragestellung der Beihilfenqualität staatlicher Unterstützungsmaßnahmen gegenüber den privaten Beteiligten einer PPP als Konzessionsnehmer in Form von Abnahme- und Auslastungsgarantien ist das Urteil des EuG im Fall „BAI"[612] heranzuziehen. In diesem Fall ging es – wie bereits oben erläutert – um die beihilfenrechtliche Beurteilung einer Mindestabnahmeverpflichtung der baskischen Regierung für Schiffspassagen im Fährverkehr zwischen Bilbao und Portsmouth.

Eine Beihilfe liege gemäß EuG nicht vor, wenn der Staat die Leistung im bestellten und bezahlten Umfang tatsächlich für die Erfüllung seiner Aufgaben benötigt.[613] Zusätzlich müsse jedoch noch die Bedingung erfüllt sein, dass der Staat die Leistung zu Marktpreisen abnimmt, d.h. zu Preisen, die ein Privatunternehmen mit ähnlicher Nachfragemacht erhalten würde.[614]

In dem Fall BAI sprach gegen diese Annahme der Umstand, dass die Anzahl der abgenommenen Tickets vom Betriebsergebnis des Konzessionärs abhängig gemacht wurde.[615] Darüber hinaus schienen dem EuG die Tickets zu teuer, weil sie nur in der Nebensaison verwendet werden

[612] EuG, Rs. T-14/96 (BAI), Slg 1999, II-139, Rn. 79.
[613] EuG, Rs. T-14/96 (BAI), Slg 1999, II-139, Rn. 79.
[614] EuG, Rs. T-14/96 (BAI), Slg 1999, II-139, Rn. 74.
[615] EuG, Rs. T-14/96 (BAI), Slg 1999, II-139, Rn. 79.

konnten und eine Aufstockung des Kontingents daher keine Zusatzkosten verursachte. Somit handelte es sich bei dem abgenommenen Ticketkontingent um eine Beihilfe. Inwieweit eine Notwendigkeit besteht, die betreffende Aufgabe zu erfüllen, wird vom EuG nicht in Frage gestellt. Der betreffende Mitgliedstaat musste also keine Begründung dafür liefern, warum es gerade zu seinen Aufgaben zählt, Reisen für Ruheständler zu unterstützen oder zu organisieren.

Anders ist die Rechtslage hingegen zu beurteilen, wenn der Staat durch die eigenen Dienststellen eine Leistung nachfragt, um damit tatsächlich seinen Eigenbedarf zu decken. In diesen Fällen sei es unproblematisch, keine Beihilfe anzunehmen.[616]

Aus dem Urteil „BAI" lässt sich ableiten, dass die beihilfenrechtliche Bewertung einer Abnahmegarantie maßgeblich von dem Marktvergleich abhängt, die Abnahmevereinbarung also einer normalen Geschäftsbeziehung entsprechen muss. Die Kosten sind bei der Bewertung der Angemessenheit der Preise ein wesentlicher Faktor.

Die Betriebsauslastung kann auch mit Hilfe von Abnehmersubventionen erzielt werden, wie sie in Österreich etwa im Bereich des ÖPNV praktiziert werden. Dabei erhalten potenzielle Abnehmer eine Unterstützung bei der Inanspruchnahme der Leistung. Beihilfenrechtlich ist diese Art der Subventionierung als unproblematisch einzuordnen, da sie wirtschaftlich auf das Gleiche hinausläuft wie die direkte Abnahme der Leistung durch die öffentliche Hand und die nachfolgende Verteilung an die Nutzer.[617] Geht es dem öffentlichen Abnehmer offenkundig ausschließlich darum, die Auslastung und damit die Rentabilität des Konzessionärs sicherzustellen, so liegt keine normale Geschäftsbeziehung vor. Vielmehr handelt es sich dann um eine abstrakte Auslastungsgarantie. In diesem Zusammenhang getätigte Maßnahmen stellen also grundsätzlich Beihilfen dar.

---

[616] Kommission Fall N 191/2002, DERA – Public Private Partnership (Bildung eines Gemeinschaftsunternehmens durch Verkauf von Anteilen an einem aus dem Verteidigungsministerium ausgegliederten Unternehmen, das Strategien im Bereich der militärischen Forschung entwickelt und in Beschaffungsfragen technische Hilfe leistet; Ziel der Partnerschaft: Erschließung neuer Finanzierungsquellen und Eröffnung zusätzlicher Vermarktungsmöglichkeiten ohne Rückgriff auf staatliche Ressourcen).

[617] *Eilmansberger, Thomas*, Beihilfenrechtliche Fragen von Public Private Partnerships, in: Holoubek, Michael/Potacs, Michael (Hrsg.), Public Private Partnership, Wien 2003, S. 109.

d) Infrastruktur- und Erschließungsmaßnahmen

(1) Problematik der Einordnung von Infrastruktur- und Erschließungsmaßnahmen

In diesem Abschnitt wird die EG-beihilfenrechtliche Bewertung von Infrastrukturprojekten im Rahmen von PPP in Form von Konzessionsmodellen untersucht. Die zunehmende EG-beihilfenrechtliche Kontrolltätigkeit der Kommission in Fällen der Infrastrukturförderung[618] macht es bereits in einem sehr frühen Stadium der geplanten Investitionen erforderlich, eine etwaige Notifizierungsbedürftigkeit des beabsichtigten Infrastrukturförderungsprojekts nach Art. 88 EGV zu prüfen. Dadurch können erhebliche Verzögerungsrisiken und die Gefahr beträchtlicher Rückforderungszahlungen vermieden werden.

Solange Infrastrukturen in öffentlicher Trägerschaft allen Marktteilnehmern diskriminierungsfrei zu Gute kommen, verneint die Kommission das Vorliegen des EG-beihilfenrechtlichen Tatbestandsmerkmals der Bestimmtheit. Dabei darf die Infrastrukturmaßnahme faktisch nicht auf die Begünstigung einzelner Unternehmen hinauslaufen, indem sie beispielsweise den speziellen Bedürfnissen eines oder bestimmter Marktteilnehmer Rechnung trägt.[619] Die beihilfenrechtliche Untersuchung ist in solchen Fällen also darauf gerichtet, etwaige Begünstigungen bestimmter Unternehmen bei der Nutzung der Infrastruktur auszuschließen.

Bei den für PPP relevanten Fällen handelt es sich häufig um Beteiligungen von Privaten an der Errichtung der Infrastruktur, bei denen sie danach als Eigentümer oder Betreiber der Infrastruktureinrichtung auftreten. Auf dem Gebiet der PPP-relevanten Infrastruktur- und Erschließungsmaßnahmen hat die Kommission in den letzten Jahren ihre Kontrollaktivitäten verstärkt.[620] Hierbei ist zusätzlich zu der diskriminierungsfreien Bereitstellung der Infrastruktur für die Allgemeinheit zu angemes-

---

[618] Siehe beispielsweise Kommission, Beihilfen N 860/01 (Skigebiet Alm); Kommission, Beihilfen NN 2/2002 (ZDF Medienpark); Beihilfenregelung der Kommission zugunsten von Seilbahnen, ABl. 2002, Nr. C 172/2.

[619] *Koenig, Christian*, Gibt es eine EG-Beihilfenrechtliche Kommissionsphilosophie der Infrastrukturförderung?, EuZW 2003, S. 641.

[620] Zur Behandlung von Grundstückssanierungen vgl. die Entscheidung über die Eröffnung des Verfahrens im Fall English Partnerships, Kommission ABl. 1999 Nr. C 245/9; siehe dazu XIX. Wettbewerbsbericht der Kommission 1999, S. 254f.

senen Entgelten dafür zu sorgen, dass sämtliche am Betrieb der Infrastruktur beteiligten Unternehmen keine Begünstigung in Form von marktunüblichen Renditen abschöpfen können (Verbot übermäßiger Abschöpfung).[621] Regelmäßig sind dafür vier für die Infrastrukturförderung relevante Marktebenen zu überprüfen: die Nutzer- (Veranstalter und Endkunden), die Eigentümer-, die Betreiber- sowie die Gesellschafterebene.

Die von der Kommission vorgenommene Analyse von möglichen Beihilfen konzentriert sich in der Regel auf das Kriterium der Selektivität.[622] Wenn die Maßnahme einem oder mehreren bestimmten Unternehmen oder bestimmten Produktzweigen zugute kommt, so handelt es sich um eine Beihilfe, andernfalls um eine allgemeine Maßnahme. Dieser Ansatz zur Beihilfenanalyse führt zu Schwierigkeiten, da Einrichtungen der lokalen oder regionalen Infrastruktur naturgemäß nur den ortsansässigen, also bestimmten Unternehmen zu Gute kommen.

Die Zusammenarbeit im Rahmen von PPP ist heute allerdings nicht nur auf kommunale Kleininfrastrukturen beschränkt, sondern umfasst auch Großprojekte. Als Beispiele lassen sich die Errichtung der neuen Sportarena in Frankfurt am Main, der geplante Großflughafen Berlin Brandenburg International, der Warnow-Tunnel in Rostock oder der Stuttgarter Bahnhof „Stuttgart 21“ anführen.[623] Gerade bei derartigen Großprojekten zur Erfüllung von Infrastrukturaufgaben sucht die öffentliche Hand zur Finanzierung und unter dem Aspekt der Effizienzsteigerung die Kooperation mit Privaten. Zudem hat eine vermehrte Aufgabenprivatisierung dazu geführt, dass auf der Angebotsseite frei zugängliche Infrastrukturmärkte entstanden sind, wo vormals ausschließlich staatliches Handeln vorherrschte.[624]

Der Wettbewerb kann nicht nur durch die begünstigenden Infrastrukturmaßnahmen selber verfälscht werden, sondern auch durch Beihilfen für die Infrastrukturanbieter bei der Erstellung und dem Betrieb von Infra-

---

[621] *Koenig, Christian/Pfromm, Rene,* Die Förderlogik des EG-Beihilfenrechtlichen Ausschreibungsverfahrens bei PPP – Daseinsvorsorge – Infrastrukturen, NZBau 2004, S. 376.

[622] *Modlich, Joachim J.,* Nationale Infrastrukturmaßnahmen und Artikel 92 Abs. 1 EGV, Köln u.a. 1996, S. 174ff. m.w.N.

[623] *Koenig, Christian/Kühling, Jürgen,* EG-Beihilfenrechtliche Beurteilung mitgliedstaatlicher Infrastrukturförderung im Zeichen zunehmender Privatisierung, DÖV 2001, S. 886.

[624] *Koenig, Christian/Kühling, Jürgen,* EG-Beihilfenrechtliche Beurteilung mitgliedstaatlicher Infrastrukturförderung im Zeichen zunehmender Privatisierung, DÖV 2001, S. 881.

strukturen. Darüber hinaus ist oft schwer feststellbar, ob und inwieweit von solchen Infrastrukturmaßnahmen im Einzelfall auch andere Unternehmen profitieren.[625]

Über die Tatsachenfrage der Ermittlung des Begünstigtenkreises hinaus ist rechtlich unklar, wo bei Infrastrukturmaßnahmen die genaue Trennlinie zwischen staatlichen Beihilfen im Sinne von Art. 87 Abs. 1 EGV und allgemein wirtschaftspolitischen Maßnahmen zu ziehen ist. In dieser rechtlichen „Grauzone" besteht die Möglichkeit der Umgehung der Beihilfenkontrolle, so dass sich für die Kommission die Notwendigkeit ergibt, PPP im Bereich von Infrastrukturmaßnahmen besondere Beachtung zukommen zu lassen. Dabei führt der Beurteilungsansatz der Kommission, auf den unternehmensbezogenen und differenzierenden Charakter der Maßnahme abzustellen, bis auf in wenigen Einzelfällen zu Investitionssicherheit.[626]

Die aufgezeigte Beurteilung wird dann wesentlich schwieriger, wenn eine Beteiligung von Privaten an der Infrastrukturerstellung in Form einer PPP erfolgt, da sich insbesondere in diesen Fällen die Fragen der Selektivität stellen. Dies gilt speziell, wenn ein Wettbewerb der Infrastrukturdienstanbieter (Infrastrukturhersteller oder Betreiber) gegeben oder zumindest denkbar ist.

(2) Beihilfenrechtliche Begünstigung der Nutzer

In Bezug auf die Nutzer einer Infrastruktur ist zu prüfen, ob diese besonders bevorzugt werden und deshalb eine Beihilfe vorliegen könnte. Hierzu lassen sich als häufig auftretende Maßnahmen allgemeine Infrastrukturmaßnahmen und innere sowie äußere Erschließungsmaßnahmen nennen.

(a) Allgemeine Infrastrukturmaßnahmen

Als allgemeine Infrastruktureinrichtungen sind Einrichtungen zu verstehen, die durch eine polyvalente Verwendbarkeit und eine fehlende Nut-

---

[625] *Gross, Ivo*, Das Europäische Beihilfenrecht im Wandel – Probleme, Reformen, Perspektiven, Baden-Baden 2004, S. 82.

[626] *Koenig, Christian/Kühling, Jürgen*, EG-Beihilfenrechtliche Beurteilung mitgliedstaatlicher Infrastrukturförderung im Zeichen zunehmender Privatisierung, DÖV 2001, S. 885.

zungsexklusivität gekennzeichnet sind und damit allen vorhandenen und künftigen Unternehmen diskriminierungsfrei zu gleichen Bedingungen zur Verfügung stehen.[627] Sofern Unternehmen bei der Nutzung nicht gezielt bevorteilen werden,[628] liegt bei solchen Einrichtungen auf der Nutzerseite mangels Einschlägigkeit des Merkmals „Bestimmtheit" keine Beihilfe vor. Das Merkmal der Bestimmtheit dient zur Abgrenzung von bevorzugenden Förderungen durch allgemeine legislative Maßnahmen eines Mitgliedstaates oder dessen Gebietskörperschaften, die eine Beihilfe darstellen würden.[629] Damit werden staatliche Maßnahmen, die der gesamten Wirtschaft zu Gute kommen, aus dem gemeinschaftlichen Beihilfenrecht ausgegrenzt. Eine allgemeine Infrastrukturmaßnahme liegt beispielsweise beim Bau von Autobahnen und sonstigen Straßen, Flughäfen und Häfen sowie bei der Unterstützung von Einrichtungen zur schulischen, universitären und beruflichen Bildung vor. Weiter gehören hierzu auch Maßnahmen wie die Erschließung von Gewerbegebieten, der Bau und Betrieb von städtischen Kläranlagen, Mülldeponien oder Schulen.

(b) Innere Erschließungsmaßnahmen

Bei inneren Erschließungsmaßnahmen handelt es sich meistens um die Schaffung von Einrichtungen auf einem Unternehmensgelände, die dieses an die allgemeinen Infrastruktureinrichtungen vor Ort anschließen. Diese Maßnahmen umfassen beispielsweise Produktionsgebäude, private Parkplätze sowie Betriebskraftwerke und sind normalerweise vom Grundstückseigentümer zu tragen. Um in solchen Fällen den Tatbestand der Beihilfe ausschließen zu können, ist ein Nachweis erforderlich, dass die Bereitstellung der benötigten Einrichtungen und die Lieferung entsprechender Leistungen nur gegen Zahlung des üblichen Marktpreises erfolgt sind, der kostenorientiert berechnet worden sein muss.[630] Bei kos-

---

[627] *Koenig, Christian/Kühling, Jürgen*, EG-Beihilfenrechtliche Beurteilung mitgliedstaatlicher Infrastrukturförderung im Zeichen zunehmender Privatisierung, in: DÖV 2001, S. 883.
[628] Mitteilung der Kommission über die Eröffnung des Verfahrens im Fall Italienische Häfen, ABl. 1999 Nr. C 108/2f.; Kommission ABl. 1991 Nr. C 257/5 (Ford/Volkswagen), Kommission ABl. 1996 Nr. D 311/15f. (Jaguar).
[629] *Oppermann, Thomas*, Europarecht: Ein Studienbuch, 2. Auflage, München 1999, S. 343.
[630] Kommission ABl. 1995 Nr. C 161/8 (Institut Francais du Petrole); Kommission ABl. 2001 Nr. L 38/41 (Lenzing Lyocell); Kommission ABl. 2000 Nr. L 137/1, Ziff. 5ff. (Sangalli Manfredonia Vetro).

tenloser und verbilligter Bereitstellung der Infrastruktur durch die öffentliche Hand an die PPP wäre eine Beihilfe gegeben.

(c) Äußere Erschließungsmaßnahmen

Bei äußeren Maßnahmen handelt es sich um solche Maßnahmen, die grundstücksbezogen, aber nicht auf dem betreffenden Grundstück erfolgen. Um das Vorliegen einer unternehmensbezogenen Begünstigung ausschließen zu können, muss ein ortsüblicher Erschließungsbeitrag erbracht werden,[631] der aber nach der Meinung der Kommission nicht die vollständige Kostendeckung bewirken muss.[632] Somit ist bei einem Verzicht auf den Erschließungsbeitrag unterhalb der ortsüblichen Grenze der Begünstigungscharakter zu bejahen.

(3) Beihilfenrechtliche Begünstigung der Ersteller und Betreiber

(a) Wettbewerbsfragen bei der Erstellung und dem Betrieb von Infrastruktur

Ein Grund für eine öffentliche Förderung durch den Staat bei Erstellung oder Betrieb einer Infrastruktur- oder Erschließungsmaßnahme kann in dem Ausgleich eines Marktversagens liegen. Ein Marktversagen bei Daseinsinfrastruktureinrichtungen liegt etwa dann vor, wenn baulich erforderliche Infrastrukturinvestitionen nicht im jeweiligen sachlich relevanten Infrastrukturherstellungsmarkt getätigt werden, da der zu erwartende marktübliche Pachtzins auf dem Betreibermarkt keine marktübliche Rendite für das eingesetzte Kapital auf dem Infrastrukturherstellungsmarkt erwarten lässt.[633]

Im Fall unternehmensspezifischer Infrastrukturmaßnahmen darf lediglich ein marktübliches Entgelt verlangt werden, während bei der Beteiligung eines Privaten an der Errichtung der Infrastruktur zusätzlich dessen etwaige Begünstigung geprüft werden muss. Eine Begünstigung kann da-

---

[631] *Koenig, Christian/Kühling, Jürgen*, EG-Beihilfenrechtliche Beurteilung mitgliedstaatlicher Infrastrukturförderung im Zeichen zunehmender Privatisierung, in: DÖV 2001, S. 883.

[632] Kommission hebt lediglich den Charakter der Kostendeckung der Infrastrukturnutzungsgebühr hervor, siehe Kommission ABl. 2000 Nr. L 137/1, Ziff. 5ff. (Sangalli Manfredonia Vetro).

[633] *Koenig, Christian/Pfromm, Rene*, Die Förderlogik des EG-Beihilfenrechtlichen Ausschreibungsverfahrens bei PPP – Daseinsvorsorge – Infrastrukturen, NZBau 2004, S. 376f.

bei in der Vergabe öffentlicher Mittel für allgemeine Infrastrukturmaßnahmen an die Privaten liegen, die mit der Durchführung der entsprechenden Aufgabe betraut werden. Eine Verzerrung des Wettbewerbs – und damit eine Beihilfe – scheidet aus, wenn eine angemessene Vergütung für die Infrastrukturerstellung und/oder deren Betrieb gewährt wurde, indem diese in einem publizierten, allgemeinen und bedingungsfreien Vergabeverfahren ermittelt wurde.[634]

Die Kommission bejaht den Beihilfentatbestand in den Fällen, in denen ein Unternehmen einen Zuschuss zu seinen Betriebskosten erlangt hat, um eine Verbesserung seiner privat betriebenen Infrastruktur zu gewährleisten, da eine Selektivität in der Unterstützung vorliegt.[635] Ein Beispiel wäre die Förderung von Fremdenverkehrsinfrastrukturen,[636] deren allgemeiner Charakter (Verbesserung von Unterkünften) nicht gesichert ist. Der Kommissionsansatz lässt sich als „vertikales Förderrohr"[637] darstellen. Die Förderung der öffentlichen Hand wird in das „Förderrohr" gegeben und durch die verschiedenen Infrastrukturleistungsebenen geleitet. Solche Leistungsebenen sind die Infrastrukturerstellung, der Infrastrukturbetrieb sowie Dienstleistungs- und Veranstaltungsangebote. Bis zum Endkunden muss die Abschöpfung marktunüblicher Renditen auf den verschiedenen Leistungsebenen verhindert werden. Subsidiär zum Ausschreibungsverfahren kann auch ein unabhängiges Sachverständigengutachten über die Höhe der erforderlichen Förderung zum Ausschluss der Überkompensation führen.[638]

Zusätzlich ist zu prüfen, ob der Infrastrukturbetrieb als solcher nicht mit anderen Infrastrukturbetrieben im Wettbewerb steht und diesbezüglich ein grenzüberschreitender Handel mit Begünstigung vorliegt. Dies kann beispielsweise für Dienste im Güterverkehr oder für Betreiber von Yacht-

---

[634] *Koenig, Christian/Kühling, Jürgen*, EG-Beihilfenrechtliche Beurteilung mitgliedstaatlicher Infrastrukturförderung im Zeichen zunehmender Privatisierung, in: DÖV 2001, S. 883.

[635] *Koeing, Christian/Scholz, Michael*, Öffentliche Infrastrukturförderung durch Bau- und Betriebsgesellschaften im EG-Beihilfenrechtlichen Kontrollraster der EG-Kommission, in: EuZW 2003, S. 136.

[636] Kommission, Fall N 93/2000 (Fremdenverkehr in der Lombardei), Kommission, Fall N 248/99 (Fremdenverkehrsinfrastrukturen im Piemont).

[637] Bei *Koenig, Christian/Pfromm, Rene*, Die Förderlogik des EG-Beihilfenrechtlichen Ausschreibungsverfahrens bei PPP – Daseinsvorsorge – Infrastrukturen, NZBau 2004, S. 376 („kommunizierendes Röhrennetzwerk").

[638] *Koenig, Christian*, Gibt es eine EG-Beihilfenrechtliche Kommissionsphilosophie der Infrastrukturförderung?, EuZW 2003, S. 641ff.

oder Flughäfen[639] gelten. Zum anderen will die Kommission vorverlagerten Märkte der Infrastrukturdienste einer strengen Kontrolle unterwerfen.[640]

In einer Entscheidung der Kommission zum Aufbau einer Infrastruktur und von Diensten im Güterverkehrssektor in Italien[641] hat sie neben der Diskriminierungsfreiheit in Bezug auf die nachgelagerten Produktionsstufen auch die Begünstigung des Unternehmens geprüft, das die öffentlichen Infrastrukturdienste zur Verfügung gestellt hat. Insoweit bejahte sie den innergemeinschaftlichen Handel mit Infrastrukturdiensten.[642]

Im Beispiel der Yachthäfen steht die errichtete Infrastruktur mit anderen Yachthäfen in einem ständigen Anbieterwettbewerb um die potenziell anlegenden Yachten als Nachfrager von Hafendienstleistungen. In derartigen Fällen besteht also neben der Gefahr der Wettbewerbsverzerrung im Wettbewerb um den Markt zusätzlich die Gefahr von Verzerrungen des Wettbewerbs im Markt.[643]

(b) Wettbewerbsfragen bei der Erstellung von Infrastruktur mit anschließender Nutzung

Komplexer wird die Beurteilung von PPP in Form von Konzessionsmodellen in den Fällen, in denen der Private an der Erstellung einer Infrastruktur beteiligt ist, die diesem dann später diskriminierungsfrei zur Verfügung gestellt wird oder die das Unternehmen anschließend als Nutzer in Anspruch nimmt. In einer solchen Konstellation ist die PPP der direkte Empfänger der staatlichen Zuwendung, da sie eine öffentliche, finanzielle Unterstützung zum Bau der Einrichtung erhält, deren Eigentümer sie sein wird.

In diesen Fällen liegt laut Kommission nicht automatisch eine wirtschaftliche Begünstigung i.S.d. Art. 87 Abs. 1 EGV vor.

---

639 Die Kommission geht von einem europaweiten Wettbewerb zwischen großen Flughäfen aus, siehe Pressemitteilung IP/01/934 der Kommission v. 3.7.2001.

640 *Koenig, Christian/Kühling, Jürgen*, EG-Beihilfenrechtliche Beurteilung mitgliedstaatlicher Infrastrukturförderung im Zeichen zunehmender Privatisierung, in: DÖV 2001, S. 888.

641 Kommission, Fall N 412/98 (Güterverkehrssektor Italien).

642 In die gleiche Richtung geht der Fall der Kommission N 655/99 und 656/99 v. (Property for Business/Partnership Development), insbesondere S. 10, in diesem Fall wurden öffentliche Zuwendungen an im Wettbewerb stehende private Infrastrukturentwicklungsgesellschaften als (zulässige) Beihilfen gewertet.

643 *Koenig, Christian/Kühling, Jürgen*, EG-Beihilfenrechtliche Beurteilung mitgliedstaatlicher Infrastrukturförderung im Zeichen zunehmender Privatisierung, in: DÖV 2001, S. 889.

(i) Fall „Infra Leuna"

Im Fall „Infra Leuna Infrastruktur und Service GmbH"[644] ging es darum, dass die Infra Leuna für einen begrenzten Zeitraum die Umstrukturierung und die Standortentwicklung am Chemiestandort Leuna in Sachsen-Anhalt betrieb. Ihr oblagen die Errichtung bzw. die Sanierung und der anschließende Betrieb der Infrastrukturanlagen. Für diese Tätigkeit hatte die Infra Leuna in erheblichem Umfang Zuwendungen erhalten. Sie hatte in diesem Projekt zwei Stellungen inne, zum einen die des Endabnehmers und zum anderen die des Anbieters der Infrastrukturleistungen. Die Infra Leuna war dem Low-Profit-Prinzip unterworfen, was in diesem Fall hieß, dass die Ausschüttung von Gewinnen an die Gesellschafter lediglich bis zu zehn Prozent des Stammkapitals betragen durfte. Darüber hinausgehende Profite mussten in der Gesellschaft verbleiben.[645]
Die Kommission verneinte eine wirtschaftliche Begünstigung der Infra Leuna als Infrastrukturersteller und -anbieter. Eine wirtschaftliche Begünstigung ergebe sich nämlich nicht allein schon aus der formalen Eigentümerposition, sondern erst aus der wirtschaftlichen Verwertbarkeit der Sache und der Nutzenziehungsmöglichkeit.[646] Tragende Erwägungen der Kommission, den Tatbestand der Beihilfen gemäß Art. 87 Abs. 1 EGV mangels Vorliegen des Tatbestandsmerkmals der Begünstigung zu verneinen, waren der eng umgrenzte Gesellschaftszweck und Geschäftsgegenstand der Infra Leuna. Die Verwendung eventueller Gewinne zur Kapitalerhöhung sei wegen der fehlenden Gewinnerzielungsabsicht (Low-Profit-Prinzip) der Infra Leuna ausgeschlossen.

(ii) Fall „Network Rail"

In der Kommissionsentscheidung „Network Rail"[647] ging es um den Auftrag an die Network Rail, das Eisenbahnnetz in Großbritannien nach dem Low-Profit-Prinzip im öffentlichen Interesse zu betreiben. Dafür wurden ihr öffentliche Mittel zur Verfügung gestellt.

---

[644] Kommission ABl. 1999 Nr. L 260/1ff (Infra Leuna).
[645] Kommission ABl. 1999 Nr. L 260/4 (Infra Leuna).
[646] Kommission ABl. 1999 Nr. L 260/12 (Infra Leuna).
[647] Kommission ABl. 2002, Nr. L 2622/1 (Network Rail).

Die Kommission hielt an ihrer bisherigen Praxis fest, öffentliche Mittel zur Errichtung oder für den Betrieb einer Infrastruktur nicht als staatliche Beihilfen einzuordnen, soweit die Infrastruktur allen potenziellen Nutzern diskriminierungsfrei angeboten wird. Anders als in der Infra Leuna-Entscheidung bezeichnete sie die Network Rail als ein begünstigtes Unternehmen i.S.v. Art. 87 Abs. 1 EGV, verneinte aber den Beihilfentatbestand im Ergebnis mit dem Nichtvorliegen einer Wettbewerbsverfälschung und Handelsbeeinträchtigung zwischen den Mitgliedstaaten. Die Kommission führte diesbezüglich aus, dass der Wettbewerb durch die Gelder nicht verfälscht werden würde, da diese Gelder einem eng begrenzten Gesellschaftszweck dienten und daher nicht in andere Märkte gelängen. Zudem arbeite Network Rail nach dem Low-Profit-Prinzip und müsse daher alle Einnahmen in das Netz reinvestieren.

(c) Probleme der Kommissionspraxis

Die Kommissionspraxis stuft öffentliche Förderungen von Infrastrukturerstellern und Betreibern als beihilfenrechtlich unbedenklich ein, soweit die Beihilfenempfänger nach dem Low-Profit-Prinzip arbeiten. Dieser Ansatz erweist sich insofern als problematisch,[648] als etwaige Bevorzugungen gegenüber anderen Infrastrukturanbietern nicht berücksichtigt werden. Im Hinblick auf Art. 87 Abs. 1 EGV ist es irrelevant, inwieweit das begünstigte Unternehmen eine Gewinnerzielung verfolgt, da dies nicht das ausschlaggebende Kriterium für eine Wettbewerbsverfälschung ist. Der Anbieter tritt unabhängig von seiner Verpflichtung durch das Low-Profit-Prinzip als Anbieter auf dem Markt auf und nimmt daher am Wettbewerb teil.

Diese Kommissionspraxis ist nicht einfach mit dem EG-Beihilfenrecht vereinbar, insoweit als dieses dazu dient, gleiche Wettbewerbsbedingungen im Gemeinsamen Markt zu gewährleisten. Allerdings ist der Kommissionsentscheid in den beiden oben beschriebenen Fällen als richtig zu erachten, da jeweils kein innergemeinschaftlicher Dienstleistungshandel vorlag. Insofern ist die Kommissionsansicht in denjenigen

---

[648] Ausführlich zu diesem Problem, *Koenig, Christian/Kühling, Jürgen*, EG-Beihilfenrechtliche Beurteilung mitgliedstaatlicher Infrastrukturförderung im Zeichen zunehmender Privatisierung, in: DÖV 2001, S. 881ff.

Fällen berechtigt, in denen noch keine Internationalisierung der Märkte erfolgt ist. Verallgemeinerungsfähig ist die Kommissionspraxis jedoch wegen ihrer Dissonanz zu den wettbewerblichen Grundlagen des Art. 87 Abs.1 EGV nicht.[649]

(4) Beihilfenrechtliche Begünstigung der Gesellschafter

Eine Begünstigung der Anteilseigner ist nicht automatisch dadurch ausgeschlossen, dass der Ersteller und der Betreiber der Infrastruktur nicht als beihilfenrechtlich Begünstigte anzusehen sind. Eine beihilfenrelevante Begünstigung der Gesellschafter selber kann dadurch entstehen, dass sie sich Vorzugsbedingungen bei der Inanspruchnahme der Infrastruktur verschaffen oder bereits in der Planungsphase die Möglichkeit haben, die Infrastruktur nach ihren eigenen Bedürfnissen zu entwickeln.
Nach der Kommission kann ein übermäßiger Einfluss der Gesellschafter auf die Planung der Infrastruktur ein starkes Indiz für eine Begünstigung und somit Grund für weitere Kontrolle sein.[650] Der Einfluss auf die Planungsphase hat aber lediglich Indizcharakter, denn entscheidend für die Bejahung einer Begünstigung ist nur das Planungsresultat selbst.[651] Eine Begünstigung ist in den Fällen anzunehmen, in denen die Infrastruktur gezielt auf die Bedürfnisse der Gesellschafter ausgerichtet wurde. Eine direkte finanzielle Begünstigung der Gesellschafter kann durch eine nur beschränkte zulässige Dividendenausschüttung[652] und durch ein zeitlich begrenztes Veräußerungsverbot wirksam verhindert werden.[653]

[649] *Koeing, Christian/Scholz, Michael,* Öffentliche Infrastrukturförderung durch Bau- und Betriebsgesellschaften im EG-Beihilfenrechtlichen Kontrollraster der EG-Kommission, in: EuZW 2003, S. 138.
[650] Kommission ABl. 1999 Nr. L 260/14 (Infra Leuna).
[651] *Modlich, Joachim J.,* Nationale Infrastrukturmaßnahmen und Artikel 92 Abs. 1 EGV, Köln u.a. 1996, S. 254.
[652] Sog. Low-Profit Prinzip.
[653] *Koeing, Christian/Scholz, Michael,* Öffentliche Infrastrukturförderung durch Bau- und Betriebsgesellschaften im EG-Beihilfenrechtlichen Kontrollraster der EG-Kommission, in: EuZW 2003, S. 138.

G. Schluss

Bei Public Private Partnerships handelt es sich um ein europaweit immer beliebteres Instrument der Verwaltungsreform in der Wirtschaftspolitik. Infolge der verstärkten Organisationsprivatisierung im öffentlichen Sektor hat insbesondere die Bedeutung von PPP zur Erbringung von Dienstleistungen von allgemeinem wirtschaftlichem Interesse stetig zugenommen. Dies spiegelt sich in der Vielzahl von PPP-Modellen wider, die zur Betreibung öffentlicher Leistungen ein breites Anwendungsfeld finden, das zukünftig weiter wachsen wird. Public Private Partnerships werfen insbesondere Fragestellungen hinsichtlich der generellen Anwendbarkeit des europäischen Wettbewerbsrechts, der Ausnahmeregelung des Art. 86 Abs. 2 EGV für PPP der Daseinsvorsorge und der Beihilfenregeln der Art. 87ff. EGV auf.

1. Public Private Partnerships sind Adressaten des europäischen Wettbewerbsrechts, so dass es bei Erfüllung der relevanten Voraussetzungen Anwendung findet.
a. Das europäische Wettbewerbsrecht findet auf den Mitgliedstaat und seine Untergliederungen dann unmittelbare Anwendung, wenn die öffentliche Hand selber unternehmerisch tätig wird, was spätestens durch die Kooperation mit einem privaten Partner bei dessen eigenveranlasstem und wirtschaftlichem Auftreten im Rahmen einer PPP als gegeben angesehen werden kann. Demgegenüber kommt das europäische Wettbewerbsrecht nicht zur Anwendung, solange der Staat bei der Erfüllung von öffentlichen Aufgaben ausschließlich hoheitlich tätig wird.
b. Zudem kann der Staat im Rahmen einer PPP auch mittelbar an das europäische Wettbewerbsrecht gebunden sein. Infolge dieser mittelbaren Bindung ist dem Staat jedes hoheitliche Tätigwerden verboten, das einer PPP ein wettbewerbswidriges Verhalten vorschreibt, die Verantwortung für ein solches Verhalten auf den privaten Partner überträgt oder zur Förderung eines solchen Verhaltens beiträgt. Damit wird gewährleistet, dass der Staat seine Beteiligung an der PPP und seinen Einfluss auf diese nicht benutzt, um ihr beispielsweise Sonderrechte in Form von

ausschließlichen oder besonderen Rechten oder finanzielle Zuwendungen einzuräumen.
c. Das europäische Wettbewerbsrecht ist darüber hinaus nur bei eindeutiger Binnenmarktrelevanz auf Public Private Partnerships anwendbar. Während PPP gegenwärtig oftmals nur nationalen Charakter haben, ist in Anbetracht der wachsenden Bedeutung von PPP, des sich immer weiter verändernden Rollenverständnisses des Staates und der fortschreitenden Europäisierung des Wettbewerbs davon auszugehen, dass PPP zukünftig vermehrt im internationalen Wettbewerb anzutreffen sein werden.

2. Grundsätzlich ist davon auszugehen, dass das europäische Wettbewerbsrecht trotz seines schon fast 50-jährigen Bestehens den europäischen Binnenmarkt ausreichend vor Wettbewerbsverfälschungen durch Public Private Partnerships schützt.
Allerdings gilt es besonders bei der Regelung des Art. 86 Abs. 2 EGV im Einzelfall sorgfältig zu prüfen, ob der Gemeinsame Markt auch bei dessen Anwendung im Rahmen von PPP der Daseinsvorsorge angemessen geschützt wird. Art. 86 Abs. 2 EGV gewährt PPP, die Dienstleistungen von allgemeinem wirtschaftlichem Interesse erfüllen, eine Befreiung von den europäischen Wettbewerbsregeln dann, wenn die Anwendung dieser die Erfüllung der übertragenen Aufgaben verhindern würde.
Dabei steht es den Mitgliedstaaten infolge des ihnen eingeräumten Gestaltungsspielraums frei, in welcher Form sie ihren Daseinsvorsorgeverpflichtungen nachkommen, wie beispielsweise durch Gründung und Betreiben von PPP. In seiner Rolle als Partner einer PPP trägt der jeweilige Mitgliedstaat ungeachtet diesen Spielraums eine unverminderte Erfüllungsverantwortung, die Gemeinwohlziele trotz des zu erwartenden ökonomischen Effizienzstrebens der PPP adäquat zu berücksichtigen.
Problematisch ist in diesem Zusammenhang, dass dem Art. 86 Abs. 2 EGV eine gewisse Grauzone bei der Einordnung von PPP, die Dienstleistungen im allgemeinem wirtschaftlichem Interesse erbringen, nicht gänzlich abgesprochen werden kann. So lässt sich der genaue Umfang und die inhaltliche Abgrenzung des Begriffs der Daseinsvorsorge nicht abschließend definieren. Insoweit besteht demnach durchaus die Möglichkeit, dass Public Private Partnerships infolge der weiten Auslegung

des Art. 86 Abs. 2 EGV das europäische Wettbewerbsrecht umgehen könnten. Daher muss die Kommission ihr besonderes Augenmerk darauf richten, dass die Ausnahmeregelung des Art. 86 Abs. 2 EGV bei PPP nur in den Fällen zur Anwendung kommt, in denen die vorliegenden Daseinsvorsorgeleistungen auch tatsächlich als solche eingeordnet werden können.
Ingesamt ist die Regelung des Art. 86 Abs. 2 EGV bei angemessender Kontrolle durch die EU-Kontrollgremien als gelungener Kompromiss zwischen den Anforderungen an einen unverfälschten Wettbewerb im Binnenmarkt einerseits und der Gewährleistung einer funktionsfähigen mitgliedstaatlichen Daseinsvorsorge andererseits zu bewerten.

3. Auch hinsichtlich der Beihilfenregelung des Art. 87 Abs. 1 EGV lässt sich grundsätzlich ein hinreichender Schutz des Binnenmarkts vor Verfälschungen durch Public Private Partnerships bejahen. Dennoch ergeben sich auch hier in der praktischen Umsetzung von PPP verschiedene Herausforderungen hinsichtlich der Gewährleistung des unverfälschten Gemeinsamen Marktes. Dies gilt insbesondere bei der Einordnung von Quersubventionen, bei denen die Leistungserbringung innerhalb der PPP mit der der Inhaber vermischt wird.
a. Bei der Unternehmung der im Rahmen von PPP gewährten staatlichen Unterstützungsleistungen stellt sich die Frage, ob es sich bei derartigen Zuwendungen tatsächlich um Beihilfen im Sinne des Art. 87 Abs. 1 EGV handelt oder ob sie vielmehr reinen Kompensationscharakter hinsichtlich der Belastungen für den privaten Partner der PPP bei der Erfüllung von Dienstleistungen von allgemeinem wirtschaftlichem Interesse im Rahmen einer PPP hat. Der EuGH entschied in seiner jüngeren Rechtsprechung in den Ferring/ACCOS- und Altmark Trans Urteilen, dass staatliche Ausgleichsleistungen nicht das Beihilfentatbestandsmerkmal der Begünstigung gem. Art. 87 Abs. 1 EGV erfüllen, solange damit ausschließlich die notwendig anfallenden Kosten des Daseinsvorsorgeunternehmens ausgeglichen werden. Im Altmark Trans Urteil führt der EuGH darüber hinaus vier Kriterien auf, die kumulativ vorliegen müssen, um zum Ausschluss des Beihilfentatbestandes bei staatlichen Zuwendungen zu führen. Der Kriterienkatalog bietet den PPP bei ihrer Gründung eine höhere Rechtssicherheit dahingehend, dass dieser eine

Einschätzung hinsichtlich der Beihilfenqualität der in Frage stehenden staatlichen Ausgleichszahlungen im Vorfeld zulässt.

Zudem führt diese Rechtsprechung dazu, dass für PPP-Vorhaben sowohl die Notifizierungspflicht gemäß Art. 88 Abs. 3 S. 1 EGV als auch das Durchführungsverbot des Art. 88 Abs. 3 S. 3 EGV entfallen. In der Praxis hat ein derartiges Entfallen der Regelungen des Art. 88 Abs. 3 EGV zur Folge, dass PPP-Projekte zeitnäher umgesetzt werden können, anstatt wie bisher bis zu 18 Monate auf die Entscheidung der Kommission hinsichtlich der beihilfenrechtlichen Einordnung der Kompensationsleistungen warten zu müssen.
Diese neue Rechtsprechungslinie des EuGH stellt einen bedeutenden Schritt in die richtige Richtung dar, da sie eine schnelle und gleichzeitig sichere Umsetzung von PPP-Vorhaben fördert und daraus resultierend deren Bestandskraft sichert. Allerdings birgt das Urteil bei der Anwendung des Kriterienkatalogs immer noch gewisse Rechtsunsicherheiten dahingehend in sich, dass bei einer Fehleinschätzung der beihilfenrechtlichen Zulässigkeit der staatlichen Kompensationsleistungen für die PPP-Anteilseigner eine nachträgliche Rückerstattungspflicht entstehen kann. Während dieses Fehleinschätzungsrisiko in der Praxis nicht vollkommen ausgeschlossen werden kann, besteht bei einem Verdacht auf unzulässige Beihilfe die Möglichkeit, die relevante Kompensationsleistung bei der Kommission im Vorfeld prüfen zu lassen, um damit das Fehleinschätzungsrisiko des PPP-Vorhabens zu minimieren.
b. Insgesamt gilt, dass generell notifizierungspflichtige Beihilfen im Rahmen von staatlichen Ausgleichszahlungen für PPP im Bereich der Daseinsvorsorge nur dann sicher ausgeschlossen werden können, wenn ein offenes, transparentes und faires Ausschreibungsverfahren zur Ermittlung des privaten Investors durchgeführt wurde. In diesem Zusammenhang wäre der Erlass von Leitlinien zur Anwendung der staatlichen Beihilfenvorschriften für derartige Fragestellungen begrüßenswert und würden zu mehr Rechtssicherheit beitragen.

4. Es bleibt mit Spannung abzuwarten, wie sich der Trend zum häufigeren Einsatz von Public Private Partnerships in den EU-Mitgliedstaaten, insbesondere im Bereich der Dienstleistungen von allgemeinem wirt-

schaftlichem Interesse, fortsetzen wird und in welchen spezifischen Bereichen und Projekten diese zukünftig vermehrt eingesetzt werden. Damit einhergehend wird die Anwendung des europäischen Wettbewerbsrechts auf PPP, insbesondere die Ausnahmeregelung des Art. 86 Abs. 2 EGV und die nach Erfüllung bestimmter Kriterien nicht einschlägigen Beihilfenregelungen der Art. 87ff. EGV, zunehmend an Stellenwert gewinnen. Fest steht, dass sich der Anwendungsbereich für PPP aufgrund der höheren Rechtssicherheit bei der Implementierung von PPP, anhaltender Internationalisierung und dem Streben der öffentlichen Hand, ihre Dienstleistungen effizienter erbringen zu wollen und zu müssen, zukünftig immer weiter über die jeweiligen Grenzen der einzelnen Mitgliedstaaten hinaus ausdehnen wird.
Dabei ist es bei PPP zur Sicherung des Gemeinsamen Marktes insbesondere aufgrund der Interessenkomplimentarität von Staat und Privaten von essentieller Bedeutung, dass sowohl im Einzelfall die Anwendung der Ausnahmeregelung des Art. 86 Abs. 2 EGV als auch die Beurteilung der Angemessenheit von Kompensationszuwendungen gemäß Art. 87 Abs. 1 EGV einer sorgfältigen Prüfung unterzogen werden.

Literaturverzeichnis

Aargauer Zeitung, „Armselige Medizin für arme Menschen?“, o. A., 29.4.2004.

Albin, Silke, Daseinsvorsorge und EG-Beihilfenrecht – mehr Rechtssicherheit durch die neue Mitteilung der Kommission?, DÖV 2001, S. 890ff.

Ascher, Francois, Öffentlich-private Partnerschaften bei der Stadterneuerung und Stadtentwicklung in Frankreich, in: Heinz, Werner (Hrsg.), Public Private Partnership – ein neuer Weg zur Stadtentwicklung?, Stuttgart u.a. 1993, S. 277ff.

Bach, Albrecht, Wettbewerbsrechtliche Schranken für staatliche Maßnahmen nach europäischem Gemeinschaftsrecht, Tübingen 1992.

Bär-Bouyessière, Bertold, Kommentierung, in: Schwarze, Jürgen (Hrsg.), EU-Kommentar, Baden-Baden 2000.

Bartosch, Andreas, Öffentlichrechtliche Rundfunkfinanzierung und EG-Beihilfenrecht: eine Zwischenbilanz, EuZW 1999, S. 176ff.

ders., Die neuen Gruppenfreistellungsverordnungen im EG-Beihilfenrecht, NJW 2001, S. 921ff.

ders., Der EuGH zieht der EG-Beihilfenkontrolle engere Schranken – das Urteil in der Rechtssache Ferring/ACOOS, NVwZ 2002, S. 174ff.

ders., Die Kommissionspraxis nach dem Urteil des EuGH in der Rechtssache Altmark, EuZW 2004, S. 295ff.

Basedow, Jürgen, Europarechtliche Grenzen des Postmonopols: Zur Öffnung des Marktes für Massensendungen, EuZW 1994, S. 359ff.

Batt, Helge-Lothar, Regionale und lokale Entwicklungsgesellschaften als Public-Private Partnership: Kooperative Regime subnationaler Politiksteuerung, in: Bullmann, Udo/ Heinze, Rolf G. (Hrsg.), Regionale Modernisierungspolitik: Nationale und internationale Perspektiven, Opladen 1997, S. 165ff.

Baumeister, Hubertus, Der EuGH und die Finanzierung der kommunalen Daseinsvorsorge – vor allem des öffentlichen Nahverkehrs, NZBau 2003, S. 550ff.

Beck, Joachim, Arbeitender Staat: Studien zur Regierung und Verwaltung, Festschrift Klaus König zum 60. Geburtstag, Baden-Baden 1995.

Bennett, Robert/Krebs, Günther, Local economic development: public private partnership initiatives in Britain and Germany, London 1991.

Benz, Angelika, Regulierung, Deregulierung und Reregulierung – Staatsentlastung?, in: Beck, Joachim (Hrsg.), Arbeitender Staat: Studien zur Regierung und Verwaltung, Festschrift Klaus König zum 60. Geburtstag, Baden-Baden 1995, S. 45ff.

Berger, Matthias, Die Schulsituation verbessert, PPP Köln P1 – Expresspaket, in: Proll, Uwe/Drey, Franz, Die 20 Besten: PPP-Beispiele aus Deutschland, Köln 2006, S.109ff.

Bieber, Roland/Epiney, Astrid/Haag, Marcel, Die Europäische Union – Europarecht und Politik, 6. Auflage, München 2005.

Bierhoff, Hans-Werner, Vertrauen und soziale Interaktion, Marburg 1983.

Birnstiel, Detlev, Public Private Partnership in der Wirtschaftsförderung, in: Ridinger, Rudolf/Steinröx, Manfred (Hrsg.), Regionale Wirtschaftsförderung in der Praxis, Köln 1995, S. 225ff.

ders., Strukturentwicklung durch Public Private Partnership, ZögU 1995, S. 334ff.

Blanke, Bernhard (Hrsg.), Handbuch zur Verwaltungsreform, 2. Auflage, Opladen 2001.

Bocklet, Reinhold, Leistungen der Daseinsvorsorge im Konflikt mit EU-Wettbewerbsrecht, in: Schader-Kolloquium/Schader-Stiftung (Hrsg.), Die Zukunft der Daseinsvorsorge öffentlicher Unternehmen im Wettbewerb, Darmstadt 2001, S. 12ff.

Bogdandy, Armin von, Europäisches Verfassungsrecht – theoretische und dogmatische Grundzüge, Berlin u.a. 2003.

Böhm, Bettina, Öffentlich-private Partnerschaften in der kommunalen Stadtentwicklung: öffentlich-rechtliche Vorgaben und gesellschaftsrechtliche Gestaltungen, Frankfurt am Main 1999.

Börner, Bodo/Neudörfer, Konrad, Recht und Praxis der Beihilfen im Gemeinsamen Markt, Köln 1984.

Bös, Dieter/Schneider, Friedrich, Private-public partnership: Gemeinschaftsunternehmen zwischen Privaten und der öffentlichen Hand, ZGR 1996, S. 518ff.

Bräunig, Dietmar/Greiling, Dorothea, Stand und Perspektiven der öffentlichen Betriebs-wirtschaftslehre, Festschrift für Prof. Dr. Peter Eichhorn zur Vollendung des 60. Lebensjahres, Berlin 1999.

Brede, Helmut, Wettbewerb und die Erfüllung öffentlicher Aufgaben, Baden-Baden 2001.

ders., Wettbewerb in Europa, in: Cox, Helmut (Hrsg.), Öffentliche Dienstleistungen in der Europäischen Union. Zum Spannungsfeld zwischen Service Public und Wettbewerbsprinzip, Baden-Baden 1996, S. 66ff.

Brevern, Daniel von, Kommentar zur EuGH Ferring Entscheidung, EWS 2001, S. 586ff.

Brinker, Ingo, Die neuen Gruppenfreistellungsverordnungen für vertikale Wettbewerbsbeschränkungen, in: Schwarze, Jürgen (Hrsg.), Europäisches Wettbewerbsrecht im Wandel, Baden-Baden 2001, S.131ff.

ders., Kommentierung, in: Schwarze, Jürgen (Hrsg.), EU-Kommentar, Baden-Baden 2000.

Budäus, Dietrich, Public Private Partnership als innovative Organisationsform, in: Scheer, August-Wilhelm (Hrsg.), Neue Märkte, neue Medien, neue Methoden – roadmap zur agilen Organisation, 19. Saarbrücker Arbeitstagung 1998 für Industrie, Dienstleistung und Verwaltung, 5.-7.Oktober 1998, Universität des Saarlandes, Saarbrücken, Heidelberg 1998, S. 52ff.

ders., Neue Kooperationsformen zur Erfüllung öffentlicher Aufgaben. Charakterisierung, Funktionsweise und Systematisierung von Public Private Partnership, in: Harms, Jens/Reichard, Christoph (Hrsg.), Die Ökonomisierung des öffentlichen Sektors. Instrumente und Trends, Baden-Baden 2003, S. 213ff.

Budäus, Dietrich/Grüning, Gernod/Steenbock, Andreas, Public Private Partnership I – State of the Art, Public Management – Diskussionsbeitrag Nr. 32 Public Management, Hamburg 1997.

dies., Public Private Partnership II – Methodische Grundlagen und Elemente einer Theorie der Public Private Partnership, Diskussionsbeitrag Nr. 33 Public Management, Hamburg 1997.

dies., Public Private Partnership III – Theorie der Public Private Partnership, Diskussionsbeitrag Nr. 34 Public Management, Hamburg 1999.

Budäus, Dietrich/Eichhorn, Peter, Public Private Partnership: Neue Formen öffentlicher Aufgabenerfüllung, Referate und Diskussionsberichte eines Symposiums des Wissenschaftlichen Beirats der Gesellschaft für öffentliche Wirtschaft und des Arbeitsbereichs Public Management an der Hochschule für Wirtschaft und Politik am 21./22. März 1996 im Amerika-Haus in Hamburg, Baden-Baden 1997.

Budäus, Dietrich/Grüning, Gernod, Public Private Partnership – Konzeption und Probleme eines Instruments zur Verwaltungsreform aus Sicht der Public Choice-Theorie, in: Budäus, Dietrich/Eichhorn, Peter (Hrsg.), Public Private Partnership: Neue Formen öffentlicher Aufgabenerfüllung, Referate und Diskussionsberichte eines Symposiums des Wissenschaftlichen Beirats der Gesellschaft für öffentliche Wirtschaft und des Arbeitsbereichs Public Management an der Hochschule für Wirtschaft und Politik am 21./22. März 1996 im Amerika-Haus in Hamburg, Baden-Baden 1997, S. 25ff.

Bullmann, Udo/Heinze, Rolf, Regionale Modernisierungspolitik: Nationale und internationale Perspektiven, Opladen 1997.

Bunte, Hermann-Josef/Langen, Eugen (Hrsg.), Kommentar zum deutschen und europäischen Kartellrecht, Loseblattsammlung, Band 1, 9. Auflage, Neuwied 2001.

Bunte, Hermann-Josef, Kommentierung, in: Bunte, Hermann-Josef/Langen, Eugen (Hrsg.), Kommentar zum deutschen und europäischen Kartellrecht, Loseblattsammlung, Band 1, 9. Auflage, Neuwied 2001.

Burchard, Friedrich von, Kommentierung, in: Schwarze, Jürgen (Hrsg.), EU-Kommentar, Baden-Baden 2000.

Burgi, Martin, Funktionale Privatisierung und Verwaltungshilfe, Tübingen 1999.

ders., Die öffentlichen Unternehmen im Gefüge des primären Gemeinschaftsrechts, EuR 1997, S. 261ff.

ders., Verwalten durch öffentliche Unternehmen im europäischen Institutionenwettbewerb, VVDStRL 2001, S. 255ff.

Calliess, Christian/Ruffert, Matthias (Hrsg.), Kommentar des Vertrages über die Europäische Union und des Vertrages zur Gründung der Europäischen Gemeinschaft, 2. Auflage, Neuwied 2002.

Carley, Michael, Business in Urban Regeneration Partnerships: A case study in Birmingham, Local Economy, Vol. 6, No. 2, August 1991, S. 100ff.

Cox, Helmut, Öffentliche Unternehmen und Europäischer Binnenmarkt – Kommt es zu einem Paradigmenwechsel in der öffentlichen Wirtschaft?, in: Bräunig, Dietmar/Greiling, Dorothea (Hrsg.), Stand und Perspektiven der öffentlichen Betriebswirtschaftslehre, Festschrift für Prof. Dr. Peter Eichhorn zur Vollendung des 60. Lebensjahres, Berlin 1999, S. 268ff.

ders., Zur Organisation der Daseinsvorsorge in Deutschland: Stand und Entwicklungstendenzen in europäischer Perspektive, in: Schader-Stiftung (Hrsg.), Die Zukunft der Daseinsvorsorge öffentlicher Unternehmen im Wettbewerb, Schader-Kolloquium, Darmstadt 2001, S. 25ff.

ders., Öffentliche Dienstleistungen in der Europäischen Union. Zum Spannungsfeld zwischen Service Public und Wettbewerbsprinzip, Baden-Baden 1996.

Cronauge, Ulrich, Kommunale Unternehmen, Eigenbetriebe – Kapitalgesellschaften – Zweckverbände, Berlin 1995.

Damkowski, Wulf/Precht, Claus, Public Management: Neue Steuerungskonzepte für den öffentlichen Sektor, Stuttgart 1995.

Dauses, Manfred, Handbuch des EU-Wirtschaftsrechts, Band 1, Loseblattsammlung, 2. Auflage, München 1997.

Davis, Philip, Public-Private Partnership: Improving Urban Life, New York 1986.

Deutscher Städtetag, Chancen und Grenzen der Privatisierung, ZKF 1995, S. 224ff.

Deutscher Verband für Wohnungswesen, Städtebau und Raumordnung, Bonn-Bad Godesberg 1992.

die Tageszeitung, „Teures Sparen in Unna", o. A., 13.7.2004.

dies., „Wittens Schulen werden privat", o. A., 30.7.2004.

Die Welt, „Peter Tamm: „Für mich erfüllt sich ein Kindheitstraum", o. A., 25.6.2004.

Dohms, Rüdiger, Die Vorstellungen der Kommission zur Daseinsvorsorge, in: Schwarze, Jürgen (Hrsg.), Daseinsvorsorge im Lichte des Wettbewerbsrechts, S. 41ff.

*ders.,*Kommentierung, in: Wiedemann, Gerhard, Handbuch des Kartellrechts, 1. Auflage, München 1999.

Dow Jones-VWD: Business Newsletters, „Polen will EU-Mittel in Wasserbranche investieren", o. A., 3.9.2004.

Drexl, Josef, Wettbewerbsverfassung – Europäisches Wettbewerbsrecht als materielles Verfassungsrecht –, in: Bogdandy, Armin von (Hrsg.), Europäisches Verfassungsrecht –theoretische und dogmatische Grundzüge, Berlin u.a. 2003, S.747ff.

Dünchheim, Thomas, Sanierung und Bewirtschaftung des Bestehenden, Das Monheimer Modell zur Schulbausanierung, in: Proll, Uwe/Drey, Franz, Die 20 Besten: PPP-Beispiele aus Deutschland, Köln 2006, S.123ff.

Ehlers, Dirk/Erichsen, Hans-Uwe, Allgemeines Verwaltungsrecht, 12. Auflage, Berlin 2002.

Ehricke, Ulrich, Der Art. 90 EWGV – eine Neubetrachtung, EuZW 1993, S. 211ff.

Eichhorn, Peter, Public Private Partnership, Praxis, Probleme, Perspektiven, in: Neumann, Lothar F. (Hrsg.), Sozialpolitik und öffentliche Wirtschaft in memoriam Theo Thiemeyer, Berlin 1995, S. 173ff.

ders., Public Private Partnership und öffentlich privater Wettbewerb, in: Budäus, Dietrich/Eichhorn, Peter (Hrsg.), Public Private Partnership – Neue Formen öffentlicher Aufgabenerfüllung, Baden-Baden 1997, S. 201ff.

Eilmansberger, Thomas, Beihilfenrechtliche Fragen von Public Private Partnerships, in: Holoubek, Michael/Potacs, Michael (Hrsg.), Public Private Partnership, Wien 2003, S. 85ff.

ders., Quersubventionen, marktwirtschaftlich handelnde Kapitalgeber und das EG-Wettbewerbsrecht, RIW 2001, S. 902ff.

Emmerich, Volker, Kommentierung, in: Immenga, Ulrich/Mestmäcker, Joachim (Hrsg.), Kommentar zum EG-Wettbewerbsrecht, Band 2, München 1997.

ders., Monopole und öffentliche Unternehmen, in: Dauses, Manfred (Hrsg.), Handbuch des EU-Wirtschaftsrechts, Band 1, Loseblattsammlung, 2. Auflage, München 1997.

Emmert, Frank, Europarecht, München 1996.

Ennuschat, Jörg, Die neue Mitteilung der EU-Kommission zu den Leistungen der Daseinsvorsorge in Europa, RdE 2001, S. 46ff.

Erhardt, Kai, Beihilfen für öffentliche Dienstleistungen: Das Verhältnis zwischen Art. 87 und Art. 86 EG, Baden-Baden 2003.

Erichsen, Hans-Uwe, Kommunale Verwaltung im Wandel: Symposium aus Anlass des 60-jährigen Bestehens des Kommunalwissenschaftlichen Instituts der Westfälischen Wilhelmsuniversität zu Münster, Köln u.a. 1999.

Erlanger Nachrichten, „Europäischer Wettbewerb für das neue Erlebnisbad", o. A., 3.5.2004.

Focus, „Viele kleine Kennedys", o. A., 7.6.2004.

Forsthoff, Ernst, Die Verwaltung als Leistungsträger, Stuttgart u.a. 1938.

ders., Lehrbuch des Verwaltungsrechts, Band 1, Allgemeiner Teil, 10. Auflage, München 1973.

Frank, Dorothee, Die Stadtentwässerung Goslar GmbH, in: Proll, Uwe/Drey, Franz, Die 20 Besten: PPP-Beispiele aus Deutschland, Köln 2006, S.105ff.

Frankfurter Allgemeine Zeitung, „Eine Chance für die Bauwirtschaft/Das Finanzministerium setzt auf privates Kapital und Know-how/Das Monheim-Projekt", o. A., 14.5.2004.

dies., „Dezenz war gestern/Glamourkurs: Hamburgs Opernhaus macht Staat", o. A., 12.7.2004.

dies., „Nachrichten in Kürze", o. A., 22.7.2004.

Frankfurter Rundschau, „SKE saniert die Schulen", o. A., 28.4.2004.

dies., „Landrat Peter Walter und seine Berater wissen auf jede Frage eine Antwort.“, o. A., 30.4.2004.

dies., „Firma managt Schulen“, o. A., 19.5.2004.

dies., „Florstadt will Altenheim bauen“, o. A., 28.5.2004.

dies., „Privatfirmen übernehmen Schulen“, o. A., 15.6.2004.

dies., „Nüchterne Kühle im neuen Frischezentrum ist verflogen“, o. A., 2.8.2004.

Franzius, Claudio, Auf dem Weg zu mehr Wettbewerb im ÖPNV – Zum „Altmark Trans“ Urteil des EuGH, NJW 2003, S. 3029ff.

Gas, Tonio/Rücker, Martin, Die Finanzierung von Public Private Partnerships, DÖV 2004, S. 56 ff.

Geis, Max-Emanuel/Lorenz, Dieter, Festschrift für Hartmut Maurer zum 70. Geburtstag, München 2001.

Gerstlberger, Wolfgang, Public Private Partnerships – Innovative Wege zur Erledigung öffentlicher Aufgaben?, in: Killian, Werner/Kneissler, Thomas (Hrsg.), Demokratische und partizipative Verwaltung, Festschrift für Hans Brinckmann und Klaus Grimmer zum 65. Geburtstag, Baden-Baden 1999, S. 333ff.

Götz, Volkmar, Die Betrauung mit Dienstleistungen von allgemeinem wirtschaftlichen Interesse (Art.86 Abs.2 EG) als Akt der öffentlichen Gewalt, in: Geis, Max-Emanuel/Lorenz, Dieter, Festschrift für Hartmut Maurer zum 70. Geburtstag, München 2001, S. 921ff.

Gottschalk, Wolf, Kommunale Unternehmen zwischen Auftrag und Wettbewerb, in: Bräunig, Dietmar/Greiling, Dorothea (Hrsg.), Stand und Perspektiven der öffentlichen Betriebswirtschaftslehre,

Festschrift für Prof. Dr. Peter Eichhorn zur Vollendung des 60. Lebensjahres, Berlin 1999, S. 167ff.

Grabitz, Eberhard/Hilf, Meinhard(Hrsg.), Das Recht der Europäischen Union, Kommentar zur Europäischen Union, Maastrichter Fassung, Band 1, Loseblattsammlung, München 2005.

Grill, Gerhard, Kommentierung, in: Lenz, Carl-Otto (Hrsg.), EG-Vertrag: Kommentar zu dem Vertrag zur Gründung der Europäischen Gemeinschaften, in der durch den Amsterdamer Vertrag geänderten Fassung, 2. Auflage, Köln 1999.

Groeben, Hans von der/Schwarze, Jürgen (Hrsg.), Kommentar zum Vertrag über die Euopäische Union und zur Gründung der Europäischen Gemeinschaft, Band 2, 6. Auflage, Baden-Baden 2003.

Gross, Ivo, Das Europäische Beihilfenrecht im Wandel – Probleme, Reformen, Perspektiven, Baden-Baden 2004.

Gundel, Jörg, Staatliche Ausgleichszahlungen für Dienstleistungen von allgemeinem wirtschaftlichem Interesse: Zum Verhältnis zwischen Art. 86 Abs. 2 EGV und dem EG-Beihilfenrecht, RIW 2002, S. 222ff.

Habersack, Matthias, Private Public partnership: Gemeinschaftsunternehmen zwischen Privaten und der öffentlichen Hand – Gesellschaftsrechtliche Analyse, ZGR 1996, S. 544ff.

Hakenberg, Waltraud, Grundzüge des Europäischen Gemeinschaftsrechts, 3. Auflage, München 2003.

Hamburger Abendblatt, „Spenden macht schön“, o. A., 20.7.2004.

Hancher, Leigh/Buendia, Sierra, Cross-Subsidization und EC Law, CMLR 1998, S. 901ff.

Häring, Jörg, Die Vereinbarkeit von Sanierungsengagements der öffentlichen Hand mit dem EG-Beihilfeverbot, Tübingen 1998.

Harms, Jens, Daseinsvorsorge im Wettbewerb. Zur Abgrenzung von Dienstleistungen von allgemeinem wirtschaftlichen Interesse im Sinne der Art. 16 und 86 EGV, in: Brede, Helmut (Hrsg.), Wettbewerb und die Erfüllung öffentlicher Aufgaben, Baden-Baden 2001, S. 25ff.

Harms, Jens/Reichard, Christoph, Die Ökonomisierung des öffentlichen Sektors. Instrumente und Trends, Baden-Baden 2003.

Hatje, Armin, Public-Private-Partnership und europäisches Wettbewerbsrecht, in: Holoubek, Michael/Potacs, Michael (Hrsg.), Public Private Partnership, Wien 2003, S. 115ff.

ders., Wirtschaftsverfassung, in: Bogdandy, Armin von (Hrsg.), Europäisches Verfassungsrecht – theoretische und dogmatische Grundzüge, Berlin u.a. 2003, S. 683ff.

ders., Kommentierung, in: Schwarze, Jürgen (Hrsg.), EU-Kommentar, Baden-Baden 2000.

Heinz, Werner, Partnerschaftsprojekte für die Stadtentwicklung – Lehren und Thesen, Der Städtetag 3/1992, S. 210ff.

ders., Public Private Partnership – ein neuer Weg zur Stadtentwicklung?, Stuttgart u.a. 1993.

ders., Public Private Partnership – ein neuer Weg zur Stadtentwicklung, in: Heinz, Werner (Hrsg.), Public Private Partnership – ein neuer Weg zur Stadtentwicklung?, Stuttgart u.a. 1993, S. 29ff.

ders., Wesentliche Merkmale von Partnerschaftsansätzen bei der Stadtentwicklung und Stadterneuerung, in: Heinz, Werner (Hrsg.), Public Private Partnership – ein neuer Weg zur Stadtentwicklung?, Stuttgart u.a. 1993, S. 483ff.

ders., Public Private Partnership, AfK 11/98, S. 222ff.

Heinz, Werner/Scholz, Carola, Public Private Partnership im Städtebau: Erfahrungen aus der kommunalen Praxis, acht Fallbeispiele aus nordrhein-westfälischen Städten, Berlin 1996.

Held, Gerhard, Öffentlich-private Partnerschaften bei der Stadterneuerung und Stadtentwicklung in Spanien, in: Heinz, Werner (Hrsg.), Public Private Partnership – ein neuer Weg zur Stadtentwicklung?, Stuttgart u.a. 1993, S. 341ff.

Hill, Hermann, Dialoge über Grenzen: Kommunikation bei Public Private Partnership, Köln u.a. 1996.

ders., Dialoge über Grenzen: Kommunikation bei Public Private Partnership, in: Hill, Hermann (Hrsg.), Dialoge über Grenzen: Kommunikation bei Public Private Partnership, Köln u.a. 1996, S. 14ff.

Hochbaum, Ingfried F., Kommentierung, in: Groeben, Hans von der/Schwarze, Jürgen (Hrsg.), Kommentar zum Vertrag über die Europäische Union und zur Gründung der Europäischen Gemeinschaft, Band 2, 6. Auflage, Baden-Baden 2003.

Höftmann, Björn, Public Private Partnership als Instrument der kooperativen und sektorübergreifenden Leistungsbereitstellung, Hamburg 2001.

Holoubek, Michael/Potacs, Michael, Public-Private-Partnership, Wien 2003.

Hrbek, Rudolf, Europäische Union und mitgliedstaatliche Daseinsvorsorge, Baden-Baden 2002.

Immenga, Ulrich/Mestmäcker, Ernst-Joachim (Hrsg.), Kommentar zum EG-Wettbewerbsrecht, Band 2, München 1997.

Ipsen, Jörn/Schmidt-Jortzig, Edzard, Recht, Staat, Gemeinwohl, Festschrift für Dieter Rauschnig, Köln u.a. 2001.

Jennert, Carsten, Finanzierung und Wettbewerb in der Daseinsvorsorge nach Altmark-Trans, NVwZ 2004, S. 425ff.

ders., Zum Verhältnis von europäischem Beihilfenrecht und mitgliedstaatlicher Daseinsvorsorge, Berlin 2005.

Jung, Christian, Kommentierung, in: Calliess, Christian/Ruffert, Matthias (Hrsg.), Kommentar des Vertrages über die Europäische Union und des Vertrages zur Gründung der Europäischen Gemeinschaft, 2. Auflage, Neuwied 2002.

Jungbluth, Armin, Kommentierung, in: Bunte, Hermann-Josef/Lange, Eugen (Hrsg.), Kommentar zum deutschen und europäischen Kartellrecht, Loseblattsammlung, Band 1, 9. Auflage, Neuwied 2001.

Kahl, Wolfgang, Das öffentliche Unternehmen im Gegenwind des europäischen Beihilfenregimes, NVwZ 1996, S. 1082ff.

Kämmerer, Jörn A., Privatisierung: Typologie – Determinanten – Rechtspraxis – Folgen, Tübingen 2001.

ders., Strategien zur Daseinsvorsorge, NVwZ 2004, S. 28ff.

Kestermann, Rainer, Public Private Partnership in den USA und der Bundesrepublik Deutschland, Deutscher Verband für Wohnungswesen (Hrsg.), Städtebau und Raumordnung, Bonn-Bad Godesberg 1992, S. 7ff.

Kettl, Donald F., The transformation of governance, Baltimore 2002.

Killian, Werner/Kneissler, Thomas, Demokratische und partizipative Verwaltung, Festschrift für Hans Brinckmann und Klaus Grimmer zum 65. Geburtstag, Baden-Baden 1999.

Kirchhoff, Ulrich, Öffentliche Wirtschaft, Sozialwirtschaft und Daseinsvorsorge im Wandel, Festschrift für Helmut Cox, Regensburg 2003.

Kirsch, Daniela, Public Private Partnership – eine empirische Untersuchung der kooperativen Handlungsstrategien in Projekten der Finanzerschließung und Immobilienentwicklung, Köln 1997.

Kletzander, Andreas, Urbane Regeneration in Nordengland, Augsburg 1995.

Klotz, Robert, Kommentierung, in: Groeben, Hans von der/Schwarze, Jürgen (Hrsg.), Kommentar zum Vertrag über die Europäische Union und zur Gründung der Europäischen Gemeinschaft, Band 2, 6. Auflage, Baden-Baden 2003.

Koenig, Christian, Die Privilegien öffentlich-rechtlicher Einstandspflichten zugunsten der Landesbanken vor den Schranken der EG-Beihilfenaufsicht, EWS 1998, S.149ff.

ders., Fremd- und Eigenkapitalzufuhr an Unternehmen durch die öffentliche Hand, ZIP 2000, S. 53ff.

ders., Daseinsvorsorge durch Wettbewerb, EuZW 2001, S. 481ff.

ders., Funktionen des Bietverfahrens im EG-Beihilfenrecht, EuZW 2001, S. 741ff.

ders., Gibt es eine EG-Beihilfenrechtliche Kommissionsphilosophie der Infrastrukturförderung?, EuZW 2003, S. 641ff.

Koeing, Christian/Scholz, Michael, Öffentliche Infrastrukturförderung durch Bau- und Betriebsgesellschaften im EG-beihilfenrechtlichen Kontrollraster der EG-Kommission, EuZW 2003, S. 133ff.

Koenig, Christian/Kühling, Jürgen, Beihilfen an kleine und mittlere Unternehmen (KMU) unter Berücksichtigung der geplanten EG-Verordnung für KMU, DVBl 2000, S. 1025ff.

dies., Grundstücksveräußerungen der öffentlichen Hand, planerischer Wandel und EG-Beihilfenrecht, NZBau 2001, S. 409ff.

dies., EG-beihilfenrechtliche Beurteilung mitgliedstaatlicher Infrastrukturförderung im Zeichen zunehmender Privatisierung, DÖV 2001, S. 881ff.

ders./Kühling, Jürgen, Infrastrukturförderung im Ausschreibungsverfahren – EG-beihilferechtlicher Königsweg der Kompensation von gemeinwirtschaftlichen Pflichten, DVBl 2003, S. 289ff.

ders./Kühling, Jürgen, Diskriminierungsfreiheit, Transparenz- und Wettbewerbsoffenheit des Ausschreibungsverfahrens – Konvergenz von EG-Beihilfenrecht und Vergaberecht, NVwZ 2003, S. 779ff.

Koenig, Christian/Pfromm, Rene, Die Förderlogik des EG-Beihilfenrechtlichen Ausschreibungsverfahrens bei PPP – Daseinsvorsorge – Infrastrukturen, NZBau 2004, S. 376ff.

Koenig, Christian/Kühling, Jürgen/Ritter, Nicolai, EG-Beihilfenrecht, Heidelberg 2002.

Kooiman, Jan, Modern Governance – New Government-Society Interactions, London 1993.

Kouwenhoven, Vincent, Public-Private Partnership: A model for the Management of Public-Private Cooperation, in: Kooiman, Jan (Hrsg.), Modern Governance – New Government-Society Interactions, London 1993, S. 119ff.

Krautzberger, Michael, Städtebaurecht in den neuen Ländern, 2. Auflage, München 1992.

Kroes, Hans, Partnerschaftliche Planung in den Niederlanden, in: Heinz, Werner (Hrsg.), Public Private Partnership – ein neuer Weg zur Stadtentwicklung?, Stuttgart u.a. 1993, S. 387ff.

Kruzewicz, Michael, Lokale Kooperationen in NRW – Public Private Partnership auf kommunaler Ebene, Institut für Landes- und Stadtentwicklung (ILS) des Landes NRW, Duisburg 1993.

Krystek, Ulrich, Internationalisierung, eine Herausforderung für die Unternehmensführung, 2. Auflage, Berlin 1997.

Kühling, Jürgen/Wachinger, Lorenz, Das Altmark Trans-Urteil des EuGH – Weichenstellung für oder Bremse gegen mehr Wettbewerb im deutschen ÖPNV?, NVwZ 2003, S. 1202ff.

Lackner, Raimund, Staatlicher Ausgleichsmaßnahmen für Leistungen im öffentlichen Interesse, ecolex 2004, S. 148ff.

Lawless, Paul, Öffentlich-private Partnerschaften in Großbritannien – Analyse und Kritik, in: Heinz, Werner (Hrsg.), Public Private Partnership – ein neuer Weg zur Stadtentwicklung?, Stuttgart u.a. 1993, S. 199ff.

Lenz, Carl-Otto (Hrsg.), EG-Vertrag: Kommentar zu dem Vertrag zur Gründung der Europäischen Gemeinschaften, in der durch den Amsterdamer Vertrag geänderten Fassung, 2. Auflage, Köln 1999.

ders., Kommentierung, in Lenz, Carl-Otto (Hrsg.), EG-Vertrag: Kommentar zu dem Vertrag zur Gründung der Europäischen Gemeinschaften, in der durch den Amsterdamer Vertrag geänderten Fassung, 2. Auflage, Köln 1999.

Lübbig, Thomas, Neuere Entwicklungen im Beihilfenrecht der Europäischen Gemeinschaften, WuW 1999, S. 249ff.

Lyall, Katharine C., Public Private Partnership in the Carte Years, in: Davis, Philip (Hrsg.), Public-Private Partnership: Improving Urban Life, New York, 1986, S. 4ff.

Magiera, Siegfried, Gefährdung der öffentlichen Daseinsvorsorge durch das EG-Beihilfenrecht?, in: Ipsen, Jörn/Schmidt-Jortzig, Edzard (Hrsg.), Recht, Staat, Gemeinwohl, Festschrift für Dieter Rauschnig, Köln u.a. 2001, S. 269ff.

Mayer, Margit, Public-Private Partnership – eine neue Option und Chance für kommunale Wirtschaftspolitik?, in: Roth, Roland/Wollmann, Hellmut (Hrsg.), Kommunalpolitik, Köln 1994, S. 440ff.

Mayrzedt, Hans, Privatwirtschaftliche Tätigkeit im Dienst von Kommunen – Infrastruktur-investitionen und Dienstleistungen, Wiesbaden 1996.

Mederer, Wolfgang, Kommentierung, in: Groeben, Hans von der/Schwarze, Jürgen (Hrsg.), Kommentar zum Vertrag über die Euopäische Union und zur Gründung der Europäischen Gemeinschaft, Band 2, 6. Auflage, Baden-Baden 2003.

Meeder, Stephan, Public Private Partnerships zur Finanzierung von Flughafenprojekten in Europa, Frankfurt am Main u.a. 1999.

Mestmäcker, Ernst-Joachim, Staat und Unternehmen im europäischen Gemeinschaftsrecht, Bedeutung von Art. 90 EWGV, RabelsZ. 1988, S. 526ff.

ders., Kommentierung, in: Immenga, Ulrich/Mestmäcker, Joachim (Hrsg.), Kommentar zum EG-Wettbewerbsrecht, Band 2, München 1997.

Mestmäcker, Ernst-Joachim/Schweitzer, Heike, Europäisches Wettbewerbsrecht, 2. Auflage, München 2004.

Mintzberg, Henry, Governing Management, Harvard Business Review, May-June 1996, S. 75ff.

Mirow, Thomas A., Public Private Partnership: Verstärkte Beteiligung von Privaten – Erfahrungen und gesamtwirtschaftliche Erwägungen, in: Mayrzedt, Hans (Hrsg.), Privatwirtschaftliche Tätigkeit im Dienst von Kommunen – Infrastrukturinvestitionen und Dienstleistungen, Wiesbaden 1996, S. 218ff.

ders., Public Private Partnership – eine notwendige Strategie zur Entlastung des Staates, in: Budäus, Dietrich/Eichhorn, Peter (Hrsg.), Public Private Partnership: Neue Formen öffentlicher Aufgabenerfüllung, Referate und Diskussionsberichte eines Symposiums des Wissenschaftlichen Beirats der Gesellschaft für öffentliche Wirtschaft und des Arbeitsbereichs Public Management an der Hochschule für Wirtschaft und Politik am 21./22. März 1996 im Amerika-Haus in Hamburg, Baden-Baden 1997, S. 13ff.

Modlich, Joachim J., Nationale Infrastrukturmaßnahmen nach Art. 92 Abs. 1 EG, zur Vereinbarkeit nationaler Infrastrukturmaßnahmen mit dem Beihilfeverbot des Artikels 92 Abs. 1 EGV, Köln u.a. 1996.

Möschel, Wernhard, Banken und Wettbewerb, in: Schmidt, Karsten (Hrsg.), Unternehmen, Recht und Wirtschaftsordnung, Festschrift für Peter Raisch zum 70. Geburtstag, Köln u.a. 1995, S. 469ff.

Naschold, Frieder, Public Private Partnership in den internationalen Modernisierungsstrategien des Staates, in: Budäus, Dietrich/Eichhorn, Peter (Hrsg.), Public Private Partnership: Neue Formen öffentlicher Aufgabenerfüllung, Referate und Diskussionsberichte eines Symposiums des Wissenschaftlichen Beirats der Gesellschaft für öffentliche Wirtschaft und des Arbeitsbereichs Public Management an der Hochschule für Wirtschaft und Politik am 21./22. März 1996 im Amerika-Haus in Hamburg, Baden-Baden 1997, S. 86ff.

Nettesheim, Martin, Mitgliedstaatliche Daseinsvorsorge im Spannungsfeld zwischen Wettbewerbskonformität und Gemeinwohlverantwortung, in: Hrbek, Rudolf (Hrsg.), Europäische Union und mitgliedstaatliche Daseinsvorsorge, Baden-Baden 2002, S. 39ff.

ders., Europäische Beihilfenaufsicht und mitgliedstaatliche Daseinsvorsorge, EWS 2002, S. 253ff.

Neumann, Lothar F., Sozialpolitik und öffentliche Wirtschaft in memoriam Theo Thiemeyer, Berlin 1995.

Nicolaysen, Gert, Subventionen für öffentliche Unternehmen und Wettbewerb im Gemeinsamen Markt, in: Börner, Bodo/Neudörfer, Konrad (Hrsg.), Recht und Praxis der Beihilfen im Gemeinsamen Markt, Köln 1984, S. 111ff.

Niemeyer, Hans-Jörg, Die Anwendbarkeit des Art. 85 und 86 EG-Vertrages auf staatliche Maßnahmen, WuW 1994, S. 721ff.

Oppermann, Thomas, Deutsche Rundfunkgebühren und europäisches Beihilfenrecht, Berlin 1997

ders., Europarecht: Ein Studienbuch, 2. Auflage, München 1999.

Passauer Neue Presse, „Bayern fördert erstmals privat finanzierte Schulbau", o. A., 20.4.2004.

Paulweber, Michael/Weinand, Armin, Europäische Wettbewerbspolitik und liberalisierte Märkte, EuZW 2001, 232ff.

Peine, Franz-Josef, Allgemeines Verwaltungsrecht, 7. Auflage, Heidelberg 2004.

Pernice, Ingolf, Kommentierung, in: Grabitz, Eberhard/Hilf, Meinhard (Hrsg.), Das Recht der Europäischen Union, Kommentar zur Europäischen Union, Band 1, Loseblattsammlung, München 2005.

Pittermann, Peter, Erfolgspotentialerfassung: Betriebswirtschaftliche Bewertung ganzheitlicher Veränderungsprozesse, Aachen 1998.

Postlep, Rolf-Dieter, Privatisierung im kommunalen Entscheidungsprozeß, in: Mayrzedt, Hans (Hrsg.), Privatwirtschaftliche Tätigkeit im Dienst von Kommunen – Infrastruktur-investitionen und Dienstleistungen, Wiesbaden u.a. 1996, S. 85ff.

Potacs, Michael, Auslegung des Gemeinschaftsrechts durch den Europäischen Gerichtshof, Graz 1996.

Proll, Uwe/Drey, Franz, Die 20 Besten: PPP-Beispiele aus Deutschland, Köln 2006

Randelzhofer, Albrecht, Gedächtnisschrift für Eberhard Grabitz, München 1995.

Reichard, Christoph, Leistungstiefe im öffentlichen Sektor: Erfahrungen, Konzepte, Methoden, Berlin 1996.

ders., Institutionelle Wahlmöglichkeiten, in: Reichard, Christoph (Hrsg.), Leistungstiefe im öffentlichen Sektor: Erfahrungen, Konzepte, Methoden, Berlin 1996, S. 101ff.

ders., Institutionelle Wahlmöglichkeiten bei der öffentlichen Aufgabenwahrnehmung, in: Budäus, Dietrich/Eichhorn, Peter (Hrsg.), Public Private Partnership: Neue Formen öffentlicher Aufgabenerfüllung, Referate und Diskussionsberichte eines Symposiums des Wissenschaftlichen Beirats der Gesellschaft für öffentliche Wirtschaft und des Arbeitsbereichs Public Management an der Hochschule für Wirtschaft und Politik am 21./22. März 1996 im Amerika-Haus in Hamburg, Baden-Baden 1997, S. 93ff.

Reuter, Alexander, Die Projektfinanzierung öffentlich-rechtlicher Aufgaben aus dem Blickwinkel des Beihilferechts: Public-Private Partnerships nach EuGH-Ferring aus Bankensicht ZIP 2002, S. 737ff.

Ridinger, Rudolf/Steinröx, Manfred, Regionale Wirtschaftsförderung in der Praxis, Köln 1995.

Roentgen, Frederik, Public-Private- Partnership – eine effizienzorientierte Analyse kommunaler Vergabeerfüllung unter Einbeziehung erwerbswirtschaftlicher Unternehmungen, Aachen 2001.

Roggencamp, Sybille, Public Private Partnership, Entstehung und Funktionsweise kooperativer Arrangements zwischen öffentlichem Sektor und Privatwirtschaft, Frankfurt am Main 1999.

Roth, Roland/Wollmann, Hellmut, Kommunalpolitik – Politisches Handeln in den Gemeinden, Opladen 1993.

Ruffert, Matthias, Kommentierung, in: Calliess, Christian/Ruffert, Christian (Hrsg.), Kommentar des Vertrages über die Europäische Union und des Vertrages zur Gründung der Europäischen Gemeinschaft, 2. Auflage, Neuwied 2002.

Rumpff, Stephanie, Das Ende der öffentlichen Dienstleistungen in der Europäischen Union?: Art. 86 Abs. 2 (ex-Art. 90 Abs. 2) EGV im System des EGV, Frankfurt am Main u.a. 2000.

Sachße, Christoph, Public-Private-Partnership: Überlegungen aus historischer Sicht, Die Sparkasse 1996, S. 346ff.

Schader-Stiftung, Die Zukunft der Daseinsvorsorge – öffentliche Unternehmen im Wettbewerb, Schader-Kolloquium, Darmstadt 2001.

Scheer, August-Wilhelm, Neue Märkte, neue Medien, neue Methoden – roadmap zur agilen Organisation, 19. Saarbrücker Arbeitstagung für Industrie, Dienstleistung und Verwaltung, Heidelberg 1998.

Schmidt, Karsten, Unternehmen, Recht und Wirtschaftsordnung, Festschrift für Peter Raisch zum 70. Geburtstag, Köln u.a. 1995.

Schmidt, Reiner, Öffentliches Wirtschaftsrecht, Berlin 1990.

Schnelle, Ulrich/Bartosch, Andreas, Umfang und Grenzen des EG-wettbewerbsrechtlichen Verbots der Quersubventionierung, EWS 2001, S. 411ff.

Schoch, Friedrich, Public Private Partnership, in: Erichsen, Hans-Uwe (Hrsg.), Kommunale Verwaltung im Wandel: Symposium aus Anlass des 60 jährigen Bestehens des Kommunalwissenschaftlichen Instituts der Westfälischen Wilhelmsuniversität zu Münster, Köln u.a. 1999, S. 101ff.

Schröder, Holger, Vergaberechtliche Probleme bei der Public-Private-Partnership in Form der gemischtwirtschaftlichen Unternehmung, NJW 2002, S. 1831ff.

Schröter, Helmuth, Kommentierung, in: Groeben, Hans von der/Schwarze, Jürgen (Hrsg.), Kommentar zum Vertrag über die Euopäische Union und zur Gründung der Europäischen Gemeinschaft, Band 2, 6. Auflage, Baden-Baden 2003.

Schubert, Thure, Der Gemeinsame Markt als Rechtsbegriff: die allgemeine Wirtschaftsfreiheit des EG-Vertrages, München 1999.

Schuppert, Gunnar F., Grundzüge eines zu entwickelnden Verwaltungskooperationsrechts – Regelungsbedarf und Handlungsoptionen eines Rechtsrahmens für Public Private Partnership, Rechts- und verwaltungswissenschaftliches Gutachten erstellt im Auftrag des Bundesministeriums des Inneren, Juni 2001, Berlin 2001.

Schwarze, Jürgen, Der Staat als Adressat des europäischen Wettbewerbsrechts, EuZW 2000, S. 613ff.

ders. (Hrsg.), EU-Kommentar, Baden-Baden 2000.

ders., Daseinsvorsorge im Lichte des europäischen Wettbewerbsrechts, EuZW 2001, S. 334ff.

ders., Europäisches Wettbewerbsrecht im Wandel, Baden-Baden 2001.

ders., Der Staat als Adressat des europäischen Wettbewerbsrechts, in: Schwarze, Jürgen (Hrsg.), Europäisches Wettbewerbsrecht im Wandel, Baden-Baden 2001, S. 69ff.

ders., Daseinsvorsorge im Lichte des Wettbewerbsrechts, Baden-Baden 2001.

ders., Einführung: Daseinsvorsorge im Lichte des Wettbewerbsrechts, in: Schwarze, Jürgen (Hrsg.), Daseinsvorsorge im Lichte des Wettbewerbsrechts, Baden-Baden 2001, S. 9ff.

ders., Europäisches Verwaltungsrecht, Entstehung und Entwicklung der Europäischen Gemeinschaft, 2. Auflage, Baden-Baden 2005.

Schweitzer, Heike, Daseinsvorsorge, service public, Universaldienst, Art. 86 Abs. 2 EG-Vertrag und die Liberalisierung in den Sektoren Telekommunikation, Energie und Post, Baden-Baden 2002.

Soltesz, Ulrich/Makowski, Gösta C., Die Nichtdurchsetzung von Forderungen der öffentlichen Hand als staatliche Beihilfe i.S.v. Art. 87 Abs. 1 EG, EuZW 2003, S. 73ff.

Soukup, Karl, Die Mittelzuführungen an öffentliche Unternehmen im Rahmen der Beihilfeaufsicht der EU-Kommission, ZögU 1995, S. 16ff.

Squires, Gregory, Unequal Partnership. The political Economy of Urban Redevelopment in Postwar America, New Brunswick 1989.

ders., Public Private Partnership: Who gets What and Why, in: Squires, Gregory (Hrsg.),Unequal Partnership. The political Economy of Urban Redevelopment in Postwar America, New Brunswick 1989, S.10ff.

Stober, Rolf, Public-Private Partnerships und Sicherheitspartnerschaften, Köln u.a. 2000.

Stockenhuber, Peter, Kommentierung, in: Grabitz, Eberhard/Hilf, Meinhard (Hrsg.), Das Recht der Europäischen Union, Kommentar zur Europäischen Union, Band 1, Loseblattsammlung, München 2005.

Süddeutsche Zeitung, „Wie Schwächen zu Stärken werden", o. A., 26.3.2004.

Tettinger, Peter, Die öffentlichen Unternehmen im primären Gemeinschaftsrecht unter besonderer Berücksichtigung der Energiewirtschaft, DVBl 1994, S. 88ff.

ders., Die rechtliche Ausgestaltung von Public Private Partnership, DÖV 1996, S. 764ff.

ders., Die rechtliche Ausgestaltung von Public Private Partnership, in: Budäus, Dietrich/Eichhorn, Peter (Hrsg.), Public Private Partnership: Neue Formen öffentlicher Aufgabenerfüllung, Referate und Diskussionsberichte eines Symposiums des Wissenschaftlichen Beirats der Gesellschaft für öffentliche Wirtschaft und des Arbeitsbereichs Public Management an der Hochschule für Wirtschaft und Politik am 21./22. März 1996 im Amerika-Haus in Hamburg, Baden-Baden 1997, S. 125ff.

Thiemeyer, Theo, Öffentliche Unternehmen und ökonomische Theorie: Referate und Diskussionsbeiträge eines Kolloquiums des Wissenschaftlichen Beirats für Öffentliche Wirtschaft und Gemeinwirtschaft am 2. und 3. Oktober 1986 in der Universität Mannheim, Baden-Baden 1987.

ders., Öffentliche Bindung, Deregulierung, Privatisierung, in; Thiemeyer, Theo (Hrsg.), Öffentliche Unternehmen und ökonomische Theorie: Referate und Diskussionsbeiträge eines Kolloquiums des Wissenschaftlichen Beirats für Öffentliche Wirtschaft und Gemeinwirtschaft am 2. und 3. Oktober 1986 in der Universität Mannheim, Baden-Baden 1987, S. 95ff.

Vogelsang, Klaus, Kommunale Selbstverwaltung: Rechtsgrundlagen, Organisation, Aufgaben, neue Steuerungsmodelle, 3. Auflage, Berlin 2005.

Wallenberg, Gabriella von, Die Vereinbarkeit der staatlichen Finanzierung öffentlichrechtlicher Fernsehanstalten mit Art. 92 EGV, in: Randelzhofer, Albrecht (Hrsg.), Gedächtnisschrift für Eberhard Grabitz, München 1995, S. 867ff.

dies., Kommentierung, in: Grabitz, Eberhard/Hilf, Meinhard (Hrsg.), Das Recht der Europäischen Union, Kommentar zur Europäischen Union, Band 1, Loseblattsammlung, München 2005

Weiß, Wolfgang, Kommentierung, in: Calliess, Christian/Ruffert, Matthias (Hrsg.), Kommentar des Vertrages über die Europäische Union und des Vertrages zur Gründung der Europäischen Gemeinschaft, 2. Auflage, Neuwied 2002.

Weitbrecht, Andreas/Karnefort, Jörg, Europäisches Wettbewerbsrecht in Fällen – Die Entscheidungen des Europäischen Gerichtshofes, des Gerichts erster Instanz und der Europäischen Kommission, Baden-Baden 2004.

Welt am Sonntag, „In NRW straucheln wichtige Branchen“, o. A., 1.8.2004.

Werner, Michael J./Köster, Thomas, Anmerkung zum Altmark Trans Urteil, EuZW 2003, S. 503ff.

Wernicke, Stephan, Die Wirtschaftsverfassung der Gemeinschaft zwischen gemeinwirtschaftlichen Diensten und Wettbewerb, oder: Wer hat Angst vor Art. 86 II EG?, EuZW 2003, S. 481ff.

ders., Kommentierung, in: Grabitz, Eberhard/Hilf, Meinhard (Hrsg.), Das Recht der Europäischen Union, Kommentar zur Europäischen Union, Band 1, Loseblattsammlung, München 2005.

Wiedemann, Gerhard, Handbuch des Kartellrechts, 1. Auflage, München 1999.

Ysendyck, Anne van, Kommentierung, in: Groeben, Hans von der/Schwarze, Jürgen (Hrsg.), Kommentar zum Vertrag über die Europäische Union und zur Gründung der Europäischen Gemeinschaft, Band 2, 6. Auflage, Baden-Baden 2003.

Ziekow, Jan, Public Private Partnership – Projekte, Probleme, Perspektiven – Dokumentation des Workshops Public Private Partnership im Bundesministerium für Wirtschaft am 16. und 17. Oktober 2001 in Berlin, Speyer 2003.

ders., Verankerung verwaltungsverfahrensrechtlicher Kooperationsverhältnisse, in: Ziekow, Jan (Hrsg.), Public Private Partnership – Projekte, Probleme, Perspektiven – Dokumentation des Workshops Public Private Partnership im Bundesministerium für Wirtschaft am 16. und 17. Oktober 2001 in Berlin, Speyer 2003, S. 25ff.

ders., Wirtschaft und Verwaltung vor den Herausforderungen der Zukunft, Vorträge im Rahmen der Speyerer Gespräche zum öffentlichen Wirtschaftsrecht vom 29. September bis 1. Oktober an der Deutschen Hochschule für Verwaltungswissenschaften in Speyer, Berlin 2000, S. 107ff.

Zippelius, Reinhold, Allgemeine Staatslehre, 14. Auflage, München 2003.

Kolibri 360 GmbH
Ferdinand-Jühlke-Straße 7
99095 Erfurt, Deutschland
produktsicherheit@kolibri360.de

Druck:
CPI Druckdienstleistungen GmbH
im Auftrag der
Kolibri 360 GmbH
Ferdinand-Jühlke-Str. 7
99095 Erfurt